深圳中学
核心素养
提升丛书

映鉴

中国近现代人物作品与人格魅力

刘晓慧 ◎编著

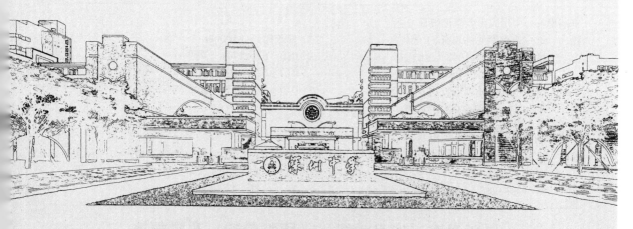

中国人民大学出版社
·北京·

图书在版编目（CIP）数据

映鉴：中国近现代人物作品与人格魅力 / 刘晓慧编
著 . -- 北京 ：中国人民大学出版社，2023.10
ISBN 978-7-300-31662-8

Ⅰ.①映… Ⅱ.①刘… Ⅲ.①人文素质教育－师资培
养－教材 Ⅳ.① G40-012

中国国家版本馆 CIP 数据核字（2023）第 107418 号

深圳中学核心素养提升系列丛书

映鉴：中国近现代人物作品与人格魅力

刘晓慧　编著

Yingjian: Zhongguo Jinxiandai Renwu Zuopin yu Renge Meili

出版发行	中国人民大学出版社			
社　　址	北京中关村大街 31 号		**邮政编码**	100080
电　　话	010 - 62511242（总编室）			010 - 62511770（质管部）
	010 - 82501766（邮购部）			010 - 62514148（门市部）
	010 - 62515195（发行公司）			010 - 62515275（盗版举报）
网　　址	http://www.crup.com.cn			
经　　销	新华书店			
印　　刷	北京七色印务有限公司			
开　　本	787 mm × 1092 mm　1/16		**版　　次**	2023 年 10 月第 1 版
印　　张	16.5		**印　　次**	2025 年 4 月第 3 次印刷
字　　数	332 000		**定　　价**	43.00 元

深圳中学

办学定位　建设中国特色世界一流高中

培养目标　培养具有中华底蕴与国际视野的拔尖创新人才

深中精神　追求卓越　敢为人先

校　　训　团结　进取　求实　创新

校　　风　主动发展　共同成长　不断超越

教　　风　敬业爱生　言传身教

学　　风　尊师守纪　勤学多思

深圳中学核心素养提升系列丛书
编委会

主 编

朱华伟

编 委

熊志松　娄俊颖　王新红　郭　峰　王粤莎

总序

　　教育的目的和本质是育人，是使学生在教育中成长并且能不断提升自我、完善自我，在关爱他人和服务社会中实现自我价值。在学校，教育的目的一方面需要依托教师的职业行为（主要是教学）来实现，另一方面更需要学校的教育理念指导和学校课程支撑，其中最核心的无疑是学校的课程建设和实施。

　　20世纪90年代后期，我国开始试行国家、地方、学校三级课程管理制度，课程决策权部分下放到了学校，全国各地随即开展了轰轰烈烈的"校本运动"。"校本课程"（School-Based Curriculum）本是一个"舶来品"，欧美一些国家在20世纪初就开始关注以校为本的教育改革。在我国第八次基础教育课程改革的大背景下，校本课程成为我国新课改的重点，同时也成为越来越多学校和教师关注的焦点。

　　国家课程注重的是普适性，是为了保证学生对基本知识技能和素质的掌握和实现，针对的是大多数学生的共性需求。而校本课程开发直接指向差异，它是一种"特色课程"，是以学校为开发单位和实施单位，包含浓郁的校园特色、本校学生特色，旨在尊重学生、学校和社区的独特性与差异性。这也是深圳中学一直以来重视校本课程建设，积极进行校本教材开发的出发点和落脚点。

　　著名哲学家吉杜·克里希那穆提曾说："正确的教育所关心的是个人的自由，唯有个人的自由，才能带来与整体、人群的真正合作。"为什么很多学生在中等教育阶段很难体会到学习的幸福和乐趣？很大程度上是因为他们缺乏相对自由的选择权。为了赋予学生更多的自由和更多样的选择，深圳中学在近十几年来通过实地调研学生实际需求、深入挖掘素材资源，开发了360多门丰富多样的校本课程，让学生在更广阔的天地里去体验、去发现、去成为最好的自己。

　　深圳中学从21世纪初成为课程改革样板学校，我们在前期校本课程探索和实践的基础上，结合新课标关于培养学生核心素养的要求，对学校360多门校本课程进行精心筛选和整理，特推出"深圳中学核心素养提升系列丛书"。该系列丛书包括《映鉴：中国近现代人物作品与人格魅力》《整本书阅读新视野》《物理思维破茧：从高考到强基》《像生物学家一样思考：高中生物核心素养学术情境资源集》《中学生常见心理困惑答问》，内容涵盖语文、物理学、生物学、心理学等多个学科，它们既相互联系，又各自相对独立。我们力争使这套书能够充分体现出以下特点：

第一，聚焦落实立德树人，培养学生核心素养。立德树人是教育的根本任务。培养和发展学生核心素养，根本出发点是全面贯彻党的教育方针，践行社会主义核心价值观，突出强调社会责任感、创新精神和实践能力，促进学生全面发展，落实立德树人根本任务。本丛书在编写中深入挖掘学科育人价值，有机融入理想信念、爱国主义、责任与担当、奋斗与坚持等主题内容，在帮助学生构建知识体系与关键能力的过程中，培养学生形成正向的思维模式与必备品格，全面提升核心素养。

第二，坚持以人为本，培养全面发展的人。这是深圳中学校本课程开发的灵魂追求，也是这套书的基本特征。以人为本既是现代教育的价值取向，也是我国校本课程开发的基本价值取向。校本课程的实施归根结底是为了学生的全面发展，我们通过不断地努力和尝试，开发编写丰富多样并且适合本校学生发展的校本教材，践行对以人为本的追求和探索。

第三，坚持理论与实践的有机结合。这套书不是空谈理论，而是立足于深圳中学的学校特色和课程特点，针对实践进行反思和总结，致力于理论建构与实践探索的统一。其中，既有对本学科专业知识的解读，又融合了大量针对提升学生学科素养的导读、解析和课例。

第四，坚持注重多维视野的相互关照。从宏观与微观、历史与现实、继承与超越、国际与本土等方面探讨中国近现代人物思想、整本书阅读、物理思维、生物学习等领域，既反映了学科发展的基本趋势，又体现出理论的创新追求。

校本课程的显著特点是给教师赋权增能，让教师成为课程开发的主体。这套书凝聚了诸多老师的智慧和汗水，他们在选题、组稿、修改、定稿和编辑出版的过程中付出了艰辛的劳动。如果没有他们的努力和付出，这套书是很难和大家见面的。非常感谢这套书的编著者们，是他们的辛勤和卓越成就了深圳中学校本课程的厚度！

校本课程的开发是一个渐进的过程，尤其是特色的形成需要进行长期摸索和逐步积累。几十年来，深圳中学从未停止探索的脚步。我们期望通过我们的微薄之力进一步发展学生的能力和兴趣，进一步推进校本课程的发展和进步。我们乐于和学界同人分享我们的这些成果，同时也真诚希望大家批评指正，欢迎各位同人不吝赐教。

是为序。

朱华伟

2023 年 10 月于深圳中学新校区斯善楼

序一

何以传奇，念兹在兹

朱华伟

记得是 2018 年 9 月，刘晓慧老师拿来她"民国清流"开课后整理的第一篇讲课稿《"多维"蔡元培》，字里行间展现出的清晰思路和深刻洞见让我略有惊讶。后来，在她个人微信公众号里认真读过几篇文章，有她上课的心得，也有学生的分享，都令我印象深刻，能感受到她为这门课付出了很多心血，所以我时常鼓励她将课程内容整理成册。因此，现在读到这部完结的书稿，在眼前一亮之余，也觉得顺理成章。

在很多场合，我都举过中国近现代教育的例子，西南联大为何堪称传奇？春晖中学为何名震一时？因为当时很多大师齐聚于此，念兹在兹。仅仅存在八年零十一个月却诞生了两位诺贝尔奖得主（杨振宁和李政道）、一位沃尔夫数学奖得主（陈省身）、三百余位两院院士和人文大师的西南联大，见证了陈寅恪、朱自清、闻一多、陈省身、华罗庚、吴大猷、叶企孙等学者共同在此治学讲学的文化盛事。当年白马湖畔的春晖中学，荟萃了一大批学者名师，夏丏尊、朱自清、朱光潜、丰子恺等都曾在此执教讲学。

正如梅贻琦先生所言："所谓大学者，非谓有大楼之谓也，有大师之谓也。"有人说，中国近现代大师云集、群星璀璨、百花齐放、百家争鸣，尤其是自 1915 年兴起的一场知识界的新文化运动，推动了现代科学在中国的发展，为马克思主义在中国的传播和五四爱国运动的爆发奠定了思想基础。从那以后，新思潮不断涌现，大师成群而来，可谓中国群星闪耀时。

"以史为鉴，可以知兴替。"我们现在回过头来看，不禁思考这样一个问题：大师何以成为大师？回答这个问题，需要重新回溯他们的生命历程，回望那个波澜壮阔、吐故纳新的时代。习近平总书记指出："历史是最好的老师。在漫长的历史进程中，中华民族创造了独树一帜的灿烂文化，积累了丰富的治国理政经验，其中既包括升平之世社会发展进步的成功经验，也有衰乱之世社会动荡的深刻教训。治理国家和社会，今天遇到的很多事情都可以在历史上找到影子，历史上发生过很多事情都可以作为今天的镜鉴。"

"以人为鉴，可以明得失。"习近平总书记是从大处着笔的，若从小处来讲，我们的为人处世之理、修身养性之道也都可以从前人那里汲取智慧，在看史、评史的过程中也会饶有几分趣味，许会找到几分自己的影子，许会寻到生活难题的答案。这也就是"学"和"术"的两个步骤："明体"和"达用"——前者是求明白事情的真相，后者则是措置事情的法子。历史是求明白社会的真相的，然后对自己的生活产生一些积极的影响，即帮助自己更好地过自己的生活。

党的二十大报告指出："中华优秀文化源远流长、博大精深，是中华文明的智慧结晶。"刘晓慧老师的"民国清流"校本课，通过对近现代历史人物的剖析以及对其作品的阐释，达到了增强学生自我认知、提升人文素养、厚植中华底蕴的教学目的。如今，她对四年多来的教学实践做了系统梳理，对深中学子在课堂上留下的智言妙语进行了细致归纳，从而有了现在的这本《映鉴：中国近现代人物作品与人格魅力》。看了此书，我最大的感受是：行文晓畅、可读性强，文笔优雅、逻辑清晰，在素材的选择上旁搜远绍、取精用宏，而且各个章节问题的设置与延伸都是有的放矢、发人深省，基本展现了作者阅读的广度和思想的深度。

最后，希望刘晓慧老师再接再厉，做出更好的成绩。

2023 年 1 月 6 日于深圳中学新校区斯善楼

序二

如沐春风，如饮甘霖

"民国清流"校本课 2019 级学生　朱嘉豪

2021 年 7 月 1 日的下午，我在"民国清流"课的一年旅途告一段落，万分不舍的我在自己的微信公众号里写道："如果说在深中，有哪一门课我上得非常认真，并且从一而终地热爱，那必是'民国清流'课，没有之一。"

然缘分未尽，我又一次与她相会，是通过这一份书稿。怀着激动与感恩的心情，我细细阅读着每一个篇章，仿佛重回清流课堂。

鲁迅弃医从文，投身革命，以笔为枪，拯救黑暗中的人们；邓稼先隐姓埋名，带领团队攻坚克难，终成两弹元勋；蔡元培厉行改革，整顿北大，造就一片思想的"百花园"；李叔同艺术人生，后皈依佛门，追逐精神自由……他们的人生道路大相径庭，却都令后人铭记与感慨。

"透过文字看人物"，对于这门课而言，了解到先生们的生平只是一部分，更多在于对他们一生的反思。局势的动荡造就了人生际遇的多元，先生们面临的困境与挣扎，似乎也能在我们的人生中找到影子，就如讲述西南联大时引发的，对于"光环"的思考。

春风拂面，润物无声。清流课堂是思考而非说教的，是引领而非强迫的，是自由而非固定的，是进步而非陈旧的。在这门课上，我们与大师相会，非独羡其才智过人、著作等身、功勋卓著，更多的是用心地感受与体验不一样的人生。在这里，我们以文解人，我们亦珍视每个人的思考与表达。在灵魂的对话中，我们深化对过去的领悟、对世界的理解、对未来的畅想。

春风化人，非惊涛拍岸、震耳欲聋。清流课堂吸引我的，不仅是丰富的文史材料与深刻的人物解析，还有一种温暖、自在和安心的课堂氛围。结课时，我对清流课堂写道："你是我思考的素材，是我创作的源泉。"于我，清流课堂是一片精神净土。短短一年，我在清流课堂上阅读了许多书籍，历史、哲学、传记、小说……也记了不少笔记、写了很多随感，逾两万字。这在我看来是十分幸福的事情，周四的下午也为一周的忙碌增添了亮色。

如今这本书，让更多人能够全面地了解深中"民国清流"课，也更好地了解那个时代和那个时代的人和事。在这本书中，不仅有晓慧老师在教学实践中的心得总结，更有师生间宝贵的思想碰撞和情感交流；它不仅包含着过来人的智慧，亦将因更多读者的出现而丰富与精彩。

走进清流课堂吧，享受思考，享受成长。

感谢刘晓慧老师，遇见您，是我高中生涯最幸运的事情之一。

祝"民国清流"课越来越好！

朱嘉豪

2023 年 1 月 27 日

欲为春风吹人醒

莫听穿林打叶声，何妨吟啸且徐行。竹杖芒鞋轻胜马，谁怕？一蓑烟雨任平生。

料峭春风吹酒醒，微冷，山头斜照却相迎。回首向来萧瑟处，归去，也无风雨也无晴。

——苏轼《定风波·莫听穿林打叶声》

这是深圳中学校本选修课"民国清流——人物作品与人格魅力"的校本教材，时间限定在中国近现代时期，主讲其时代人物的作品及其内蕴的人格魅力。崇尚思维自由，培养思辨能力，提升人文素养，塑造健全人格——这是"民国清流"课的信念和初心。

虽才疏学浅，常求而不及，但心向往之，驰而不息。

从一个人看一个时代，从一个时代看我们自己

中国近现代大师云集、群星璀璨，本书选取了蔡元培、李大钊、鲁迅、王国维、冯友兰、邓稼先、杨振宁、林徽因、梁思成、钱锺书、杨绛、李叔同、徐悲鸿十三位人物和西南联大一所学校，并将其分列入七个主题——青春之歌、理性批判、先生风范、家国情怀、唯美爱情、艺术人生和学生时代。

人物的讲述大体为五个部分：第一部分是"清流语录"，摘选并解读该人物的一句或一段隽语箴言；第二部分是"课堂实录"；第三部分是"拓展思考"，根据所讲人物的作品或人格特质进行发散解读；第四部分是"主题作业"，结合每个人物的生平或作品设置一到两个活动或问题供学生研讨并遴选优秀作业展示；第五部分是"经典选读"。

在教授这门课的过程中，我深切感受到这些人物闪烁的思想、鲜明的个性、人文的关怀……而我更幸福的是，我真切看到了学生在学习过程中不断获得心灵的成长。精神

世界的丰满才能真正支撑一个人在未来的人生之路走得更远，正如2018级岑心怡同学曾写下的这一段课程感悟：

> 我觉得学习中国近现代人物，大约也正是如老师在课上所述——从一个人看一个时代。泛着黄的纸卷上漫着硝烟的味道，那些凝固在时光里的人物，却像是彼时西南联大里的学生教师"跑警报"时一样从容儒雅。董仲舒有道："不知来，视诸往。"往回看来时的漫漫长路，于是便明晰了应去的方向。学习中国近现代人物也是如此，一点点地去了解他们，于是那些性格中的闪光如矿石里的碎金一样显露，学习中国近现代人物的价值是让我们成为那样的人。即使学不得全部，也可习得几分影子，汲取他们优秀的品格，成为比现在更好的自己，即便不会变得更好，但总归是变得不一样了。

是谁，欲为春风吹人醒

本篇前言的标题为"欲为春风吹人醒"，那么是谁，欲为春风吹人醒？

是在新旧文化交替之时，最先觉醒的那一批人。他们或脱胎于洋务运动，或惊醒于民族危机，他们处多灾多难之时，怀忧国忧时之思，向西方寻求真理，为中国寻找出路，成为最自觉地承担时代使命的社会力量。

鲁迅有一个著名的"铁屋子隐喻"："假如一间铁屋子，是绝无窗户而万难破毁的，里面有许多熟睡的人们，不久都要闷死了，然而是从昏睡入死灭，并不感到就死的悲哀。现在你大嚷起来，惊起了较为清醒的几个人，使这不幸的少数者来受无可挽救的临终的苦楚，你倒以为对得起他们么？"

这段话出自《呐喊·自序》，一篇适合全文背诵的文章，也是我看过所有书中写得最有诚意的一篇序言。鲁迅在最郁郁不得志、迷茫无措的时候，选择一个人抄古碑、看佛经。这时，出现了一个非常重要的人物——"金心异"，也就是钱玄同。鲁迅一开始不接受钱玄同"做文章"的请求，便说了上面那段话，但钱玄同回答："然而几个人既然起来，你不能说决没有毁坏这铁屋的希望。"

这"几个人"就是希望通过"呐喊"来"聊以慰藉那在寂寞里奔驰的猛士"、来唤醒普罗大众的中国近现代思想领袖。

我时常感慨，那个时代的文人贤者往往都充满着传奇色彩，他们一方面可以卷入风起云涌的政治运动，另一方面又能心如止水地思考学术问题，既能引领一代之风潮，又能写出藏之名山的著作，真是令人高山仰止。

而隐藏在其中的精神内核，正是他们不抛弃、不放弃，"知其不可而为之"，"虽千万人吾往矣"的人生信仰和追求。我想，这也是中国古往今来无数有风骨的仁人志士所共同坚守的信念。

逃出我们自己的"铁屋子"

关于"是谁，欲为春风吹人醒"这个问题，还有一个更重要的答案。

那就是，我们自己。

试问，我们谁又不是被先天给定的环境限制在自己的"铁屋子"里呢？我们的"铁屋子"是那些与生俱来，连自己都意识不到的局限性。童年、家庭、教育、职业等，我们给自己构建了一个"信息茧房"，桎梏其中。这让我猛然想到这样一段话："每个人都是带着成见来看待世界的，如果你不带着成见，那你对世界根本就没有看待方式。"

日本学者大前研一在《思考的技术》中写道："在瞬息万变的新经济时代，无论是企业还是个人，要想获得成功就必须掌握科学的思考方式，不被经验的藩篱所困，不被固有的立场所左右。"通过观察别人的人生历程，了解多元的学术思想，丰富自己的经历和精神，从而跳脱既有的藩篱，接受铁屋外的阳光，成为更好的自己——这是我们清流课堂一直在尝试做的努力。

谨以此书献给在精神上给我勇气和支持、在工作上给我指点和帮助的朱华伟校长，万分感恩，在深中遇到朱校长这样令我崇敬的榜样和效仿的典范，这是我莫大的幸运；献给无条件包容我、爱我的家人以及对我的各种追问总是不厌其烦耐心解答的深中同人、我的朋友；献给与我一起参与"民国清流"课的过去、现在与未来的每一位学生；献给每一个为这本书付出时间的你，如果能够得到你的喜欢，则幸甚，幸甚。如有不足之处，请包涵、指正，万分感谢！

最后，还是愿意以学生的文字来做这篇前言的结尾。曾经收到一封学生的来信，她的一句话令我记忆至今：

"因为有清流、有您，周四于我，是个值得欢庆的节日。"

欢迎你，来与我共度节日。

刘晓慧

2023 年 1 月 22 日

谈谈"清流"

清流特质

"清流"的特质是什么？

清流，是身处乱世，在污浊的环境中出淤泥而不染，在黑暗的深渊里指引人们看见星辰。

这里，我们再次解读一下鲁迅的"铁屋子"隐喻。鲁迅在办报受挫，寻路无望，躲进小楼，不问春秋之时，钱玄同来请他出山"做点文章"，鲁迅说"假如一间铁屋子，是绝无窗户而万难破毁的……"我们很难想象，写出"真正的勇士敢于直面惨淡的人生，敢于正视淋漓的鲜血"的鲁迅曾经说出这样绝望的话。他为什么会有身在铁屋，几近窒息的感受？试想，你就是当时那个"清醒"的鲁迅，当你站起身，张望四周，你看到铁屋子里和你一起关着的都是谁？是被吃人礼教逼疯的狂人，是穷困潦倒还要穿着破旧长衫站着喝酒、满口"之乎者也"的孔乙己，是花尽钱财买人血馒头的华老栓夫妇，是被生活蹂躏到精神麻木的闰土，是自轻自贱、自欺欺人的阿 Q，是夫死儿亡、遭人嫌弃、绝望至死的祥林嫂……

试问，如果是你，你会不绝望吗？

钱玄同是这么劝他的："然而几个人既然起来，你不能说决没有毁坏这铁屋的希望。"鲁迅回答："希望在于将来，决不能以我之必无的证明，来折服了他之所谓可有。"这次对话不久后，就有了第一篇白话文小说《狂人日记》的诞生，以及我们刚才提到的一系列人物作品的出现：《孔乙己》《药》《故乡》《阿 Q 正传》《祝福》……

鲁迅在《故乡》的结尾里说："希望是本无所谓有，无所谓无的。这正如地上的路，其实地上本没有路；走的人多了，也便成了路。"而鲁迅，就是"走的人多了"

中的其中一位，就是我们"清流"中所谓的"清"，也是屈原笔下"举世皆浊我独清"的"清"。

鲁迅的作品和思想影响了后来很多作家，比如巴金《家》里面也有一段描述。

> 人们躺下来，取下他们白天里戴的面具，结算这一天的总账。他们打开了自己的内心，打开了自己的"灵魂的一隅"，那个隐秘的角落。他们悔恨，悲泣，为了这一天的浪费，为了这一天的损失，为了这一天的痛苦生活。自然，人们中间也有少数得意的人，可是他们已经满意地睡熟了。剩下那些不幸的人，失望的人在不温暖的被窝里悲泣自己的命运。无论是在白天或黑夜，世界都有两个不同的面目，为着两种不同的人而存在。
>
> ——巴金《家》

从熟睡角度来看，暂时的既得利益者，不觉得就死的悲哀，甚至还有得意。因此，清流们不愿做昏睡的平庸的人，而希望"举世皆浊我独清，众人皆醉我独醒""虽千万人吾往矣"。

清流追求

清流课堂的追求是什么？

"独立之精神，自由之思想。"这是陈寅恪先生写在《王国维先生纪念碑》中最有名的一句话，也是无数思想先师、启蒙导师的共同特质，更是我们课程的终极目标。

什么是"独立之精神"？是不依附、不盲从于所谓的约定俗成、金科玉律。这些"约定俗成、金科玉律"可以理解为"常识"，也就是各种公理、各种法则、各种你以为的"自然而然"和"本该如此"。爱因斯坦说："常识就是人到十八岁为止所累积的各种偏见"，而事实是，我们每个人都是无数常识的组合；拥有独立之精神，就是要学会反思、质疑我们每日司空见惯的常识。例如，《乡土中国》里讲我们是"礼治秩序"，"礼是社会公认合式的行为规范"，但是鲁迅也揭示了封建礼教吃人，不是吗？所以我们要时时保持批判精神，不唯书、不唯上，事事问一句："从来如此，便对么？"

什么是"自由之思想"？自由的反义词是什么？是禁锢，是束缚。如果你只关注自己选择的领域，只关注某一种信息源，只关注能使自己愉悦的东西，久而久之，便会像蚕一样，将自己桎梏于自我编织的茧房中——这就是哈佛大学教授凯斯提出的"信息茧房"的概念。自由之思想，就是要以开放包容之心态，打破信息的壁垒，接收新鲜的思想。

那么，我们试着换个角度，"信息茧房"就真的一无是处吗？我们每天不停地接收着各式各样的新鲜事物、新奇思想，我们不断经历着、学习着、筛选着，最后大浪淘沙留下了我们认可的那部分做法和观点，从而内化成我们自己的生活方法论体系，而这之后的经历和学习，也都是在不断修补、完善我们的这个体系，而这个体系就是每个人构筑的，并赖以生存的"个体人生哲学大厦"。有时候，正因为"信息茧房"的封闭性，才有了"回音室效应"——看似封闭、同质，同时也是在强化、巩固我们的认知，成为我们在某一领域之所擅长，甚至发展成为个人事业赖以生存的学术根基。

上面的这两段，其实就是一个立论、驳论的过程。

毕竟，我们要经常自问一句："从来如此，便对么？"

映鉴

第一辑
青春之歌

以青春之我，创建青春之家庭，青春之国家，青春之民族，青春之人类，青春之地球，青春之宇宙，资以乐其无涯之生。

——李大钊《青春》

"青春之歌"主题选的两位人物是蔡元培和李大钊。一位是秉持"囊括大典，网罗众家"之理念，一手缔造一流学府的北大老校长；一位是坚守"铁肩担道义，妙手著文章"之信念，积极传播实践马克思主义的伟大播火者。二人皆与北大有着不解之缘，他们都是一代青年之精神领袖和人生导师。

正如奥地利作家茨威格所说："人一生最大的幸运，就是在年富力强的时候发现了自己的人生使命。"在我们眼里，蔡元培和李大钊的青春是那么光芒万丈，因为他们在最年富力强的岁月，为了心中的梦想奋斗不止、书写华章，是我们每位青年的榜样。

蔡元培

世界观与人生观

世界无涯涘也，而吾人乃于其中占有数尺之地位；世界无始终也，而吾人乃于其中占有数十年之寿命；世界之迁流，如是其繁变也，而吾人乃于其中占有少许之历史。

以吾人之一生较之世界，其大小久暂之相去，既不可以数量计；而吾人一生，又决不能有几微遁出于世界以外。则吾人非先有一世界观，决无所容喙于人生观。

——蔡元培《世界观与人生观》

解读：

纵观历史长河，人的一生如沧海一粟。初唐诗人陈子昂《登幽州台歌》诗云："前不见古人，后不见来者，念天地之悠悠……"面对如此宏大的时间跨度，陈子昂得出的结论是"独怆然而涕下"——他反观自己，黯然神伤。我们又何尝不是感同身受？历史洪流浩浩汤汤，有时候再雄伟奇崛的事件，从进化的角度来看，也只不过是电光火石的一瞬间。

仰观宇宙之大，更觉自身渺小。你见过在 60 亿千米外拍摄的地球的照片吗？1990 年 2 月 14 日，美国国家航空航天局（NASA）的"旅行者 1 号"（Voyager 1）探测器拍下了一张遥远的"家"。在这张照片中，我们的地球只是一个孤悬于广袤空间中仅有 0.12 像素的"暗淡蓝点"（pale blue dot）。正如美国著名天文学家卡尔·萨根所说："在浩瀚的宇宙剧场里，地球只是一个极小的舞台。"我们赖以生存的浩大地球都只是一个"极小的舞台"，那我们呢？

2020 年 2 月，NASA 发布了用现代图像软件和技术重新处理后的
新版"暗淡蓝点"图片

仰望星空，脚踏实地。我们感慨之余，更重要的是思考如何走好自己的路，而明明拥有一切却叫"太空"的宇宙，就是我们可以利用的一个非常好的自省背景板。古希腊哲人阿那克萨哥拉说："在万物混沌中，思想产生并创造了秩序。"在面对浩瀚无垠的宇宙时，人类时时感受到自己的渺小，但是因为有了思想和理性，我们可以去理解和把握宇宙的奥秘，由此建立起挺立于宇宙之间的勇气和信心。所以，蔡元培认为，身临浩渺历史长河，我们要先去了解世界，进而了解我们自己，也即：先有世界观，再有人生观、价值观。

那么，什么是世界观？蔡元培的世界观是什么样的呢？

对于世界的总体认识，蔡元培受康德的二元论哲学的影响，把一个统一的世界划分为"现象世界"和"实体世界"。前者是表面的、客观存在的，有形、有限的，是人可以体验到的；后者是意识的，主观内在的，无形、无限的，不能体验到的，与时间和空间没有关系，只能靠人的直觉去把握。康德认为，两者是无法逾越的，但是蔡元培认为两个世界可以通过"意志"这个桥梁进行连接。

因此，蔡元培说："教育者，则立于现象世界，而有事于实体世界者也。"生活中充斥着各种矛盾，要彻底解决矛盾，就必须超越现象世界，在意识上逐渐克服功利营求之心和各种不平等的观念，最终使人的精神完全进入实体世界——这就是蔡元培所倡导的"五育"中最重要、最特殊的一项教育：世界观教育，也即哲学教育的教学内容和教育目的。

正如苏格拉底所说："未经审视的人生不值得过。"世界观教育落地到我们个人的学习和生活的启示就是要追问和反思事件发生背后的规律，要不断探寻生命的意义。毛泽东在湖南一师求学时，他的老师杨昌济就一再教导学生，对年轻人来说，首先要培养的应是哲学的思维和视角，说得通俗点，就是要学会一种看待世界、洞察世界的能力和方法。他说："没有哲学思想的人是庸俗的。欲解宇宙之现象，不可不用科学的研究，欲认识宇宙之本体，则不能不依赖哲学的思考。"

课堂实录：

"多维"蔡元培

1940年3月5日，蔡元培在香港病逝，毛泽东在吊唁词中评价其为："学界泰斗，人世楷模"，短短八个字，在为学与为人两个方面都对其给予了极高的评价和赞誉。

美国哲学家、教育家杜威说："以一个校长身份，而能领导那所大学对一个民族、一个时代，起到转折作用的，除蔡元培而外，恐怕找不出第二个。""那所大学"指的就是北京大学。

提到蔡元培，永远绕不开的就是北京大学。可以这么说，没有蔡元培，就没有新北大。他对于北大的意义，不仅在于把一所死气沉沉的衙门大学变革成了一所具有"思想自由、兼容并包"特色的顶级学府，而且更重要的是，他秉承着"大学者，'囊括大典，网罗众家'之学府也"的理念，孕育培植了北大传承至今的民主科学、自由开放的文化与气质。

那么，蔡元培究竟是一个怎样的人？他为什么能够得到如此高的赞誉？为什么他对北大会有这么深远的影响？我们从"包容"、"任性"和"新潮"三个角度来了解这位伟大的教育改革家。

"包容"的蔡元培

教育救国，责无旁贷

说他包容的第一个原因，就是他包容了这所当时"风评特别差"的"衙门大学"。北大当时被称为"官僚养成所"，封建气息甚浓，我们可以从师生上课的问候语感受得到：

（新文化运动前北京大学师生问候语）

老师：老爷们请起立！

众生：（懒懒散散地起立）

老师：老爷们好！

众生：大人好！

老师：老爷们辛苦了！

众生：升官发财！

北京大学的前身是京师大学堂，当时很多学生都是前清遗老或官二代，有的人上学甚至还会带很多随从服侍左右，几乎没有人是真正为求学而来。可以想见，这样一个由落日黄昏的清政府创办的政府学校，紧接着遇上了中国近代史上黑暗的北洋政府时期，势必是一所封建积习甚重的学校。那么，有谁会愿意接手其校长的职务呢？

1916年，时任教育总长范源濂的一纸电令，唤回了负笈海外的蔡元培。1917年，蔡元培在发表就任北大校长演说时讲的第一句话是："五年前，严几道先生为本校校长时……"严几道就是严复，这个"五年前"可能给大家造成一个误会：认为严复的下一任就是蔡元培。其实不然，短短五年内，北大校长换了三任，第四任才是蔡元培，一任就是十余年。

虽然1914年胡仁源任北京大学校长时，已有黄侃、辜鸿铭、钱玄同、马叙伦、陶孟和等名家在北大任教，但是直到蔡元培任职期间，北大才正式步入一段辉煌的岁月。那么，为什么蔡元培之前的几任校长都没能将老北大带上发展的快车道，而蔡元培可以呢？这其中有历史因素，1917年以前新文化运动仍处于酝酿期，就任北大校长之前的蔡元培早已是清末民初最早一批的革命家。这样一位在政治界有名望的大人物去搞教育事业，看似有点"杀鸡用牛刀"的感觉，但是很多时候，就是要用牛刀杀鸡才会更有效果。因此，蔡元培到任北大校长之后提出的一系列政策几乎都很快落地，并且产生了立竿见影的效果。

至于具体的改革政策，他在演说中提到了三条。他告诫诸君的第一条就是："抱定宗旨"。那么，抱定什么样的宗旨？换言之，你为什么要读书？你为什么要来北大读书？不是为了升官发财，而是为了做学问。这就是蔡元培在演说中提出的著名论点："大学者，研究高深学问者也。"

蔡元培在就职演讲中提到的后两条是"砥砺德行"和"敬爱师友"，他语重心长地教诲学生："诸君为大学学生，地位甚高，肩此重任，责无旁贷，故诸君不惟思所以感己，更必有以励人。苟德之不修，学之不讲，同乎流俗，合乎污世，己且为人轻侮，更何足以感人。""至于同学共处一堂，尤应互相亲爱，庶可收切磋之效。不惟开诚布公，更宜道义相勖，盖同处此校，毁誉共之。同学中苟道德有亏，行有不正，为社会所訾詈，己虽规行矩步，亦莫能辩，可以观察未周而为悬断也。"此篇演讲，抱负之宏大，志向之高远，震惊中国。也正是这篇简短的演说，为北大开启了一个新的纪元，奠定了北大日后成为"全国文化之中心，立千百年之大计"的基础。

不拘一格，广纳贤才

我们说蔡元培包容的第二个原因，就是他彻底整顿北大的第一步：不拘一格，广纳贤才。

教育大计，教师为本。起初，老北大的教师文化非常消极，顾颉刚曾回忆："1913年我考入北大预科时，学校像个衙门，没有多少学术气氛。有的教师不学无术，一心只想当官；有的教师本身就是北洋政府的官僚，学问不大，架子却不小；有的教师死守本分，不容许有新思想。"因此，"积学"和"热心"是蔡元培在教师聘任上的首要原则，正如他在《我在教育界的经验》中提到的："广延积学与热心的教员，认真教授，以提起学生学问的兴会。"换句话来说，能力永远是第一位的，只要你真正有学术造诣，并且对教学有一颗热爱的心，其他包括学历、年龄、党派、国籍等都不成问题。

正是这个条件开出来以后，一时间，陈独秀、李大钊、钱玄同、梁漱溟、刘半农、鲁迅等新派人物齐聚北大。在这个名单里，最具传奇色彩的人物是梁漱溟。

1917年，已经24岁的梁漱溟报考北京大学，名落孙山。就在他伤心失落的时候，却意外收到了北大校长蔡元培的聘书，邀请他担任北大教授。这是怎么回事呢？原来蔡元培看过梁漱溟写的一篇文章，名为《究元决疑论》，文章第一次用西方现代学说阐述佛教理论。蔡元培对这篇文章印象非常深刻，所以当他听说作者梁漱溟报考北大落榜时就说了一句："梁漱溟想当北大学生没有资格，那就请他到北大来当教授吧！"于是，一个北大落榜生，转眼就成了北大教授，创下了一段极具传奇色彩的文坛佳话。梁漱溟后来感慨道："蔡先生的了不起，首先是他能认识人，使用人，维护人。用人得当，各尽其才，使每个人都能发出自己的光和热，这力量可就大了。"

梁漱溟的故事充分印证了蔡元培"能力第一，不拘一格降人才"的聘任理念。这有点类似深圳中学的偏才怪才计划，意在充分发挥在某一领域有特殊专长人才的强项和优势，"把长板做长"。

在蔡元培的名师团队里，除了梁漱溟，还有一个人不得不提，那就是陈独秀。

蔡元培改革北京大学院系的第一站是文科学系，他在全国遍寻人才，希望觅得一位真正能堪当重任的文科学长。很多人向他推荐陈独秀并极力赞赏他主编的《新青年》，蔡元培也一直对陈独秀"心仪已久"，但起初陈独秀并没有看上彼时思想落后的北京大学。正因为此，蔡元培邀请到这位"青年导师"实可谓费尽周折。

"第一折"就是"三顾茅庐"。关于这段往事，陈独秀的至交好友、著名出版家汪孟邹的侄子汪原放在日记里这么写道：

"12月16日，早9时，蔡孑民先生来访仲甫，道貌温言，令人起敬。"

从这天起，"蔡先生差不多天天要来看仲甫。有时来得很早，我们还没有起来。他招呼茶房不要叫醒，只要拿凳子给他坐在房门口等候。"

——汪原放《回忆亚东图书馆》

这个画面感是特别强的：一个堂堂的前清翰林，现任北京大学的校长，在一个小板凳上坐着等候一个比他小十一岁的青年，正所谓"格局越大，姿态越低"，这当是得拥有何等的胸襟和魄力！同时我们也可以看到，蔡元培为了求得贤才、振兴北大，付出了很多心血。后来，陈独秀被蔡元培的诚意感动，决定带着他的《新青年》举家从上海迁往北京，出任北京大学文科学长。

陈独秀人虽然到了北大，但是他学历不够，为了给他一个"名分"，蔡元培遇到了"第二折"。

为此，1917 年 1 月 11 日，蔡元培正式致函教育部，请求任命陈独秀为北大文科学长，函中说："陈独秀品学兼优，堪胜斯任"。在函后所附的陈独秀履历中蔡元培是这样写的："陈独秀，安徽怀宁县人，日本东京日本大学毕业，曾任芜湖安徽公学教务长、安徽高等学校校长。"在这份履历中，除了姓名和籍贯是真的以外，其他信息都与事实不符——这样的举措在当时人才紧缺的年代是不得已而为之。13 日，"教育部令"第 3 号发出："兹派陈独秀为北京大学文科学长。"15 日，陈独秀正式上任。

后来的事实也证明，蔡元培的决定是无比正确的，陈独秀的到来的确给沉闷的北京大学打了一剂强心针。

思想自由，兼容并包

我们说蔡元培包容的第三个原因，就是蔡元培整顿北大的第二步：整饬学风。他当时提出的指导思想是："思想自由，兼容并包"。

何谓"思想自由"？真正的思想自由就是对与错之间没有绝对的评判标准。作为学者，只要你能成一家之言，并且有理有据，只要不违背基本的道德准则，那就享有充分的学术自由。

"兼容并包"到什么程度呢？在当时的北京大学，你上午可以听到陈独秀和李大钊给你讲马克思主义，下午能听辜鸿铭夸中国的传统文化，课间也许还能听到鲁迅在批判胡适，闲暇去图书馆里借书，如果你跟这位助理员成为朋友，那你真的可以骄傲一辈子了——1918 年 8 月，毛泽东通过恩师杨昌济的介绍，认识了时任北大图书馆主任的李大钊，并在其安排下当了北大图书馆的助理员。

就是在这所大学里面，保守的、开放的、传统的、先进的，什么人都有，什么思想都有，蔡元培让他们在这里产生思想的碰撞。撞着、撞着，智慧的火花就出来了！就这样，蔡元培上任不到一年，北大气象焕然一新。他的现代改革理想"兼容并包，思想自由"也开花结果。正如蒋梦麟在《西潮·新潮》一书中说的那样：

为学问而学问的精神，蓬勃一时。保守派、维新派和激进派，都同样有机会争一日之短长……这情形很像中国先秦时代，或者古希腊苏格拉底和阿里斯多德时代的重演。

"任性"的蔡元培

蔡元培一生有三段非常重要的经历：任职教育总长、北大校长和中央研究院院长，在这三段经历中他共辞职二十四次。有人曾描述他是"一生都在辞职的蔡元培"，林语堂在《苏东坡传》中描写苏轼的一段话，放在这里形容蔡元培也特别贴切："他一生中不止一次自请出京，每次离开都会被再次召回，而每次召回，势必面临着新的风波。他人生里大半的时间，都是在行走来往奔波的路上。"

蔡元培在北京大学就曾"七进七出"，以下是七次辞职的时间和缘由：

1917 年 7 月，抗议"张勋复辟"；
1918 年 5 月，抗议"中日防敌军事协定"；
1919 年 5 月，五四运动爆发后引咎辞职；
1919 年 12 月，北大教职员工因不信任教育部，全体停止职务；
1922 年 10 月，北大学生"讲义风潮"；
1923 年 1 月，"罗文干案"；
1926 年 7 月，辞职未获准，但他也没再回到北大。

从 1916 年 12 月任命北大校长，到最后一次辞职，蔡元培在任一共十年，但实际上在校时间不足五年。

1919 年 6 月 15 日，为了争取充分的学校自主权和自治权，蔡元培发表了著名的《不肯再任北大校长的宣言》，其中有几句话道出了他多次辞职的无奈与心理斗争：

（一）我绝对不能再做那政府任命的校长：……我是个痛恶官僚的人，能甘心仰这些官僚的鼻息吗？

（二）我绝对不能再做不自由的大学校长：……世界有这种不自由的大学吗？还有我去充这种大学的校长吗？

（三）我绝对不能再到北京的学校任校长：北京是个臭虫窠……无论何等高尚的人物，无论何等高尚的事业，一到北京，便都染了点臭虫的气味。

那么，现在的我们应该如何看待蔡元培的频繁辞职呢?

解读一："以退为进"。蔡元培在《关于不合作宣言》中引用了《易经》的话，"小人知进而不知退"。

解读二：政治"洁癖"。徐志摩赞美蔡元培不忍同流合污的"不合作主义"，推许他"拿人格头颅去撞开地狱门的精神"。

在我看来，蔡元培一生可谓"威武不能屈、贫贱不能移、富贵不能淫"，但是在北大却屡屡"退缩"，很大程度上体现了知识分子的无奈——他希望走教育救国的道路，让政府给他充分宽松的办学环境，为学生提供最好的学习氛围，从而让这一批有志青年潜心学习，未来有所作为。而在那样一个军阀混战的年代，兵权就是话语权，蔡元培手下没有一兵一卒，他有的只是一群他深爱的学生们。在面临一次次的事与愿违，蔡元培一次次用他自己的方式做着最后的挣扎和坚持，捍卫着自己的尊严和坚守。

"新潮"的蔡元培

1912 年公布的《临时约法》中明文规定实施一夫一妻制，但直到新文化运动后，一夫一妻制才真正开始施行。而早在 1900 年夏，蔡元培丧偶后就曾写下一张非常"新式"的征婚启事，贴在书房的墙壁上：

一、女子须不缠足者；

二、须识字者；

三、男子不娶妾；

四、男死后，女可再嫁；

五、夫妇如不相和，可离婚。

说蔡元培"新潮"的另一个原因是，开大学招收女生的先河。

时间回到 1920 年，蔡元培做出了一个"石破天惊"的决定——让北大招收女生。在当时，开大学女禁，既有社会守旧势力的阻挠，又有北京政府的压力。1918 年底，教育部就行文北京大学，内有语云："国立大学为社会视听所系，所有女生旁听办法，务须格外慎重，以免发生弊端。"蔡元培以其勇气与睿智，有理有节摆脱教育部的羁绊。他在与《中国新报》访员的谈话中说："大学之开女禁问题，则予以为不必有所表示，因教育部所定规程，对于大学学生，本无限于男女之规定，如选举法中之选举权者。且稽诸欧美各国，无不男女并收，故予以为无开女禁与否之问题。即如北京大学明年招生时，倘有程度相合适之女学生，尽可报考，如程度及格，亦可录取也。"有教师担心政府兴师问罪，建议蔡校长先请教育部核准。他理直气壮道："教育部的大学令，并没有专收男生的规定，从前女生不来要求，所以没有女生，现在女生来要求，而程度又够得上，大学就没有拒绝的理。"

对此，顾颉刚在《蔡元培先生与五四运动》一文中也有叙述："蔡先生当校长期间做的最骇人听闻的事是开放女禁。那时有一个勇敢的女生王兰（王昆仑的姐姐）向蔡先生请求入学，蔡就让她到北大当了旁听生。这件触动了封建主义神经末梢的小事，当时轰动了全北大、全北京。此后招生时，就允许女生和男生一样地应考了。"

1920 年，北大招收的第一批女学生中的三位查晓园、奚浈、王兰（从左至右）

最开始到北大报名入校的只有三名女生，她们分别是查晓园、奚浈和王兰，后来又陆续增加到九人，并于当年 9 月正式从"旁听生"转为"北大人"。这一举措开中国大学男女同校之先河，使北大进一步成为进步思想的象征，全国各地后续也竞相仿效，女生络绎进入各地大学，终于蔚成风气。

"教育救国"的来由

相信很多人在看过《觉醒年代》这部革命历史题材电视剧之后，都会对荧幕上憨厚淳朴的蔡元培印象深刻。事实上，我们大多数人对蔡元培的认知和了解，都聚焦于他担任北大校长的这一段历史。那么，作为前清翰林的蔡元培是如何意识到办教育的重要性呢？这得从他出生之日说起。

1868 年 1 月 11 日，蔡元培出生于浙江绍兴的一个商人家庭，在青少年学习时就展示出过人天赋，他 17 岁中秀才，22 岁中举人，25 岁中进士，27 岁授职翰林院编修。蔡元培的仕途发展看似一路顺风顺水，然而一个人的命运一方面要靠自我奋斗，另一方面受制于历史的进程，正所谓"时代的一粒灰，落在个人头上，可能就是一座山"，此时的清王朝正面临一次巨大的打击。蔡元培跻身翰林院的这一年是 1894 年，中日甲午战争爆发，作为朝廷官吏，蔡元培持主战意向，并在上书奏折中引用"善败不亡"的名言，希望清政府清醒过来，吸取教训，转败为胜。

然而，事实却并非如此。1895 年，北洋水师溃败，《马关条约》签订——中国赔偿日本白银两亿三千万两，割让辽东半岛、台湾及澎湖列岛给日本。《马关条约》的签订，极大地刺激了整个中国，尤其是像蔡元培这样敏感的知识分子。他在朝中"痛哭流涕长太息"，并在《杂记》中愤然写道："韩魏于秦，宋于金，不如是之甚也！"

甲午之耻，直接催发了蔡元培民族意识的觉醒，他由此开始关注西学以强己强国，同时再度展现出"学霸"天赋——起初先是读了《电学源流》等大量理科读物，后觉中文的西学书太少了，开始学习日、德、法、英等多种语言，译介并学习西学著作。

在朝期间，蔡元培听闻康梁维新之道，但并不看好且未与之为伍。1898 年 9 月，传来消息：朝中政变，戊戌新政只似一场空梦，于血雨腥风中陡然消散。官场仍是一片昏愦，民智尚未开启。蔡元培悲愤之余，深切叹息道："康党所以失败，由于不先培养革新之人才，而欲以少数人弋取政权，排斥顽旧，不能不情见势绌。"此时的蔡元培已经意识到教育的重要性，他认为只靠上奏几道折子摧毁旧势力是不可能的，而培养人才是关键。戊戌六君子被害的消息，让蔡元培对清政府彻底绝望，于当月离京返乡，任绍兴中西学堂监督，提倡新学。蔡元培虽非康梁同人，但他敬佩谭嗣同，视之为自己的"先驱"，这足以看出，蔡元培重视教育，意在革命，意在救国。

正是在"教育救国"思想的指引下，蔡元培 1916 年接受了邀请，出任北大校长，在北大进行了轰轰烈烈的教育改革，迎来人生最辉煌之时期，同时也创造了北大之辉煌，使北大成为新文化运动的中心和"五四"运动的策源地。

拓展思考：

"抱定宗旨"对学习的启示

1917 年，蔡元培出任北京大学校长，在其就职演讲中提到的第一个核心观点就是"抱定宗旨"。态度决定一切，这势必是最重要的一条。

那么，"抱定宗旨"对中学生有什么启示呢？

我在课堂上借此抛出了一个问题："你们为什么要读书？"

有同学脱口而出："为中华之崛起而读书！"

很远大，我当即提示他们："再落地一点呢？或者，再具体一点，你为什么要来深中读书？"

有同学不假思索："因为可以考上好大学，然后就有好工作。"

考上深中，就一定可以考上好大学吗？考上好大学，就一定可以找到好工作吗？答案不言自明，但这不是我们着重讨论的问题，我们要讨论的是：为什么大家会有"考上深中就可以考上好大学"这样的观念？

深中毋庸置疑是全省最好的中学，深中的"好"涵盖了你对一所好学校的几乎所有幻想：好校长、好老师、好校舍、好文化……另还有一关键之"好"是：这里有最优秀的学习同伴。全市的优秀学生汇聚在这里，强强对决才会更有挑战——你选择来到这里，不是为了全方位碾压别人，更不是为了被碾压，而是为了走出初中的舒适区，享受提升自己、突破自己的乐趣。

一言以蔽之，你所追寻的学习的意义，是学习本身，是求知本身带来的乐趣。但是，事与愿违，高一入学三四周之后，你焦虑了，你郁闷了，甚至在很多个深夜情绪低沉。为什么？因为你迷失了自己，忘记了自己来这里的初衷，忘记了来这里是为了成为更好的自己，而不是陷入"和别人比、和自己的过去比"这样的内卷怪圈。

老子说："夫唯不争，天下莫能与之争。"

其实，我们很多人都误解了 compete，以为它就是"竞争"的意思，从词源上讲，compete 最初的意思是"共同追求"（com- 共同 +-pet- 寻求），一起追求才会更有动力；也许结果会有一时的输赢，但这都是外界附加给我们的，我们内心的收获和安宁是谁也夺不走的。

惊澜短暂，静水流深。这也是我们来到深中的初心，和优秀的人一起追求真知，一起体验收获知识、逐渐成为更好自己的幸福。

什么是幸福？真正的幸福，是你全心全意投入，并把所有外在目标置身度外所获得的副产品。

什么是"全心全意投入"？"心流体验"告诉我们，当你极度专注，你会全然忘我。举个最简单的例子，当你完全沉浸在一本书或者一道数学题的时候，蓦然回首，晚自习已经要结束了。

为什么幸福是"副产品"？"我不去想是否能够成功，既然选择了远方，便只顾风雨兼程。"幸福求不来，它只在你不经意间叩门，翩然而来。"我想当一个诗人的时候，我就失去了诗，我想当一个人的时候，我就失去了我自己。在你什么也不想要的时候，一切如期而来。"

美国哲学家杜威提出了"教育无目的论"。这个"无目的"不是漫无追求，教育本身就是目的，教育展开的过程就是目的，除此之外，别无目的。

类比于我们的学习，学习除了它本身之外，没有目的。我们是自己的尺度，不要在对比中沉沦。

"我与我周旋良久，宁作我，岂其卿。"

朱光潜在"谈美"中提到了"我们对于一棵古松的三种态度"：木商看到的"只是一棵做某事用值几多钱的木料"，植物学家看到的"只是一棵叶为针状、果为球状、四季常青的显花植物"，而画家呢？什么都不管，"只管审美，他所知觉到的只是一棵苍翠劲拔的古树"。看待学习如同看一棵古松，正如康德提出："审美无功利性"，审美不是没有目的，审美本身就是目的。把学习当作一种审美吧，你将收获到的，必是美的享受。

最后，我们再回到蔡元培。

他17岁中秀才，22岁中举人，25岁中进士，27岁授职翰林院编修，40岁不惑之年出国留学，德国的经历为他改革北大提供了丰富的经验。

在40岁不惑之年出国留学，就是为了学习本身，是为了做学问。我们很多时候都会觉得自己既然付出了时间和精力去学习，就一定要获得一些物质的或者实际的回报，比如说漂亮的分数、将来好的工作、丰厚的报酬以及体面的社会地位等。然而，只要你是热爱学习本身，就一定会享受学习的过程。当你付出"衣带渐宽终不悔，为伊消得人憔悴"的努力之后蓦然回首时，一定会看到成功就在"灯火阑珊处"等着你。

值得学习的永远是"学习"两个字本身，这是一件终老要做的事情。最后，摘选深中校友、第49届国际物理奥林匹克金牌得主杨天骅在学校演讲中的一段话与君共勉：

愿你在茫茫雾霭之中
找到自己心之所向的路
愿你在路上
无惧地平线的遥远
无惧风雨和泥泞
无惧轻蔑与讥讽
愿你享受在路上踏下的每一个脚印
愿你终有一天望见你的路所指向的远方

主题作业:

蔡元培的"创意标签"可以有哪些?

活动说明

在学完《"多维"蔡元培》这一课后,我在课上设置了一个活动:让学生以小组为单位讨论出一个关键词,并对其进行解读——这些关键词共同组成了蔡元培的"创意标签"。

1. 关键词: 废纸

解读人: 2018 级　周钰格

关键词解读: 蔡元培任北大校长期间曾七次辞职,但除了最后一次蔡元培不再回到北大外,前六次辞职后蔡元培都重新回到北大做校长,这些辞职信也就成了废纸。从结果来看,蔡元培的"废纸"多少都给当局施加了一定的压力,改变了一些事情。

作废的辞职信纸不只是蔡元培的"任性",也是他用以反抗他所厌恶的事物、保护他所珍视的事物的"武器"。

点评: 这一组的选词是最特别的一个,由点带面、以物喻事,眼光独到、引人入胜,同时又能有理有据、自圆其说。蔡元培一生"威武不能屈",但在动荡的时局面前又常常有着知识分子的无奈。

2. 关键词:《马关条约》

解读人: 2018 级　李嘉蕴

关键词解读: 1894 年,中日甲午战争爆发,《马关条约》签订,蔡元培深受震动,因此开始广泛涉猎译本书报,留心世界时事,从头学习日文,努力学习西学。蔡元培孜孜不倦的学习精神,值得我们学习。

点评: 甲午战败是促使蔡元培从旧学入新知的第一个导火索,也是他人生道路的一次关键转折。我们从他这样的经历中可以发现:正所谓"时势造英雄",每个人的人生轨迹都寓于国家大的发展道路中——2018 年是改革开放四十年，我们所处的深圳就是受益于国家大发展的典型代表。这也告诉我们，未来人生的一些重要抉择都应当常以考虑国家、国际的大环境为基本前提。

3. 关键词：双面学霸

解读人： 2018 级　潘健恒

关键词解读： 何谓双面学霸呢？读古文能考翰林，现代文化又能当校长。这就像我们深中学子在荣誉体系可以考到世界第一，参加国内高考可以考上清华北大，申请国外高校可以考上哈佛牛津，同时修几门功课都比我们优秀，学霸中的学霸啊！

点评： 本组解读生动形象，由课堂上学到的人物想到了我们身边的同学。如果同学们经常关注学校官方公众号的"深中学子"栏目就会发现，每一个人的优秀都不是偶然的，靠的是不懈的坚持和自律的品质。不同的时代，不同的人物，印证了相同的一句话："这个世界上最可怕的不是有人比你优秀，而是比你优秀的人比你更努力。"

4. 关键词：柔而不茹，刚而不吐

解读人： 2017 级　谭丹

关键词解读： 这句话是对蔡元培性格的描述——不欺软，不怕硬。

蔡元培心地善良，向来不知道如何拒绝别人，晚年他常帮人写推荐信，一写就是好几封，多则甚至十来封，几乎到了有求必应的地步。但蔡元培面对家国大事时，从不让步。日本入侵中国时，蔡元培苦口婆心规劝汪精卫改变亲日立场，收敛亲日言行，态度十分坚决。蔡元培说："关于中日的事情，我们应该坚定，应该以大无畏的精神抵抗，只要我们抵抗，中国一定有出路。"

类似的事情还有很多，所以说"柔而不茹，刚而不吐"算是对蔡元培一个很贴切的评价。

点评： 本组的关键词引经据典（"柔亦不茹，刚亦不吐。不侮矜寡，不畏强御。"出自《诗经》）、意蕴悠长、耐人寻味，例子的选取也非常贴切，对我们课堂上的内容也具有一定的补充作用。强权面前，不卑不亢；面对弱者，心地善良——这样的描述对于蔡元培非常合适。

经典选读：

蔡元培《就任北京大学校长之演说》

　　五年前，严几道先生为本校校长时，余方服务教育部，开学日曾有所贡献于同校。诸君多自预科毕业而来，想必闻知。士别三日，刮目相见，况时阅数载，诸君较昔当必为长足之进步矣。余今长斯校，请更以三事为诸君告。

　　一曰：抱定宗旨。诸君来此求学，必有一定宗旨，欲求宗旨之正大与否，必先知大学之性质。今人肄业专门学校，学成任事，此固势所必然。而在大学则不然，大学者，研究高深学问者也。外人每指摘本校之腐败，以求学于此者，皆有做官发财思想，故毕业预科者，多入法科，入文科者甚少，入理科者尤少，盖以法科为干禄之终南捷径也。因做官心热，对于教员，则不问其学问之浅深，惟问其官阶之大小。官阶大者，特别欢迎，盖为将来毕业有人提携也。现在我国精于政法者，多入政界，专任教授者甚少，故聘请教员，不得不聘请兼职之人，亦属不得已之举。究之外人指摘之当否，姑不具论。然弭谤莫如自修，人讥我腐败，而我不腐败，问心无愧，于我何损？果欲达其做官发财之目的，则北京不少专门学校，入法科者尽可肄业法律学堂，入商科者亦可投考商业学校，又何必来此大学？所以诸君须抱定宗旨，为求学而来。入法科者，非为做官；入商科者，非为致富。宗旨既定，自趋正轨。诸君肄业于此，或三年，或四年，时间不为不多，苟能爱惜光阴，孜孜求学，则其造诣，容有底止。若徒志在做官发财，宗旨既乖，趋向自异。平时则放荡冶游，考试则熟读讲义，不问学问之有无，惟争分数之多寡；试验既终，书籍束之高阁，毫不过问，敷衍三四年，潦草塞责，文凭到手，即可借此活动于社会，岂非与求学初衷大相背驰乎？光阴虚度，学问毫无，是自误也。且辛亥之役，吾人之所以革命，因清廷官吏之腐败。既在今日，吾人对于当轴多不满意，亦以其道德沦丧。今诸君苟不于此时植其基，勤其学，则将来万一因生计所迫，出而任事，担任讲席，则必贻误学生；置身政界，则必贻误国家。是误人也。误己误人，又岂本心所愿乎？故宗旨不可以不正大。此余所希望于诸君者一也。

　　二曰：砥砺德行。方今风俗日偷，道德沦丧，北京社会，尤为恶劣，败德毁行之事，触目皆是，非根基深固，鲜不为流俗所染。诸君肄业大学，当能束身自爱。然国家之兴替，视风俗之厚薄。流俗如此，前途何堪设想。故必有卓绝之士，以身作则，力矫颓俗。诸君为大学学生，地位甚高，肩此重任，责无旁贷，故诸君不惟思所以感己，更必有以励人。苟德之不修，学之不讲，同乎流俗，合乎污世，己且为人轻侮，更何足以感人。然诸君终日伏首案前，芸芸攻苦，毫无娱乐之事，必感身体上之苦痛，为诸君计，莫如以正当之娱乐，易不正当之娱乐，庶于道德无亏，而于身体有益。诸君入分科时，曾填写愿书，遵守本校规则，苟中道而违之，岂非与原始之意相反乎？故品行不可以不谨严。此余所希望于诸君者二也。

三曰：敬爱师友。教员之教授，职员之任务，皆以图诸君求学便利，诸君能无动于衷乎？自应以诚相待，敬礼有加。至于同学共处一堂，尤应互相亲爱，庶可收切磋之效。不惟开诚布公，更宜道义相劝，盖同处此校，毁誉共之。同学中苟道德有亏，行有不正，为社会所訾詈，己虽规行矩步，亦莫能辩，此所以必互相劝勉也。余在德国，每至店肆购买物品，店主殷勤款待，付价接物，互相称谢，此虽小节，然亦交际所必需，常人如此，况堂堂大学生乎？对于师友之敬爱，此余所希望于诸君者三也。

余到校视事仅数日，校事多未详悉，兹所计划者二事：一曰改良讲义。诸君既研究高深学问，自与中学、高等不同，不惟恃教员讲授，尤赖一己潜修。以后所印讲义，只列纲要，细微末节，以及精旨奥义，或讲师口授，或自行参考，以期学有心得，能裨实用。二曰添购书籍。本校图书馆书籍虽多，新出者甚少，苟不广为购办，必不足供学生之参考。刻拟筹集款项，多购新书，将来典籍满架，自可旁稽博采，无虞缺乏矣。今日所与诸君陈说者只此，以后会晤日长，随时再为商榷可也。

——蔡元培1917年1月9日就任北京大学校长之演说

（选自蔡元培著《蔡元培谈教育》）

扫码收听音频

朗读者：2019级 万博岩

李大钊

由青春之杯，饮人生之水

吾愿吾亲爱之青年，擎此夜光之杯，举人生之醍醐浆液，一饮而干也。

——李大钊《青春》

解读：

这句话是李大钊对二十世纪初中国青年的深情寄语，也是李大钊一生的真实写照。他的一生拼尽全力、波澜壮阔、悲壮豪迈，他为了心中的马克思主义信仰发愤图强、百折不回、舍生忘死。他以文人之笔墨、之热忱，爆发出磅礴的革命力量，正如他的名字"大钊"——"钊"者刀也，"大钊"者即大刀也，大刀阔斧，所向披靡。

李大钊的这句话出自他1916年发表在《新青年》杂志上的《青春》一文，在当时就广为传颂。"青春"究竟是什么？青春岁月究竟又该如何度过？李大钊笔下的"夜光之杯"体现了"只嫌白昼短、苦恨黑夜长，因此要只争朝夕、分秒必争"之感。这样的心理体验，很容易让人联想到《古诗十九首》里描写"秉烛游"的名句：

生年不满百，常怀千岁忧。
昼短苦夜长，何不秉烛游！

感慨人生苦短、韶华易逝，敦促"尺璧非宝，寸阴是竞"，古已有之，由来已久。而"秉烛游"，就是古人给出的最好证明和注脚。北宋苏轼在被贬黄州之际也曾写下类似的诗句——那时的他居定惠院之东，杂花满山，独有海棠一株，流落至此的东坡视其为知己，格外钟爱，为其写下《海棠》：

> 东风袅袅泛崇光，香雾空蒙月转廊。
> 只恐夜深花睡去，故烧高烛照红妆。

春光正浓，东风袅袅，海棠花艳，诗人叹良辰之易逝，伤盛时之难持，故而深夜舍不得入睡，伴花秉烛夜游。

关于"如何对抗时间易逝"，"秉烛游"是古人给出的答案，代换为今天的语言，是"把握当下"，而绝非大家常常以为的"及时行乐"。美国励志电影《死亡诗社》中的基丁老师对他的学生们说过这样一段话："Carpe diem, seize the day, boys, make your lives extraordinary."这里的 Carpe diem 在电影中被翻译成了"及时行乐"，我觉得就是对其最大的误解。Carpe diem 源自拉丁语，最早出现在古罗马诗人贺拉斯的诗作中，本意是向人们传达：我们应该关注当下的生活，享受它的美好，而不是过多地担忧未来。把握当下的生活哲学，也催生出了一个美语新词：YOLO——you only live once 的首字母缩略词，意为"你只能活一次"，2016 年还首次作为词条被收录进牛津词典。

美国作家海明威说："人生最大的遗憾，是一个人无法同时拥有青春和对青春的感受。"青春是人生之春，春天之所以美好、富饶，不是因其原本就花容月貌，而是经历了冬日最后的料峭。韶华易逝，莫负流年。青年就应当在最年富力强的时候，去试着探寻自己的使命，实现自己的价值，"由青春之杯，饮人生之水"，"举人生之醍醐浆液，一饮而干也"。

课堂实录：

李大钊的"不朽青年"

鲁迅评价他人向来诚恳、认真，他这么描述李大钊："给我的印象是很好的：诚实，谦和，不多说话。《新青年》的同人中，虽然也很有喜欢明争暗斗、扶植自己势力的人，但他一直到后来，绝对的不是。他的模样是颇难形容的，有些儒雅，有些朴质，也有些凡俗。"这段话正好符合李大钊幼名"憨坨"给我们的印象。

在生活中，淳朴、真实、勤俭、磊落，是我读罢李大钊人生故事后，最大的感触。"黄卷青灯，茹苦食淡，冬一絮衣，夏一布衫"，是他平日生活的真实写照。

在事业上，李大钊为庶民求解放，一生辛苦艰难。年幼时目睹身边百姓的疾苦后，他就立志要为苦难的百姓谋出路，这也让他后来义无反顾踏上投身民族解放事业的道路。

李大钊一生心系家国，而且时时刻刻与中国青年相连，接下来就从李大钊与《新青年》、李大钊与新青年和李大钊的"不朽青年"三个方面，来讲述他与"青年"的故事。

李大钊与《新青年》

1913年，李大钊东渡日本，就读于东京早稻田大学，开始接触社会主义思想和马克思主义学说，同时热切关心国内局势。1915年回国后，为了救国，他积极办报，例如《晨钟报》《甲寅日刊》等，以先进的思想和卓越的文笔，投身正在兴起的新文化运动。他和战友们改造旧中国的决心和激情，有力地激发了当时中国青年的蓬勃朝气和进取精神。1917年李大钊进入北京大学，很快被陈独秀邀请加入《新青年》编辑部工作。

加入《新青年》，是李大钊革命生涯的一个重要里程碑，至此，他与陈独秀、鲁迅等新文化运动的领袖人物终于在北大会和了，他们高举反帝反封建的大旗，宣传民主、科学精神，抨击旧礼教、旧道德，掀起了一场轰轰烈烈的新文化运动大潮。

1918年12月初，李大钊在《新青年》第五卷第五号上发表《庶民的胜利》与《布尔什维主义的胜利》两篇文章，为《新青年》划出了一个新的纪元。《庶民的胜利》是李大钊在第一次世界大战结束之后，全世界工人运动高涨之时，在北京中央公园（今北京中山公园）发表的一篇慷慨激昂的演讲，他说："我们对于这等世界的新潮流，应该有几个觉悟：第一，须知一个新命的诞生，必经一番苦痛，必冒许多危险。有了母亲诞孕的劳苦痛楚，才能有儿子的生命。这新纪元的创造，也是一样的艰难。这等艰难，是进化途中所必须经过的，不要恐怕，不要逃避的。第二，须知这种潮流，是只能迎，不可拒的。我们应该准备怎么能适应这个潮流，不可抵抗这个潮流。人类的历史，是共同心理表现的记录。一个人心的变动，是全世界人心变动的征兆。一个事件的发生，是世界风云发生的先兆……"

在《布尔什维主义的胜利》一文中，李大钊更是发出了那载入史册的振臂一呼："人道的警钟响了！自由的曙光现了！试看将来的环球，必是赤旗的世界！"这篇文章是中国最早用马克思主义观点介绍十月革命的著名论文之一。

1919年，李大钊将其担任主编的《新青年》第六卷第五号定为马克思主义专号，集中了多篇研究马克思主义的文章，其中尤为重要的是李大钊的《我的马克思主义观》一文。这篇文章系统地介绍了马克思主义的唯物史观、政治经济学和科学社会主义的基本原理，表明李大钊完成了从民主主义者向马克思主义者的转变，标志着马克思主义在中国进入比较系统的传播阶段。

此外，李大钊还发表了《再论问题与主义》等文章，批驳反马克思主义思潮，论证马克思主义符合中国需要的深刻道理。他重视马克思主义在中国具体情况下的实际运用，强调社会主义"用以为实际的运动"时，会"因时、因所、因事的性质"发生"适应环境的变化"。在北洋军阀反动统治的艰难环境中，李大钊推动了马克思主义在中国的广泛传播，为中国共产党创建准备了思想条件。

《新青年》第六卷第五号封面

李大钊与新青年

人一生总会遇到几位贵人，可能是你的亲人、你的老师、你的同学、你的朋友，甚至是一位陌生人，他不认识你但你仰慕他已久。无论如何，他们总是在你人生旅途最重要的几个渡口，等着你，帮助你，或为你指明方向，或带你渡过难关。章士钊是李大钊的贵人，李大钊也是那一代许多青年的贵人。

1917年11月11日，李大钊结束了从日本回国后四个多月的南方生活，北上北京。当时在李大钊面前有两条救国之道路：一条是孙中山领导的军事政治战线，另一条是以陈独秀为首的思想文化战线。李大钊选择了以思想启蒙、思想革命为职责的中国革命的新途径。白坚武曾赋诗一首"以敦其志"：

> 海内儒冠尽，神州已陆沉。
> 文章千古事，赤血铸丹心。

秉持着"铁肩担道义、妙手著文章"的初心，1917年底，李大钊入北京大学任职，翌年1月经由章士钊推荐，接替章任北京大学图书馆主任，从此站在了新文化运动的最前线。1920年7月改为教授兼图书馆主任，在政治、史学等系讲授课程。李大钊在任北京大学图书馆主任期间，不仅广泛采购图书，改革服务与管理工作，很快使北大图书馆由一个封闭式的藏书楼转变成为中国第一所新型近代图书馆，由此其被视为"中国近代图书馆之父"，而且他也使北大图书馆成为传播新文化、新思想的一个重要阵地。

在北大，李大钊以热爱青年的拳拳之心，以诲人不倦的诚挚态度，以自己的实际行动影响、教育和培养了一代革命领袖，如毛泽东、周恩来等。

1918 年 10 月，毛泽东经恩师杨昌济的介绍到北京大学，任图书馆助理员。在李大钊的影响下，毛泽东对马克思主义产生了浓厚的兴趣，可以说李大钊为毛泽东日后的革命征程奠定了基础。所以在 1936 年，毛泽东会见美国记者斯诺时，就意味深长地说："李大钊是我真正的老师。"

1919 年 9 月，李大钊应邀到天津的维斯理堂做了演讲，随即周恩来请他和觉悟社青年座谈，现场群情振奋，众青年深受鼓舞。1920 年，李大钊和周恩来又一次在北京相聚，再次给予了周恩来等进步青年热情的支持。1921 年，在李大钊的安排下，周恩来等人赴欧洲勤工俭学。

此外，李大钊以满腔热忱支持学生社团的工作，北京的"少年中国学会""国民杂志社""新潮社""平民教育讲演团"等一批进步社团都曾接受过李大钊的指导。他通过这样的方式，团结了一大批进步青年和学生，不仅有力推动了当时新文化运动的发展，而且为北京筹备建立共产党和青年团的早期组织打下了一定的基础。

言传身教，润物无声。无论身处什么职位，李大钊都艰苦朴素，为青年人树立了榜样：他把三分之二的薪水用于革命事业上，剩下的三分之一还要资助贫困学生和有困难的同志。为此，北京大学校长蔡元培对会计科说："每月发薪水时要先寄给李夫人一部分，以免大钊家里做无米之炊。"

作为学者和导师，李大钊以自己的实际行动影响和教育了许多青年，同时也得到了青年人的尊敬和爱戴。在北大学生的一次民意测验中，李大钊与列宁、孙中山同列，是青年人心目中的伟大人物，这不仅仅是因为李大钊学识渊博，同时也正是他伟大的人格和高尚的情操影响了一代青年的成长。

李大钊的"不朽青年"

1927 年 4 月 6 日，李大钊在北京被捕入狱。他受尽各种严刑拷问，始终坚守信仰、初心不改、坚贞不屈、大义凛然。4 月 28 日，奉系军阀张作霖不顾社会舆论的反对，下令将李大钊等二十名革命者押至北京西交民巷京师看守所刑场，施以绞刑。北京《晨报》曾报道了当时的情况："计自二时至五时，二十人始处刑完毕。首登绞刑台者，为李大钊，闻李神色未变，从容就死。"

1927 年的李大钊，只有 38 岁——他也还是一个青年。

李大钊曾在《青年》一文中说："吾愿吾亲爱之青年，生于青春死于青春，生于少年死于少年也。"这是一种舍我其谁的奋进精神，这是一种慷慨凛然的大我情怀。"一个人知道自己为什么而活，就可以忍受任何一种生活。"他的青春也迷茫过，但是没有颓废过；他的青春也悲愤过，但没有绝望过。

他的青春虽短暂，但不朽！守常先生千古！

斯人已去，风范长存。

2009 年，习近平总书记在纪念李大钊同志 120 周年诞辰座谈会上说："他始终把自己的学识与拯救国家和民族的命运紧紧联系在一起。正是强烈的爱国之心和对社会、对人民的高度责任感，促使李大钊同志奋不顾身、英勇战斗。"

鉴往知今，以人为镜。

当今的青年面临什么样的时代，当今的青年身处什么样的世界——如今的世界经历着大国博弈日趋升级的冲击，这不仅使迅猛发展的全球化进程正在改变既有的方向和轨迹，更使得未来的世界格局变得扑朔迷离。

因此，当今的青年更需要像李大钊这样的精神领袖给我们的人生指引方向，为我们在时代迷途领路引航。正如他在《青年》中的深切勉励："青年之自觉，一在冲决过去历史之网罗，破坏陈腐学说之囹圄，勿令僵尸枯骨，束缚现在活泼泼地之我，进而纵现在青春之我，扑杀过去青春之我，促今日青春之我，禅让明日青春之我……进前而勿顾后，背黑暗而向光明，为世界进文明，为人类造幸福。"

拓展思考：

由李大钊的乐观联想到"革命乐观主义"及其对学习的启示

纵观李大钊短暂而壮烈的一生，让我感触最深的是"乐观"二字，这种骨子里的坚毅的乐观、顽强的乐观，尤其是在国家最为危难的时刻，更显得格外珍贵。李大钊的乐观，既是他与生俱来的性格特质，也是后来马克思主义信仰赋予他的独特气质。

他的乐观，鲜明地体现在一次和陈独秀的思想论辩上。1914 年 11 月，陈独秀在《甲寅》月刊上发表了政论文章《爱国心与自觉心》。这篇文章是陈独秀十几年来为救国和革命奔波不断受挫后的初步总结，他批评国人只有传统的"忠君爱国"的盲目的"爱国心"，没有建立近代国家的"自觉心"。他认为，爱国心似乎人人都可以谈说，自觉心则鲜有人具备。中国人的这种素质，必然导致亡国灭种。

针对《爱国心与自觉心》所透露出来的困惑，李大钊经过一年的准备，发表了《厌世心与自觉心》一文，针对悲观论调明确讲：

> 自觉之义，即在改进立国之精神，求一可爱之国家而爱之，不宜因其国家之不足爱，遂致断念于国家而不爱。更不宜以吾民从未享有可爱之国家，遂乃自暴自弃，以侪于无国之民，自居为无建可爱之国之能力者也。夫国家之成，由人创造，宇宙之大，自

我主宰，宇宙之间，而容有我，同类之人，而克造国。我则何独不然？吾人苟不自薄，惟有本其自觉力，黾勉奋进，以向所志，何时得达，不遑问也。

李大钊强调爱国必须具有积极的"自觉"，他的"自觉心"使得他率先产生科学理性的新爱国主义，进而非常自然地迎接十月革命，选择马克思主义和社会主义。李大钊的一生可以说是"自觉"的一生，真正做到了自己所说的"勇往奋进以赴之""瘅精瘁力以成之""断头流血以从之"。

丹麦哲学家、诗人克尔凯郭尔说："你怎样信仰，你就怎样生活。"还有这样一位伟人，他曾与李大钊在北大图书馆共事，并深受其思想的影响走向马克思主义，他同样以乐观进取的精神，以"自觉"的奋斗、探索，运筹帷幄，决胜千里，领导中国人民彻底改变了自己的命运和国家的面貌，他就是毛泽东。

1917 年，毛泽东在《新青年》发表《体育之研究》一文，他说："吾生而弱乎，或者天之诱我以至于强，未可知也"。在我看来，这其中蕴含的就是毛泽东的"革命乐观主义"，百度词条如是解读："革命乐观主义建立在对社会发展规律的科学认识和对人民群众力量以及新生事物必胜的基础上，对实现共产主义抱必胜信念，因而在任何情况下都能保持乐观、开朗的心情，始终具有坚定的革命意志和朝气蓬勃的精神状态。"

试想，"在任何情况下乐观、开朗"，料谁也很难一直做到。"很多文艺作品里，常常这样刻画毛泽东：青年时意气风发，中年时运筹帷幄，老年时气定神闲，无论什么时候都自信、都蓬勃、都昂扬。的确，毛泽东是自信的，但这也有个变化和觉醒过程，而不是天生就有这样的革命乐观主义。"

谁的青春不迷茫？1925 年，毛泽东重游长沙橘子洲，写下《沁园春·长沙》，发出了"问苍茫大地，谁主沉浮"的人生叩问。这之后，在中国革命和建设的一次次历练中，毛泽东一直坚守着他革命乐观主义的初心："吾生而弱乎，或者天之诱我以至于强，未可知也"，一次次以少胜多，一次次以弱胜强。

1927 年

秋收起义失败后，毛泽东根据实际情况，决定不打长沙，上井冈山。即便做了这个在当时情况下无比正确的抉择，他却因此受到了在组织上撤销"湖南省委委员"和"开除中央临时政治局候补委员"的"处分"。这还不算最过分的，当时的特派委员周鲁竟将此决定误传为"开除党籍"，致使作为"党外人士"的主席，只能担任工农革命军第一师师长。"开除党籍"，对于当时的主席来说，这该是多大的心理委屈和精神打击，但他的革命意志没有丝毫动摇，依旧保持昂扬斗志，从井冈山留下的著名词作《西江月·井冈山》可窥见一斑："敌军围困万千重，我自岿然不动"。

1936 年

毛泽东在长征胜利后亲自率军渡过黄河，挥毫写下气吞山河的《沁园春·雪》，字里行间没有流露出任何两万五千里长征的艰辛与悲凄，彰显的依然是革命的乐观与浪漫："山舞银蛇，原驰蜡象，欲与天公试比高"。也是在这首词中，主席给十一年前的问题"问苍茫大地，谁主沉浮"以答案："数风流人物，还看今朝"。前后跨越逾十年的相同词牌名的两首词，就这样在不同时空进行了呼应和对答，真的很神奇。时间变了，处境变了，豪情一如少年。

1938 年

面对日本帝国主义强敌，毛泽东在《论持久战》中指出："强弱对比虽然规定了日本能够在中国有一定时期和一定程度的横行，中国不可避免地要走一段艰难的路程，抗日战争是持久战而不是速决战；然而小国、退步、寡助和大国、进步、多助的对比，又规定了日本不能横行到底，必然要遭到最后的失败，中国决不会亡，必然要取得最后的胜利！"

1946 年

蒋介石的百万大军正在关内各个战场上猛烈地进攻人民解放军。面对美国记者安娜·路易斯·斯特朗的问题："如果美国使用原子炸弹呢？如果美国从冰岛、冲绳岛以及中国的基地轰炸苏联呢？"他沉静自若，言简意赅："一切反动派都是纸老虎。"后来的故事，我们就更熟悉了。在各种困难时刻，他带领中国人民从一个又一个困难中走出来，使中国革命最终走向胜利，使我国社会主义事业逐渐走向强大。

"牢骚太盛防肠断，风物长宜放眼量。"这是我最喜欢的毛泽东的一句诗，因为在我眼里它最能体现毛泽东的革命乐观主义精神。在最崎岖的路，他似乎总能唱出最"轻松"的歌。他这种敢于斗争、敢于胜利的伟大气魄和革命乐观主义精神，对于鼓舞人民军队和革命人民夺取全国的胜利起到了极其重大的作用。

同样，对于我们的学习和生活，也必有指导意义。不论遇到什么样的困难和挑战、什么样的挫折和考验，心若向阳、逆风生长，你的未来自会是碧海蓝天。请记住毛泽东的那句叮咛："生而强者不必自喜也，生而弱者不必自悲也。吾生而弱乎，或者天之诱我以至于强，未可知也"。

"自信人生二百年，会当水击三千里"是毛泽东精神生活的生动写照，愿我们都能积极回应毛主席革命乐观主义的精神感召，永远保持少年之赤诚初心，永远蓬勃，永远向上，"不必听自暴自弃者流的话。能做事的做事，能发声的发声。有一分热，发一分光。就令萤火一般，也可以在黑暗里发一点光，不必等候炬火。"

经典选读：

李大钊《青春》

顾人之生也，苟不能窥见宇宙有无尽之青春，则自呱呱堕地，迄于老死，觉其间之春光，迅于电波石火，不可淹留，浮生若梦，直菌鹤马蜩之过乎前耳。是以川上尼父，有逝者如斯之嗟，湘水灵均，兴春秋代序之感。其他风骚雅士，或秉烛夜游，勤事劳人，或重惜分寸。而一代帝王，一时豪富，当其垂暮之年，绝诀之际，贪恋幸福，不忍离舍，每为咨嗟太息，尽其权力黄金之用，无能永一瞬之天年，而重留遗憾于长生之无术焉。秦政并吞八荒，统制四海，固一世之雄也，晚年畏死，遍遣羽客，搜觅神仙，求不老之药，卒未能获，一旦魂断，宫车晚出。汉武穷兵，蛮荒慑伏，汉代之英主也，暮年永叹，空有"欢乐极矣哀情多，少壮几时老奈何"之慨。最近美国富豪某，以毕生之奋斗，博得式之王冠，衰病相催，濒于老死，则抚枕而叹曰："苟能延一月之命，报以千万金弗惜也。"然是又安可得哉？夫人之生也有限，其欲也无穷，以无穷之欲，逐有限之生，坐令似水年华，滔滔东去，红颜难再，白发空悲，其殆人之无奈无何者欤！涉念及此，灰肠断气，灰世之思，油然而生。贤者仁智俱穷，不肖者流连忘返，而人生之薪向荒矣，是又岂青年之所宜出哉？人生兹世，更无一刹那不在青春，为其居无尽青春之一部，为无尽青春之过程也。

顾青年之人，或不得常享青春之乐者，以其有黄金权力一切烦忧苦恼机械生活，为青春之累耳。谚云："百金买骏马，千金买美人，万金买爵禄，何处买青春？"岂惟无处购买，邓氏铜山，郭家金穴，愈有以障青春之路俾无由达于其境也。罗马亚布达尔曼帝，位在皇极，富有四海，不可谓不尊矣，临终语其近侍，谓四十年间，真感愉快者，仅有三日。权力之不足福人，以视黄金，又无差等。而以四十年之青春，娱心不过三日，悼心悔憾，宁有穷耶？夫青年安心立命之所，乃在循今日主义以进，以吾人之生，洵如卡莱尔所云，特为时间所执之无限而已。

无限现而为我，乃为现在，非为过去与将来也。苟了现在，即了无限矣。昔者圣叹作诗，有"何处谁人玉笛声"之句。释弓年小，窃以玉字为未安，而质之圣叹。圣叹则曰："彼若说'我所吹本是铁笛，汝何得用作玉笛'。我便云：'我已用作玉笛，汝何得更吹铁笛？'天生我才，岂为汝铁笛作奴儿婢子来耶？"夫铁字与玉字，有何不可通融更易之处。圣叹顾与之争一字之短长而不惮烦者，亦欲与之争我之现在耳。诗人拜轮，放浪不羁，时人诋之，谓于来世必当酷受地狱之苦。拜轮答曰："基督教徒自苦于现世，而欲祈福于来世。非基督教徒，则于现世旷逸自遣，来世之苦，非所辞也。二者相校，但有先后之别，安有分量之差。"拜轮此言，固甚矫激，且寓风刺之旨。以余观之，现世有现世之乐，来世有来世之乐。现世有现世之青春，来世有来世之青春。为贪来世之乐与青春，而迟吾现世之乐与青春，固所不许。而为贪现世之乐与青春，遽弃吾来世之乐与青春，亦所弗应也。人生求乐，何所不可，亦何必妄分先后，区异今来也？耶曼孙曰："尔若爱千古，当利用现在。昨日不能呼还，明日尚未确实。尔能确有把握者，惟有今日。今日之一日，适当明晨之二日。"斯言足发吾人之深省矣。盖现在者吾人青春中之青春也。青春作伴以还于大漠之乡，无如而不自得，更何烦忧之有焉。烦忧既解，恐怖奚为？耶比古达士曰："贫不足恐，流窜不足恐，囹圄不足恐，最可恐者，恐怖其物也。"美之政雄罗斯福氏，解政之后，游猎荒山，奋其铦腕，以与虎豹熊罴相搏战。一日猎白熊，险遭吞噬，自传其事，谓为不以恐怖误其稍纵即逝之机之效，始获免焉。于以知恐怖为物，决不能拯人于危。苟其明日将有大祸临于吾躬，无论如何恐怖，明日之祸万不能因是而减其豪末。而今日之我，则因是而大损其气力，俾不足以御明日之祸而与之抗也。艰虞万难之境，横于吾前，吾惟有我、有我之现在而足恃。堂堂七尺之躯，徘徊回顾，前不见古人，后不见来者，惟有昂头阔步，独往独来，何待他人之援手，始以遂其生者，更胡为乎"念天地之悠悠，独怆然而涕下"哉？惟足为累于我之现在及现在之我者，机械生活之重荷，与过去历史之积尘，殆有同一之力焉。今人之赴利禄之途也，如蚁之就膻，蛾之投火，究其所企，克致志得意满之果，而营营扰扰，已逾半生，以孑然之身，强负黄金与权势之重荷以趋，几何不为所重压而僵毙耶？盖其优于权富即其短于青春者也。耶经有云："富人之欲入天国，犹之骆驼欲潜身于针孔。"此以喻重荷之与青春不并存也。总之，青年之自觉，一在冲决过去历史之网罗，破坏陈腐学说之囹圄，勿令僵尸枯骨，束缚现在活泼泼地之我，进而纵现在青春之我，扑杀过去青春之我，促今日青春之我，禅让明日青春之我。一在脱绝浮世虚伪之机械生活，以特立独行之我，立于行健不息之大机轴。祖裼裸裎，去来无罫，全其优美高尚之天，不仅以今日青春之我，追杀今日白首之我，并宜以今日青春之我，豫杀来日白首之我，此固人生唯一之蕲向，青年唯一之责任也矣。

拉凯尔曰："长保青春，为人生无上之幸福，尔欲享兹幸福，当死于少年之中。"吾愿吾亲爱之青年，生于青春死于青春，生于少年死于少年也。德国史家孟孙氏，评骘锡札曰："彼由青春之杯，饮人生之水，并泡沫而干之。"吾愿吾亲爱之青年，擎此夜光之杯，举人生之醍醐浆液，一饮而干也。人能如是，方为不役于物，物莫之伤。大浸稽天而不溺，大旱金石流土山焦而不热，是其尘垢秕糠，将犹陶铸尧、舜。自我之青春，何能以外界之变动而改易，历史上残骸枯骨之灰，又何能塞蔽青年之聪明也哉？市南宜僚见鲁侯，鲁侯有忧色，市南子乃示以去累除忧之道，有曰："'吾愿君去国捐俗，与道相辅而行。'君曰：'彼其道远而险，又有江山，我无舟车，奈何？'市南子曰：'君无形倨，无留居，以为舟车。'君曰：'彼其道幽远而无人，吾谁与为邻？吾无粮，我无食，安得而至焉？'市南子曰：'少君之费，寡君之欲，虽无粮而乃足，君其涉于江而浮于海，望之而不见其崖，愈往而不知其所穷，送君者将自崖而反，君自此远矣'。"此其谓道，殆即达于青春之大道。青年循蹈乎此，本其理性，加以努力，进前而勿顾后，背黑暗而向光明，为世界进文明，为人类造幸福，以青春之我，创建青春之家庭，青春之国家，青春之民族，青春之人类，青春之地球，青春之宇宙，资以乐其无涯之生。乘风破浪，迢迢乎远矣，复何无计留春望尘莫及之忧哉？吾文至此，已嫌冗赘，请诵漆园之语，以终斯篇。

（此文为节选，原载于1916年《新青年》第2卷第1号）

扫码收听音频
朗读者：2019级　温新

映鉴

第二辑
理性批判

"从来如此，便对么？"

——鲁迅《狂人日记》

最初在撰写"民国清流"课程计划时，每个主题至少会选择两位人物，但对于"理性批判"这个主题，在我心里只有一个人属于这里，那就是鲁迅。

鲁迅在国民心中的位置极高，不论是生前还是身后。1936 年 10 月 19 日，他在上海逝世，人们在他的棺上盖上"民族魂"白底黑字的旗子。毛泽东说："在我党领导的文化新军中，鲁迅，就是这个文化新军的最伟大和最英勇的旗手。鲁迅是中国文化革命的主将，而且是伟大的思想家和革命家。鲁迅的骨头是最硬的，他没有丝毫的奴颜和媚骨，鲁迅是在文化战线上，代表全民族的大多数，向着敌人冲锋陷阵的最正确、最勇敢、最坚决、最忠实、最热忱的空前的民族英雄。"毛泽东还说："鲁迅是中国的第一个圣人。中国第一个圣人不是孔夫子，也不是我。我算贤人，是圣人的学生。"

鲁迅

悲哀的寂寞

凡有一人的主张，得了赞和，是促其前进的，得了反对，是促其奋斗的，独有叫喊于生人中，而生人并无反应，既非赞同，也无反对，如置身毫无边际的荒原，无可措手的了，这是怎样的悲哀呵，我于是以我所感到者为寂寞。

——鲁迅《呐喊·自序》

解读：

不赞同，也不反对，这不就是鲁迅笔下典型的"看客"形象吗？鲁迅是否觉得自己也像是文中所描述的绑在中间的那个中国人呢？

细看鲁迅生平、细读鲁迅作品之后，给我最深的感触是：鲁迅总是在踌躇的，他似乎没有目的，没有方向，只是看到什么、想到什么，就抒发什么。正如他自己在《南腔北调集·〈自选集〉自序》说：

后来《新青年》的团体散掉了，有的高升，有的退隐，有的前进，我又经验了一回同一战阵中的伙伴还是会这么变化，并且落得一个"作家"的头衔，依然在沙漠中走来走去，不过已经逃不出在散漫的刊物上做文字，叫作随便谈谈。有了小感触，就写些短文……

事实上，奈何他的文字过于犀利，针砭时弊，鞭辟入里，引来无数关注，甚至非议，所以鲁迅才一直给人一种严肃的，甚至严厉的批判者的形象。过去中国有个文学批评家叫李长之，他在鲁迅逝世前夕也曾评论说："鲁迅一生有很多变化，但这些变化大多非主动发生，而是对他偶然碰到了这件事或那件事的反应或回应。"

但是，话又说回来，鲁迅真的就没有目的吗？鲁迅以文笔犀利著称，在大多数人眼里，他一直是那么旗帜鲜明、"非黑即白"、疾恶如仇。他在《再论"文人相轻"》里这样写道："但又因为是文人，他的是非就愈分明，爱憎也愈热烈。"随后又说："不过我在这里并非主张文人应该傲慢，或不妨傲慢，只是说，文人不应该随和；而且文人也不会随和，会随和的，只有和事佬。"

鲁迅一开始不愿再做努力，也从不愿以"青年导师"自居，但是"半推半就"中却以笔为刀，"杀"出一条路，也正是这条路，指引了那一代迷途之人。一直到今天，他的思想依旧引领着当下的我们。我想，他如果知道，一定是幸福且宽慰的……

课堂实录：

人间鲁迅

鲁迅在你心中长什么样

一想到鲁迅先生，跃入我们脑海的形象往往是这样的：深邃的眼睛、浓密的眉毛、"一"字胡须、头发很硬、手里常常夹根烟、目光凝重……

2016年，中国美术馆举办了一场题为《只研朱墨作春山》的纪念鲁迅逝世80周年美术展，展出了很多有关鲁迅先生的艺术作品，有油画、版画、中国画、雕塑等，哪一个作品最接近你心中鲁迅的形象？

《鲁迅像》
赵延年·版画·1961

《善射》
陈烟桥·版画·1947

《永不休战》
汤小铭·油画·1972

《鲁迅》
靳尚谊·油画·1983

《惊雷·鲁迅先生小像》
韩国臻·国画·1997

《鲁迅头像》
张松鹤·雕塑·1972

《鲁迅像》
张松鹤·雕塑·1974

《民族魂——鲁迅青铜》
吴为山·雕塑·2006

图片来源：中国美术馆官方网站。

　　也许在很多人心中，第一幅即赵延年 1961 年创作完成的版画，最接近我们心中的鲁迅形象，正如陈丹青在《笑谈大先生》中有这样一段描述：

　　老先生的相貌先就长得不一样。这张脸非常不买账，非常无所谓，非常酷，又非常慈悲，看上去一脸清苦、刚直、坦然，骨子里却透著风流与俏皮……可是他拍照片似乎不做什么表情，就那么对着镜头，意思是说：怎么样！我就是这样！

　　你是否想过，我们对鲁迅的"刻板印象"究竟是从何而来？其实很多时候，是道听途说，或者是从一些评论文章里看来的。鲁迅是中国现代文学的奠基人和开山巨匠，在西方世界也享有盛誉的中国文学家、思想家。正因为此，他常常被人们供上"神坛"。供上神坛之后呢？我们往往只会敬而远之，还要美其名曰，"只可远观而不可亵玩焉"。

　　对鲁迅刻板的印象还有一部分原因，是来自我们从小接受的教育对鲁迅的"捧杀"。常听说,中学生有三怕:"一怕写作文,二怕文言文,三怕周树人"。这里的"捧杀"并不是现代汉语词典里的解释:"过分地夸奖或吹捧,使被吹捧者骄傲自满、停滞退步,甚至导致堕落、失败",而是指过度将鲁迅捧上高位、符号化,甚至图腾化,导致他的形象在一代代学生之中产生消极的固化,甚至离开学校多年,依然抗拒阅读鲁迅的作品。

余华说:当一个作家成为一个词以后,其实是对这个作家的伤害。曾经,我也对鲁迅的作品很逃避,一面还要安慰自己说,是因为"怀着一颗敬畏之心",其实我心里很清楚主要是"畏"。但是,当我慢慢走近鲁迅后发现,他真的是一位"宝藏先生",而且是"可再生"的宝藏。他的作品带来的力量是无穷无尽的,我在不同的年龄阶段读,甚至是在每个年龄阶段的不同时间读都会有不同的感受和收获。

因此,我将我们本章节的标题命名为"人间鲁迅",不是神坛之上的鲁迅;我们要走近的不是一个"精神符号",不是一个"词",而是一个有血有肉的作家,是具有鲜明气质的鲁迅。

周树人何以成为鲁迅

了解鲁迅的作品之前,我们先对他一生的经历做一个简单的了解。北京鲁迅博物馆曾以鲁迅一生的足迹为脉络,全面地展示鲁迅一生的生活、工作与业绩,共分八个部分,这里引部分为参考:

第一部分: 在绍兴

鲁迅祖父是清同治十年(1871年)进士,钦点翰林院庶吉士,但仕途多舛。母亲性情和善而坚毅。鲁迅十二岁入私塾三味书屋读书。十三岁,祖父因科场案被判重刑,父亲病重,家道衰落。鲁迅经常出入当铺和药店,倍感世态炎凉。他后来回忆道:"有谁从小康人家而坠入困顿的么?我以为在这途路中,大概可以看见世人的真面目……"

第二部分: 在南京

1898年,鲁迅离开绍兴到南京,入免费的新式学校学习,四年后从南京矿务铁路学堂毕业。在这里,他热心阅读新书刊,如介绍达尔文进化论学说的《天演论》等。此前几年,中国在中日甲午战争中惨败。鲁迅入学之年,光绪皇帝支持的维新运动被以慈禧太后为首的顽固派镇压,康有为、梁启超逃亡国外。两年后,八国联军占领北京。这一切使鲁迅对中国在列强争霸的世界上的命运深怀忧虑。

第三部分：在日本

1902 年 3 月，鲁迅以官费赴日本留学。前两年，他在东京学习语言及基础知识。其间留学生中涌现反清革命热潮，鲁迅倾向革命，剪断了象征民族压迫的辫子。在此期间，他翻译西方科幻小说，撰写了有关中国地质矿产的著作。

1904 年，鲁迅到仙台医学专门学校学习，得到藤野先生的关怀和教诲。第二年，据他本人记述，他在课堂上看到了日俄战争的画片，有中国人被指为俄军间谍遭日军斩首，而围观的中国人神情麻木。他因此醒悟到，中国国民的疾病不仅仅是身体的，更是精神的，遂弃医从文。

返回东京后，他尝试办文学杂志而不成功。1907—1908 年发表了一系列论文，表现了他当时的思想成果。他的文学活动主要是翻译外国文学作品，尤关注被压迫民族的反抗文学，因此多介绍俄国、东欧作家的作品，与其二弟周作人合译并印行两卷《域外小说集》。

第四部分：在杭州、绍兴、南京

1909 年，因家庭经济原因，鲁迅结束了留学生活，返回国内。他先在杭州浙江两级师范学堂教书，后任绍兴府中学堂教务长并讲授生物学。1911 年的辛亥革命虽推翻了清朝统治，但并未根本改变社会基本结构及国民思想。鲁迅目睹社会形势的变化反复，对革命的结果深感失望，对地方政治的腐败极为不满。1912 年，通过朋友介绍，他在南京中华民国临时政府教育部谋得职位。

第五部分：在北京

1912 年 5 月，鲁迅随国民政府教育部迁至北京。行政工作之余，他致力于中国古代小说研究和古籍校勘，尤注重搜集绍兴乡邦文献。他还收集了大量古碑拓片。

1918 年，在文学革命运动中，鲁迅在《新青年》上发表了《狂人日记》(首次使用了笔名鲁迅)，揭露了中国历史上封建制度非人道、虚伪和吃人的本质。随后，他写了《阿Q正传》等许多小说和杂文，显示了"五四"新文学的成绩和力量。1926 年北京发生"三一八"惨案，死伤者中有鲁迅的学生。他因著文抨击时事，遭当局通缉，曾四处避难，于 8 月南下厦门任教。

第六部分：在厦门

1926 年 8 月，鲁迅被聘为厦门大学国文系和国学研究院教授，讲授中国文学史和中国小说史。其间，他编纂了《唐宋传奇集》等，以为撰写文学史的准备。《中国文学史略》（后改名《汉文学史纲要》）虽未完成，但显示其文学史研究的独到眼光和精辟见解。远离政治中心，独身一人，教学生活安稳而沉闷，鲁迅写下多篇回忆性散文，记述青少年时代经历，描绘了给他留下很深印象的人物，如藤野先生、范爱农等，同时还写了许多倾诉自己内心感受的信给在广州的许广平。

第七部分：在广州

鲁迅应邀担任广州中山大学教授和教务长。其间到香港发表两次演讲：《无声的中国》和《老调子已经唱完》，继续坚持文学革命理念。1927年发生军事政变，国共合作破裂，白色恐怖弥漫上海、广州。中山大学一些学生被逮捕，鲁迅发动营救，但无结果。怀着对革命阵营内部自相残杀的愤怒和失望，鲁迅辞职，离开广州。

第八部分：在上海

1927年鲁迅与许广平定居于上海，1929年生一子。鲁迅作为自由撰稿人，为报刊写了大量杂文随笔，坚持早年形成的改造国民性信念，抨击专制政治和社会丑恶现象。自1932年至去世最为多产，出版历史小说集一卷、杂文集十卷。除担任中国左翼作家联盟名义领导人外，他还加入中国自由运动大同盟和中国人权保障同盟。他积极倡导新兴木刻艺术，编辑出版多种中外版画作品。因外忧时艰，内感郁愤，积劳成疾，于1936年去世，终年56岁。

"铁屋子隐喻"从何而来

鲁迅有一个非常有名的"铁屋子隐喻"，出自《呐喊·自序》（文章见本章节"经典选读"）。《呐喊·自序》发表于1922年，它不仅是《呐喊》的序言，也可以称得上是鲁迅所有文章的一个引子，奠定了鲁迅文章思想的基本根基。通过读《呐喊·自序》，我们可以试着理解鲁迅的文学是从哪里来的，鲁迅的文学根源是从哪里产生的。

通读《呐喊·自序》的文本后，我用了一首小诗对其做了简要总结：

家道中落心酸楚，庸医奇方害其父；

洋务学堂寻异路，立志学医止于途。

欲为春风吹人醒，振臂一呼无人应；

呐喊一声天地惊，日浴铁屋终放晴。

这里的"欲为春风吹人醒"就是本书序言标题灵感的来源。我的学生贾唯第一次看到这句话时告诉我说,这让她想到了唐代诗人卢纶的一首诗《长安春望》:

> 东风吹雨过青山,却望千门草色闲。
> 家在梦中何日到,春生江上几人还?
> 川原缭绕浮云外,宫阙参差落照间。
> 谁念为儒逢世难,独将衰鬓客秦关。

这首诗第一句的"东风"意象与我们的"春风"意象不谋而合,而且最后一句"谁念为儒逢世难,独将衰鬓客秦关"的指涉:"又有谁理解我这位读书人,生逢乱世,孤身一人,满头白发,形容憔悴,漂泊流荡在荒远的秦关",让我瞬时联想到了鲁迅,因为它与《呐喊·自序》一文中反复出现的"寂寞"和"梦"非常贴近。除此二者,鲁迅还多次提及一个词,就是"希望",这是鲁迅给自己的心灵出路,也是向时代的阴霾劈出的一道光。

如果要深入解读鲁迅《呐喊·自序》的文本,我们可以从以上三个高频词入手:"寂寞"、"梦"和"希望",分别在文中出现了 10 次、4 次和 3 次。

释"梦"

《呐喊·自序》开篇即道:"我在年青时候也曾经做过许多梦,后来大半忘却了……"鲁迅都做过什么梦呢?我想至少有两个:父亲病逝后"学医救人"的梦,异邦学医后"文艺救心"的梦。"学医救人"的梦在日本破灭之后,他深刻意识到,"文艺救心"的梦才是"一件紧要事"——"凡是愚弱的国民,即使体格如何健全,如何苗壮,也只能做毫无意义的示众的材料和看客,病死多少是不必以为不幸的,所以我们的第一要著,是在改变他们的精神,而善于改变精神的是,我那时以为当然要推文艺。"

1954 年,李约瑟(Joseph Needham)在《中国科学技术史》(第一卷)序言中,提出这样的疑问:"在 1—15 世纪,中国的科学发明和发现遥遥领先于同时代的欧洲;但欧洲在 16 世纪以后诞生了近代科学,这种科学已被证明是形成近代世界秩序的基本因素之一,而中国文明却未能产生相似的近代科学,中国的科学为什么持续停留在经验阶段,并且只有原始型或中古型的理论,其阻碍因素是什么?"

对于鲁迅而言,他的选择是弃医从文,从改造国民性开始改变中国。然而,这样的梦在他一次次挫败的经历中破灭了,而且梦想破灭之后留给自己的是无边的茫然和无尽的"寂寞"。

释"寂寞"

《呐喊·自序》这样解读寂寞："凡有一人的主张，得了赞和，是促其前进的，得了反对，是促其奋斗的，独有叫喊于生人中，而生人并无反应，既非赞同，也无反对，如置身毫无边际的荒原，无可措手的了，这是怎样的悲哀呵，我于是以我所感到者为寂寞。"

简单来说，鲁迅把自身寂寞的原因很大程度上归结为众人的冷漠。这样的冷漠，他在写就《狂人日记》前至少经历过两次。一次是在仙台学医时，老师在课后播放了日俄战争的画片。他在画片上意外看到了"久违的许多中国人"，其中"一个绑在中间"被砍头示众，"许多站在左右"围观，个个虽体格健壮但神情麻木。这之后鲁迅就弃医从文，想要办杂志、兴文艺，杂志名字都取好了，叫《新生》，意为"新的生命"。但是，好不容易找来的几个人也都在杂志出版之期接近时离他而去："最先就隐去了若干担当文字的人，接着又逃走了资本，结果只剩下不名一钱的三个人"。

鲁迅笔下"不名一钱的三个人"所谓是谁呢？在杂志筹备期间鲁迅又做了哪些努力呢？许寿裳在《鲁迅传》中说道：

"这三个人乃是鲁迅及周作人和我。这杂志的名称，最初拟用'赫戏'或'上征'，都采取《离骚》的词句，但觉得不容易使人懂，才决定用'新生'这二字，取新的生命的意思……我还记得杂志的封面及文中插图等等，均已经安排好好的，可惜没有用，而鲁迅做事的井井有条，丝毫不苟，很值得敬佩。"

由此看出，这"三个人"，除了他自己，一个是亲兄弟，一个是好哥们儿。虽然这时他已经把杂志的插图都设计好了，但最终也没能留住一个外援和赞助。鲁迅这才意识到，可能只有他，抱有这么迫切的想法来提倡文艺运动，这时的他再次对周围的麻木氛围产生巨大的无力感——这次的经历也直接引发了上面那段关于"寂寞"的感慨。

鲁迅在《半夏小集》中说："惟沉默是最高的轻蔑。"的确，这种不置可否的状态，往往更加伤人。

释"希望"

当鲁迅问道："假如一间铁屋子，是绝无窗户而万难破毁的，里面有许多熟睡的人们，不久都要闷死了，然而是从昏睡入死灭，并不感到就死的悲哀。现在你大嚷起来，惊起了较为清醒的几个人，使这不幸的少数者来受无可挽救的临终的苦楚，你倒以为对得起他们么？"钱玄同回答："然而几个人既然起来，你不能说决没有毁坏这铁屋的希望。"

听到"希望"二字，鲁迅也振奋了起来，他说："是的，我虽然自有我的确信，然而说到希望，却是不能抹杀的，因为希望是在于将来，决不能以我之必无的证明，来折服了他之所谓可有"。同时，鲁迅也希望用自己的"呐喊""聊以慰藉那在寂寞里奔驰的猛士，使他不惮于前驱"。

哲人总是矛盾的。鲁迅说："绝望之为虚妄，正与希望相同。"绝望是不真实，是缥缈的，绝望里藏着希望，希望里藏着绝望。然而，鲁迅的笔下虽常描写绝望，但也从未抹杀希望——"希望是本无所谓有，无所谓无的。这正如地上的路，其实地上本没有路；走的人多了，也便成了路。"绝处逢生、否极泰来，鲁迅用他的文字和实际行动告诉我们，不惧于苦难，不惮于前驱，无论身处任何看似绝望的处境，我们都可以"于浩歌狂热之际中寒，于天上看见深渊，于一切眼中看见无所有，于无所希望中得救"。

拓展思考：

由"铁屋子"隐喻联想到的"洞穴"隐喻

柏拉图的洞穴隐喻与鲁迅的铁屋子隐喻有很多共通之处。

柏拉图"洞穴隐喻"示意图

柏拉图《理想国》的第七卷有一个著名的段落，又被称为一场思维试验：有一些人从出生起就住在洞穴里，头颈和腿被绑着。他们不能走动，也无法转头，因此也可称之为"囚徒"。在囚徒面前有一面墙壁，因为不能转头或转身，他们只能看着这面墙壁。而他们身后远处高些的地方，有一堆燃烧的火，这是洞穴里唯一的光源。

在火光和这些囚徒之间，有一条过道和矮墙。这条过道可以通向洞穴外面。而在矮墙的一侧，在火堆前面，有一群人，举着木偶、傀儡舞动着。我们可以称他们为"表演者"。火光照到表演者们手中的木偶，就会在囚徒面前的石墙上投射出木偶、傀儡活动的影子——这就是囚徒们一辈子所能看到的唯一对象。

然而有一天，不知道出于什么原因，有一个囚徒突然挣脱了铁链的束缚。他转过身之后看到了那些表演者和火堆，极为震撼：原来他从小到大看到的光影竟是这么来的；原来光影是如此虚假，自己简直连井底之蛙都不如。

当他通过那条长长的过道，走出了那个洞穴，看见洞穴之外的世界，更为震撼。一开始，他一定因为光线过强而睁不开眼睛。但逐渐适应之后，他会看清洞穴外的世界：蓝天、白云、树木、阳光……这时他才意识到，原来自己之前所处的洞穴是那么局限。

这就是《理想国》中最著名的隐喻——洞穴隐喻。

如果你就是那个离开洞穴的人，面临眼前可能的两种选择——继续留在洞穴外的世界，或者返回洞穴，你会做何选择？如果你选择回到洞穴，面对那些囚徒，你又会怎么做？换言之，你将如何面对那些依然被铁链捆绑的人？有人说，我要告诉他们实情，他们从小到大看到的都是假象，外面的世界很美好。但是，你有没有想过，这些囚徒会理解你吗？因为他们从来没有转过身，没有离开过洞穴，他们根本不会相信你的话。如果你继续大吵大闹，囚徒会认为你疯了。甚至，柏拉图说，囚徒可能会杀死你。

所以，事情没有那么简单。讲到这里，肯定有人问：柏拉图为什么要写这样一个看似荒诞的隐喻？有一种解读认为，那个走出洞穴的人就是柏拉图的老师苏格拉底。苏格拉底就是那个走出了洞穴，见到了阳光的人。当他试图告诉雅典人，他们的局限和无知时，他却被判处死刑。苏格拉底就是因为告诉了雅典民众实情而被杀死的。

通常的解读认为，柏拉图的洞穴隐喻包含了三个阶段：囚禁状态、肉身解放和灵魂解放。这也意味着发生了两次重大转折：离开洞穴和返回洞穴。但是，并不是每一个走出洞穴的人，都选择回去；即便选择回到洞穴，也不一定要向囚徒说出真相。然而，如果让柏拉图来回答这个问题，他一定会说：一定要回去！对他而言，这几乎是义不容辞的事情。因为，洞穴就是城邦政治生活本身。

哲人返回不仅是为了"城邦整体的幸福"，而且是出于一种无法推脱的责任感。因为，那些囚徒本来是哲人一样的人啊！后来的启蒙者大多持这一立场：先知先觉者要帮助未知未觉者摆脱被束缚的状态。

从这个角度来看，鲁迅《呐喊·自序》中的"铁屋子"其实就是对洞穴隐喻的改写和一种回答，二者都揭示了人生的基本困境和反抗探索。

主题作业：

"铁屋子"隐喻与"洞穴"隐喻有何异同？

2019 级　朱嘉豪

1912 年，在教育部任职的周树人随中华民国临时政府一同迁到了北京。随后是近六年的"钞古碑"亦称为蛰伏期。在接受了钱玄同的约稿后，他开始在《新青年》上发表文章，笔名鲁迅。"铁屋子"便是与钱玄同争辩"文艺革命"是否能救国时的隐喻。

"洞穴"隐喻出自柏拉图《理想国》第七卷，叙述了苏格拉底通过"洞穴"隐喻向格劳孔阐述自己的教育观。洞穴里是被束缚且无法回头的囚徒、手举傀儡的表演者和他们背后的一团火。对于囚徒，他们的世界仅限于表演者们向他们展示的影子。而一种奇怪的力量使得其中一个囚徒得以走出洞穴，并看到了外面的世界。

"铁屋子"

铁屋子，绝无窗户而万难破毁，直指当时的黑暗社会与封建思想。无论是哪种，鲁迅身处其中，并难以打破这个牢笼。在这"铁屋子"中，其实有三类人：清醒的、"装睡的"和熟睡的人们，而鲁迅是难以使他们一同起来打破"铁屋子"的。1911 年的辛亥革命推翻了清政府的腐朽统治，建立了新的资产阶级共和国。人们摆脱了曾经跪着做人的日子，"民主共和思想深入人心"，但这场革命在鲁迅看来仍然没有从根本上改变这个社会，改变人们。辛亥革命不同于以往的农民革命，其联合的是资产阶级，早期革命力量主要由会党、新军和一部分民族资产阶级爱国人士组成。因此，辛亥革命并不能说使民主共和思想深入人心了，大多数人都还是经历过"政治革命"却没有被"思想革命"的普通百姓。

> 然而我那时对于"文学革命"，其实并没有怎样的热情。见过辛亥革命，见过二次革命，见过袁世凯称帝，张勋复辟，看来看去，就看得怀疑起来，于是失望，颓唐得很了。
>
> ——《鲁迅全集》第四卷，《〈自选集〉自序》

鲁迅开始怀疑，开始反思。长达两千多年的封建统治，在短短的几个月里被推翻。

可随之而来的却是一次又一次的倒行逆施。为了统一北方和让清帝退位，不得不答应袁世凯在北京就职的要求。先前组建的国民党、国会，似乎也没能阻挡袁世凯复辟的道路。1913年发动的二次革命也因袁世凯强大的势力范围、帝国列强的支持、北洋系的军队而以失败告终。

然而，在"铁屋子"中，还有一群熟睡的人。在打破铁屋的理想中，不仅铁屋的材质会影响打破铁屋的可能，还有这股打破的力量的大小。鲁迅一人必然是难以冲破牢笼，他必须唤醒周围的人，同他并肩作战。然而，人分三类，鲁迅和钱玄同这样的人是清醒的，可遗憾的是只有他们是真正清醒的。

我中华民族虽然常常的自命为爱"中庸"，行"中庸"的人民，其实是颇不免于过激的。譬如对于敌人罢，有时是压服不够，还要"除恶务尽"，杀掉不够，还要"食肉寝皮"。但有时候，却又谦虚到"侵略者要进来，让他们进来。也许他们会杀了十万中国人。不要紧，中国人有的是，我们再有人上去"。

——《鲁迅全集》第四卷，
《由中国女人的脚，推定中国人之非中庸，又由此推定孔夫子有胃病》

辛亥革命让这时熟睡的人们逃离了封建统治，却没有摆脱封建思想，他们了解了民主与自由，却仍然在幻想中沉睡。在这个时代，人们支持革命似乎并不是因为新的资产阶级政府好，而是仅仅因为清政府对民众的压迫太甚。愚民不可怕，可怕的是封建思想的忠实信徒。在这种情况下，一个有着坚定信念的人，即使侥幸不被同化，也难以对这铁屋有所作为。

这些，还只是大部分的普通民众罢了，社会的变革对他们来说似乎没有那么重要。可是其实还有一群"较为清醒"的人，这些人是逐利的，立场不坚定的。

然则圣人为什么大呼"中庸"呢？曰：这正因为大家并不中庸的缘故。人必有所缺，这才想起他所需。穷教员养不活老婆了，于是觉到女子自食其力说之合理，并且附带地向男女平权论点头；富翁胖到要发哮喘病了，才去打高而富球，从此主张运动的紧要。

——《鲁迅全集》第四卷，
《由中国女人的脚，推定中国人之非中庸，又由此推定孔夫子有胃病》

可惜中国人但对于羊显凶兽相，而对于凶兽则显羊相，所以即使显着凶兽相，也还是卑怯的国民。这样下去，一定要完结的。

——《鲁迅全集》第三卷，《忽然想到（七）》

在鲁迅看来，中国人同时具备了奴性与专制性，既沉浸于封建礼教条条框框的规训之中，也善于利用道德规训他人，《祝福》便是一个很好的例子。而这时，鲁迅不断批判的其实并不是底层愚民的盲从与无限的接受，更多是针对当时的"伪士"们。这些人介于清醒与熟睡之间，如果只是接受了新的思想，而不革除旧的封建礼教、思维方式和革命观，便永远摆脱不了洋相，也还是卑怯的，是难以做出贡献的。

他在文章中经常批判民众的"国民性"，并且最大的问题是"缺少爱与诚"。鲁迅在《破恶声论》通过提倡"白心"理论——诚实和明智，以期救治"伪士"的虚假和不明智。为什么？正如他在《呐喊自序》中提到的：寂寞。他不是一个振臂一呼应者云集的英雄。现在他要破开这个囚禁人的铁屋，那些熟睡的人是指望不上了，甚至那些较为清醒的人似乎也摇摆不定。半睡半醒，可怕的不是熟睡的人，而是装睡的人。

于是苏古掇新，精神贻彻，自既大自我于无意，又复时返顾其旧乡，披厥心而成声，殷若雷霆之起物。梦者自梦，觉者是之，则中国之人，庶赖此数硕士而不殄灭，国人之存者一，中国斯半生于是已。虽然，日月逝矣，而寂漠犹未央也。上下求索，阒其无人，不自发中，不见应外，颛蒙默止，若存若亡，意者往之见戕贼者深，因将长槁枯而不复菀与，此则可为坠心陨涕者也。顾吾亦知难者则有辞矣。

…………

时势既迁，活身之术随变，人虑冻馁，则竞趋于异途，掣维新之衣，用蔽其自私之体，为匠者乃颂斧斤，而谓国弱于农人之有耒耜，事猎者则扬剑铦，而曰民困于渔父之宝网罟；倘其游行欧土，偏学制女子束腰道具之术以归，则再拜贞虫而谓之文明，且昌言不纤腰者为野蛮矣。顾使诚匠人诚猎师诚制束腰道者，斯犹善也，试按其实，乃并方术且非所喻，灵府荒秽，徒炫耀耳食以罔当时。故纵唱者万千，和者亿兆，亦绝不足破人界之荒凉；而鸩毒日投，适益以速中国之癫败，则其增悲，不较寂漠且愈甚与。故今之所贵所望，在有不和众嚣，独具我见之士，洞瞩幽隐，评骘文明，弗与妄惑者同其是非，惟向所信是诣，举世誉之而不加劝，举世毁之而不加沮，有从者则任其来，假其投以笑傌，使之孤立于世，亦无慑也。则庶几烛幽暗以天光，发国人之内曜，人各有己，不随风波，而中国亦以立。

——《鲁迅全集》第八卷，《破恶声论》

《破恶声论》是鲁迅1908年写的文章，鲁迅关于人、社会、文明的基本思想是在留学日本（1902—1909年）时形成的，他的早期五篇文言论文，尤其是《文化偏至论》《摩罗诗力说》《破恶声论》奠定了他思想的基础。鲁迅曾计划办《新生》，后来也因为振臂高呼无人应搁置了。在那时，鲁迅的这几篇文章就已经对国人的不作为、西方的制度进行过激烈的批判，也透露了他弃医从文的缘由——唤醒民众，启蒙思想。

　　所以我时常害怕，愿中国青年都摆脱冷气，只是向上走，不必听自暴自弃者流的话。能做事的做事，能发声的发声。有一分热，发一分光，就令萤火一般，也可以在黑暗里发一点光，不必等候炬火。此后如竟没有炬火：我便是唯一的光。倘若有了炬火，出了太阳，我们自然心悦诚服的消失，不但毫无不平，而且还要随喜赞美这炬火或太阳；因为他照了人类，连我都在内。我又愿中国青年都只是向上走，不必理会这冷笑和暗箭。

——《鲁迅全集》第一卷，《四十一》

　　上文为《热风》里的一篇文章，发布于 1919 年。鲁迅在那时还在通过撰写文章启蒙民众，并且也鼓励年轻人"向上走"，希望他们作为启蒙运动的主力。

　　希望是本无所谓有，无所谓无的。这正如地上的路；其实地上本没有路，走的人多了，也便成了路。

——《鲁迅全集》第一卷，《故乡》

　　弄文学的人，只要（一）坚韧，（二）认真，（三）韧长，就可以了。不必因为有人改变，就悲观的。

——《鲁迅全集》第十二卷，《331007 致胡今虚》

　　我记得先前在学校演说的时候也曾说过，要治这麻木状态的国度，只有一法，就是"韧"，也就是"锲而不舍"。逐渐做一点，总不肯休，不至于比"轻于一掷"无效的。

——《鲁迅全集》第十一卷，《两地书》

　　对于旧社会和旧势力的斗争，必须坚决，持久不断，而且注重实力。旧社会的根柢原是非常坚固的，新运动非有更大的力不能动摇它什么。并且旧社会还有它使新势力妥协的好办法，但它自己是决不妥协的。

——《鲁迅全集》第四卷，《对于左翼作家联盟的意见》

　　"无可挽救的临终的苦楚"，总是需要人来承受的。从思想解放的角度来说，这次思想启蒙运动，便是已经冲出铁屋的思想者们对铁屋中的人的唤醒。唤醒之所以困难，一方面在于铁屋本身"万难破毁"，黑暗统治愈发加强了人们对封建思想的顺从；另一方面，屋内的民众普遍素质也不高，既没有强烈的反抗意愿，也没有斗争的能力。

　　但就算这样，鲁迅面对愚民，也是化悲愤为动力。虽说是勉强答应钱玄同的约稿，但也认真地以笔为矛，践行着唤醒民众的理想。不仅如此，他还多次告诫他的同伴们，思想启蒙，要坚韧，要韧长，不是一天两天的事情。鲁迅既是让沉睡的人免于死去，也是在唤醒较为清醒的人，更是在给同他一道宣传新思想的同伍以支持与希望。

"绝望之为虚妄，正与希望相同。"

....

"并不愿将自以为苦的寂寞，再来传染给也如我那年青时候似的正做着好梦的青年。"

然而这又不似做那《呐喊》时候的故意的隐瞒，因为现在我相信，现在和将来的青年是不会有这样的心境的了。

——《鲁迅全集》第四卷，《〈自选集〉自序》

终于，到了他创作生涯的中后期，他选择鼓励青年学生走上革命道路，并且也积极培养青年作家。刀与火，是呐喊失败之后的选择，但这实际上是更加先进和有效的毁坏"铁屋子"的方式。把人叫醒作用不大，重点是要告诉民众，什么是好的，什么是坏的，用锋利的笔尖刺进统治者的心脏，拿起锤子勇敢地砸向这铁笼。

新主义宣传者是放火人么，也须别人有精神的燃料，才会着火；是弹琴人么，别人的心上也须有弦索，才会出声；是发声器么，别人也必须是发声器，才会共鸣。中国人都有些不很像，所以不会相干。

....

中国历史的整数里面，实在没有什么思想主义在内。这整数只是两种物质，——是刀与火，"来了"便是他的总名。

——《鲁迅全集》第一卷，《五十九"圣武"》

以上都是空话。笔写的，有什么相干？实弹打出来的却是青年的血。血不但不掩于墨写的谎语，不醉于墨写的挽歌；威力也压它不住，因为它已经骗不过，打不死了。

——《鲁迅全集》第三卷，《无花的蔷薇之二》

一批批勇敢的青年冲上了街头，直面北洋军阀的残酷镇压，挑战权贵对普通人的强迫与欺凌。鲁迅应该也很纠结吧，他并不希望学生们白白丧命，可革命、反抗又是鲁迅最终给出的打破铁屋的方法。也许，他能做的也就只有感叹社会的黑暗，同青年站在一起。

苟活者在淡红的血色中，会依稀看见微茫的希望；真的猛士，将更奋然而前行。

——《鲁迅全集》第三卷，《纪念刘和珍君》

"洞穴"

在《理想国》中，"洞穴"喻指人们被限制了的思想与智识。而人们走出洞穴的过程，就是接受教化与追求真理的过程。柏拉图在书中使用这样一个隐喻，大多还是与他的老师苏格拉底有关。当时，伯罗奔尼撒战争爆发，雅典社会生产力遭到极大破坏，人口锐减，从而导致阶级矛盾尖锐、城邦间冲突不断。雅典的民主政体出现危机，而柏拉图认为，要解决这些问题需要培养出"哲人王"。

所以，洞穴里被缚住手脚的是社会大众，而"表演者"们，则是雅典城邦的统治阶层。苏格拉底作为一个"走出洞穴"过的人，仍希望回到洞穴内告诉他们什么是真理。苏格拉底"以与人对话为职业，目的在于揭露人们的无知，促使他们走上求知的道路"。他所做的其实就是将底层愚民推向洞穴之外。

> 因此，我们作为这个国家的建立者的职责，就是要迫使最好的灵魂达到我们前面说是最高的知识，看见善，并上升到那个高度；而当他们已到达这个高度并且看够了时，我们不让他们象现在容许他们做的那样。
>
> ——《理想国》第七卷

哲学与政治密不可分。柏拉图曾试图用"哲人王之治"将哲学与政治完美结合，但是失败了。因此他认为：当"走出洞穴的人"看清了这个世界，接受了真理，便自有了教化的使命。就像他的老师苏格拉底所做的那样。柏拉图的"三大隐喻"分别为太阳喻、线段喻和洞穴喻。太阳喻在顶端，告诉人们不能直接观看"善"，而应当先通过映像而后不断接近善；线段喻在中间，告诉人们善的理念是可知的，可以通过不断上升认识到；洞穴喻则在最底端，他强调的是囚徒的"无知"以及哲人重返洞穴教化民众。哲人重返洞穴，就是善的理念下降的过程。

> 他们的灵魂是小的，但是在那些受到他们注意的事情上，他们的视力是够尖锐的。他们的"小"不在于视力贫弱，而在于视力被迫服务于恶，结果是，他们的视力愈敛锐，恶事就也做得愈多。
>
> ——《理想国》第七卷

因为，事实上，亲爱的朋友，只有当你能为你们未来的统治者找到一种比统治国家更善的生活时，你才可能有一个管理得好的国家。因为，只有在这种国家里才能有真正富有的人来统治。当然他们不是富有黄金，而是富有幸福所必需的那种善的和智慧的生活。如果未来的统治者是一些个人福利匮乏的穷人，那么，当他们投身公务时，他们想到的就是要从中攫取自己的好处，如果国家由这种人统治，就不会有好的管理。因为，当统治权成了争夺对象时，这种自相残杀的争夺往往同时既毁了国家也毁了统治者自己。

——《理想国》第七卷

在柏拉图看来，囚徒的灵魂还是可以去"看"的。他们的灵魂可以被引导，但是他们只会也只能够对自己"看得见"的事物发表评论。而限制他们的，恰恰是那些手举傀儡的表演者们。哲学与政治密不可分，但在当时是存在矛盾与冲突的，而苏格拉底便是为之献身的一员。柏拉图于是试图用"哲人王之治"解决这个困境。两种方式：哲学家成为统治者和统治者成为哲学家。前者失败，因此只能追求后者。

可是，当哲人重返洞穴后，统治阶层和被统治阶层之间的平衡就会被打破，他也因此会受到囚徒和表演者的双重抵制，也就是遭遇到现实的政治。这也便是苏格拉底和柏拉图所面临的挑战。

道路的不同

对于鲁迅和柏拉图来说，其实他们面临的困境是很相似的，他们其实都认为自己属于"看见过太阳的人"，并且他们怀着一份责任感，希望可以通过自己的努力启蒙这些待启蒙的人，从而去追求"美好的生活"。然而，打破制度是简单的，变革思想是困难的。无论是"洞穴"还是"铁屋子"，他们都面临着平民与强权的双重镇压。宣传思想是简单的，可让人们信任这份新思想并一改奴性奋起反抗却是困难的。两位革命的先驱选择了不同的路：

在哲学家统治城邦之前城邦不能摆脱罪恶。

——《理想国》第六卷

见异己者兴，必借众以陵寡，托言众治，压制乃尤烈于暴君。

——《鲁迅全集》第一卷，《文化偏至论》

两句话乍看上去，似乎柏拉图更倾向于让囚徒见到光明的方式来逃离洞穴，而鲁迅早已对身边麻木的人们放弃希望了。但事实恰恰相反。对于鲁迅而言，他的身边除了睡着的和装睡的人再没别人了，因此他的全部希望都会寄托在他们身上。希望越大，失望便越大。鲁迅不是没有尝试过唤醒身边的民众，但结果却不尽如人意，尤其是"轰轰烈烈"地失败的辛亥革命，更是让他心灰意冷。即使是政治革命，也难以打破这思想的牢笼。单纯的思想宣传又有何用呢？

　　鲁迅从一开始选择的方向，便错了。他试图通过思想启蒙的方式来推翻他所不满的黑暗统治，这便导致了他注定的失败。在那个时代，明哲之士孤立无援，外加黑暗统治，被平庸打败几乎是注定的事情。于是最后，他还是转向了革命与反抗。

　　从某种程度上说，柏拉图的思路也遭遇了类似的困难。先进的、良善的城邦，需要哲人来管理。若不是，则是邪恶的城邦。但是一个明哲之士，身处一个"邪恶的"城邦里，面临身边平民和统治阶层两种抵制力量，他又怎么能够有所作为呢？

　　于是这方面或许有一种灵魂转向的技巧，即一种使灵魂尽可能容易尽可能有效地转向的技巧。它不是要在灵魂中创造视力，而是肯定灵魂本身有视力，但认为它不能正确地把握方向，或不是在看该看的方向，因而想方设法努力促使它转向。

——《理想国》第七卷

　　柏拉图相信，人们的"灵魂"是可启蒙的，但是现在遇到的问题就是他们看到的是"墙上的影子"。关键在于让他们的"灵魂"转向。"灵魂"转向的过程，便是"向善"的过程。

　　到五十岁上，那些在实际工作和知识学习的一切方面都以优异成绩通过了考试的人必须接受最后的考验。我们将要求他们把灵魂的目光转向上方，注视着照亮一切事物的光源。在这样地看见了善本身的时候，他们得用它作为原型，管理好国家、公民个人和他们自己。在剩下的岁月里他们得用大部分时间来研究哲学；但是在轮到值班时，他们每个人都要不辞辛苦管理繁冗的政治事务，为了城邦而走上统治者的岗位——不是为了光荣而是考虑到必要。因此，当他们已经培养出了象他们那样的继承人，可以取代他们充任卫国者的时候，他们就可以辞去职务，进入乐土，在那里定居下来了。国家将为他们建立纪念碑，象祭神那样地祭祀他们，如果庞西亚的神示能同意的话。否则也得以神一般的伟人规格祭祀他们。

——《理想国》第七卷

　　提出"洞穴"隐喻后，柏拉图在书中清晰地描述了如何培育"哲人王"的问题。某种意义上柏拉图也算是放弃打破洞穴以及洞穴里的权力关系？好像也可以这么认为。这时囚徒们能否被唤醒、洞穴的环境能否被改变、统治者能否由"哲人王"担任，都不再重要。重要的是要教化这样一批"哲人王"出来，要让他们永远将"灵魂"的目光转向"太阳"，以此来建设更好的城邦。

　　两个隐喻提出的目的都是改变现存社会，一开始也都是通过思想启蒙的方式，而到了后期，鲁迅转向了革命。你可以戴着镣铐跳舞，却永远叫不醒一个装睡的人。也许这就是两种方式促成的不同结果吧，一个用痛苦换来光明，而另一个只能是美好的想象。

态度的不同

在与老师讨论的过程中，我也受到启发，即柏拉图与鲁迅虽都站在"上帝"视角来看问题，但鲁迅总是与底层的人民站在一起，为民说话；而柏拉图却希望以哲人的身份称王，并且其中哲人是否回到洞穴也是一个未知数，颇有"个人英雄主义"的意味。

然而在我看来，柏拉图和鲁迅都认为自己其实才是开眼看世界了的那一批人，有着一部分的"自傲"，这件事情是基础，也可以看作是合理的。但某种意义上柏拉图也是跟人民站在一块的，或者更恰当一点，跟城邦在一起。而鲁迅也不只是跟人民在一起，而是跟社会在一起。究其目的还是让这个社会更好地发展，从而带动里面个体的发展。

柏拉图希望让囚徒"灵魂转向"，虽然不是采取打破铁链，而是通过教化，但最起码他是希望这个哲人走回洞穴的。或者说，单纯"哲人王"走在洞穴外也没什么意思，鲁迅一个人清醒了也只能在那里"钞古碑"。所以，最开始双方其实都不乐意陪这群待启蒙的人玩，但自私一点说，后来他们都不得不利用他们的力量来改造社会，甚至于柏拉图受苏格拉底影响可能一直没有怀疑过这个初心。双方面临的困境是一样的。而《理想国》中还是给民众设计了一堆课程，鲁迅也还是写了文章（虽然大多是因为钱玄同的盛情难却），后来也积极鼓励革命和指导青年作家。哲人王有权利选择走下去教书或不，而鲁迅也有权利作书或不作。甚至于鲁迅可能一开始就觉得没希望都不想写。从这个角度看，如果没有个人英雄主义，哪一个又能领导群众、站在"上帝"视角批判民众的迂腐呢？换个角度，他们都希望让整个社会更好，也没人在逞个人英雄主义。所以我认为，在这个问题上，二者区别不大。

这里引用老师的回复：

的确，他们都愿为时代的思想领袖，企求通过个人的领导力来联结众人冲出铁屋、解开镣铐，他们都一定程度带着"上帝"视角。但同时，这里至少还有一个细节值得进一步讨论：柏拉图的理想政治形态是哲人王充当统治者，王既是哲学家又是统治者。他试过把统治者塑造成哲学家，失败了，后来选择了培养哲学家成为统治者，但其实在现实中也没有成功。虽没有成功，但这样的思路势必有影射自己或者自己老师苏格拉底的意味。换言之，柏拉图的追求不仅仅是启蒙民众思想这么简单，他是要做统治者，而且已对统治方案了然于心。

而鲁迅不一样，至少我们所感知到的鲁迅是不一样的，我觉得他的理想更单纯，他体察疾苦、与人民同心，虽对麻木的国民性而义愤填膺，哀其不幸、怒其不争，但只希望唤醒更多的青年人，然后再和他们站在一起，始终一条战线。也正因为此，让人对鲁迅有更亲近的感觉，他有犀利的笔锋和温柔的心肠。

想了想，的确如此。最起码，相比于柏拉图带给我的一种"教师"形象，我更偏向鲁迅的"战友"形象——他给人的感觉是一种由内而外的真诚，一种真实的真诚。

结语

在行文前，我也阅读了许多文献资料、《理想国》和《鲁迅全集》中的部分内容。至少在我看来，相比之前语文课本中收录的鲁迅的几篇文章，我对于鲁迅的认识是更加深刻与丰富了的。鲁迅作为一位伟大的革命家、思想家，其思想的深刻必然是不能凭借寥寥几篇文章就妄下判断的。两周左右的时间，我只是将全集里的前三卷大致看了一遍，除此之外七七八八地看了后面的一些文章和书信。诚然，我了解的还很少。

然而在梳理"铁屋子"和"洞穴"异同这个问题时，我的目光便不仅限于对于这两件事物的思考了。相反，我更希望认识更全面、更立体的鲁迅和柏拉图。"透过文字看人物"，这也是新的课程形式。但了解鲁迅，着实是一件难事，毕竟他的一生中，有那么多文字……虽然透彻地理解《彷徨》和《野草》中的文章，对我来说有点困难，然而看完杂文的部分，我便能够大致明白他的想法了。此外，由于它的编排按照时间顺序，更便利了我对于他革命思想转变过程的思考。

最后，还是要推荐鲁迅的文章。也许读不懂，也许看得很累，但你总归会在里面找到你认同的思想，你总能有"这个人说得对"的感觉。

参考资料

［1］鲁迅. 鲁迅全集 [M]. 北京：人民文学出版社，2005.

［2］柏拉图. 理想国 [M]. 北京：商务印书馆，1986.

［3］侯桂新. 在"铁屋子"外"打边鼓"——鲁迅介入文学革命考论 [J]. 东岳论丛，2020，41（1）：69-78.

［4］杨红军. 鲁迅"白心说"的中庸特质论 [J]. 学术界，2010（1）：131-136.

［5］张颖. "大嚷"与"毁屋"——试论鲁迅在"铁屋子"中的自救 [J]. 文教资料，2019（26）：9-12.

［6］赵娜娜. 由"铁屋子"引发的思考——论方方小说的牢笼意识 [J]. 西安航空学

院学报，2018，36（4）：66-70.

［7］庞韵林. 基于洞穴喻的柏拉图教化思想研究 [J]. 齐齐哈尔大学学报（哲学社会科学版），2020（9）：42-44.

［8］马丹阳. 简析柏拉图《洞穴隐喻》——兼与阳明心学比较 [J]. 现代交际，2020（1）：221-222.

［9］赵小政. 精英与大众的博弈——对苏格拉底之死再思考 [J]. 中学历史教学，2020（11）：10-12.

［10］巩健. 从洞穴隐喻看《野草》中启蒙者的自我剖析 [J]. 黑龙江工业学院学报（综合版），2019，19（12）：138-142.

［11］段从学. 启蒙中的明与暗：柏拉图的洞穴和鲁迅的铁屋子 [J]. 文艺争鸣，2015（11）：64-72.

［12］王莹. "民主共和观念深入人心"说评析——辛亥革命影响再思考 [J]. 新西部，2020（12）：95-96.

［13］徐阳. 从书单看民国时期文艺名家对国学的态度——以鲁迅书单为例 [J]. 湖北社会科学，2020（11）：115-120.

［14］崔传奇. 探析柏拉图《理想国》中的政治传播思想 [J]. 传媒论坛，2019，2（17）：89-90.

［15］潘莹莹. 浅析《理想国》"洞穴隐喻"中的自由思想对教育的启示 [J]. 新西部，2019（8）：105-106.

后记

嘉豪在写这篇文章的过程中，与我交流了很多他的想法和心得，我觉得特别有意义，因此在下面附上他的来信和我的回信。

来　信

晓慧老师：

在写这篇文章的过程中，我查了很多论文，也从中获得了一些启发。还"被迫"看了很多鲁迅的文章。因为感觉《彷徨》和《野草》挺难懂的，所以就只是草草看了一下。《朝花夕拾》和《故事新编》之前在老师的要求下看过，所以就直接略过了。《坟》《热风》和正在看的《华盖集》，我觉得都写得很精彩！以前也许就只是在语文课上听听《中国人失掉自信力了吗》，但是现在自己认真去看这些鲁迅写的文章，真的有特别多的收获。之前的困惑，似乎也能用新做的笔记解释，部分参考论文中草率的论证感觉也得到了补充。相比于之前为了一些论据去找书里的内容，这样一篇一篇看变得更加有感觉，并且从中"偶然收获"自己曾引用过的文段也是一件非常高兴的事情。

现在《华盖集》快看完了，还有《华盖集的续编》和《华盖集续编的续编》。目前还在看全集的第三本，其实我更期待第四本，感觉这些文章都会更"革命"一点，应该也可以让我对这个"铁屋子"的理解更加深刻。

总的来说，如果没有上您的课，鲁迅于我来说可能也就是个语文书和作文题里出现的人物罢了。对于这样一位文学巨人，单看那几篇语文书里的文章真是太对不起他了，也对不起自己。

突然想起来"个人英雄主义"这个问题，我也想了很久。如果说柏拉图和鲁迅都认为自己其实才是开眼看世界了的那一批人，有着一部分的"自傲"，这个我觉得是合理的。但是柏拉图其实也是跟人民站在一起的。或者更恰当一点，跟城邦在一起。柏拉图希望让囚徒"灵魂转向"，虽然不是采取打破铁链，而是通过教化，但最起码他是希望这个哲人走回洞穴的。

双方面临的困境是一样的。而理想国还是给民众设计了一堆课程，鲁迅也还是写了文章（虽然大多是因为钱玄同的盛情难却），后来也积极鼓励革命和青年作家。"哲人王"有权利选择走下去教书或不，鲁迅也有权利作书或不作。甚至于鲁迅可能一开始就觉得没希望都不想写。从这个角度看，如果没有个人英雄主义，哪一个又能领导群众、站在"上帝"视角批判民众的迂腐呢？换个角度，他们都希望让整个社会更好，也没人在逞个人英雄主义。所以我认为，在这个问题上，二者区别不大。

还有就是，对于"对当代人的影响这一点"，我得想想怎么串到我的文章里面。最后还是想说，能自己总结出一些东西，确实是很快乐的！"深中学生喜欢的东西都不难"，这话说得太对了！

朱嘉豪
2021 年 3 月 18 日

回　信

嘉豪：

如你一样，第一次认真地、毫无顾忌地走近鲁迅之后，我深受触动，久久不能平静；同时，也惊诧于长久以来，自己身边有这样的文学巨匠，而不自知。正是出于无限的感触和由衷的敬佩，让我在准备关于先生的每一节课的时候都怀着敬畏之心，也付出了很多心血。你说，是因为上了我的课，才对先生有了别样的心情，我真的很满足，很开心，很幸福！但我也相信，以你的悟性和对生活细腻的体察，即便不是我们的清流课堂，你也迟早会和先生相遇。

你说，在写这篇文章的过程中，查了很多论文、看了很多先生的文章，从你的行文中我是能清晰地感受到的。我有一个小小的建议：可以在文末集中将这些参考的文献做系统梳理和汇整，以便你今后的回顾查阅和他人的参考。

曾经引用的很多文段其实都好似无依无靠、飘零着的，当你回到原文重新"偶然收获"它们的时候，才是让它们有了真正的归宿和生机，我特别能理解你说的那种感受。

你提到对于"个人英雄主义"的见解，我觉得十分有道理。的确，他们都愿为时代的思想领袖，企求通过个人的领导力来联结众人冲出铁屋、解开镣铐，他们都一定程度带着"上帝"视角。但同时，这里至少还有一个细节值得进一步讨论：柏拉图的理想政治形态是"哲人王"充当统治者，王既是哲学家又是统治者。他试过把统治者塑造成哲学家，失败了，后来选择了培养哲学家成为统治者，但其实在现实中也没有成功。虽没有成功，但这样的思路势必有影射自己或者自己老师苏格拉底的意味，换言之，柏拉图的追求不仅仅是启蒙民众思想这么简单，他是要做统治者，而且已对统治方案了然于心。

而鲁迅不一样，至少我们所感知到的鲁迅是不一样的，我觉得他的理想更单纯，他体察疾苦、与人民同心，虽对麻木的国民性而义愤填膺，哀其不幸、怒其不争，但只希望唤醒更多的青年人，然后再和他们站在一起，始终一条战线。也正因为此，让人对鲁迅有更亲近的感觉，他有犀利的笔锋和温柔的心肠。

先生喜欢黑夜，但黑夜里是常常看不到路的。先生也说："希望本是无所谓有，无所谓无的。这正如地上的路；其实地上本没有路，走的人多了，也便成了路。"但是，路在何方呢？其实，先生一直没有给出明确的答案。也许，他一直都对"希望"不抱乐观态度，一直都试探着前进。

林林总总写了这么多，希望没有词不达意，希望没给你平添困扰。也许，两个隐喻就是异曲同工，就是毫无分歧，也都不一定。因为我在一次次尝试去分析的时候，也常常感到劳而无获、触壁而返。

而看到你说，"能自己总结出一些东西，确实是很快乐的！"那是我最开心的时刻，因为这才是我最想看到的结果。也许讨论永远没有结果，但是你在这个过程中所获得的思维的锻炼是弥足珍贵的，也是我倍加看重的。

你说，"对于当代人的影响这一点，我得想想怎么串到我的文章里面"。我觉得你的方向感很好，也许可以结合国际局势和杨洁篪最近的发言，探讨"铁屋子"是否有当今时代的表现形式，以及当下青年觉醒的必要性和使命感等，供你参考。

祝好！

刘晓慧

2021 年 3 月 19 日

经典选读:

鲁迅《呐喊·自序》和《聪明人和傻子和奴才》

呐喊·自序

我在年青时候也曾经做过许多梦,后来大半忘却了,但自己也并不以为可惜。所谓回忆者,虽说可以使人欢欣,有时也不免使人寂寞,使精神的丝缕还牵着已逝的寂寞的时光,又有什么意味呢,而我偏苦于不能全忘却,这不能全忘的一部分,到现在便成了《呐喊》的来由。

我有四年多,曾经常常,——几乎是每天,出入于质铺和药店里,年纪可是忘却了,总之是药店的柜台正和我一样高,质铺的是比我高一倍,我从一倍高的柜台外送上衣服或首饰去,在侮蔑里接了钱,再到一样高的柜台上给我久病的父亲去买药。回家之后,又须忙别的事了,因为开方的医生是最有名的,以此所用的药引也奇特:冬天的芦根,经霜三年的甘蔗,蟋蟀要原对的,结子的平地木,……多不是容易办到的东西。然而我的父亲终于日重一日的亡故了。

有谁从小康人家而坠入困顿的么,我以为在这途路中,大概可以看见世人的真面目;我要到N进K学堂去了,仿佛是想走异路,逃异地,去寻求别样的人们。我的母亲没有法,办了八元的川资,说是由我的自便;然而伊哭了,这正是情理中的事,因为那时读书应试是正路,所谓学洋务,社会上便以为是一种走投无路的人,只得将灵魂卖给鬼子,要加倍的奚落而且排斥的,而况伊又看不见自己的儿子了。然而我也顾不得这些事,终于到N去进了K学堂了,在这学堂里,我才知道世上还有所谓格致,算学,地理,历史,绘图和体操。生理学并不教,但我们却看到些木版的《全体新论》和《化学卫生论》之类了。我还记得先前的医生的议论和方药,和现在所知道的比较起来,便渐渐的悟得中医不过是一种有意的或无意的骗子,同时又很起了对于被骗的病人和他的家族的同情;而且从译出的历史上,又知道了日本维新是大半发端于西方医学的事实。

因为这些幼稚的知识,后来便使我的学籍列在日本一个乡间的医学专门学校里了。我的梦很美满,预备卒业回来,救治象我父亲似的被误的病人的疾苦,战争时候便去当军医，一面又促进了国人对于维新的信仰。我已不知道教授微生物学的方法，现在又有了怎样的进步了，总之那时是用了电影，来显示微生物的形状的，因此有时讲义的一段落已完，而时间还没有到，教师便映些风景或时事的画片给学生看，以用去这多余的光阴。其时正当日俄战争的时候，关于战事的画片自然也就比较的多了，我在这一个讲堂中，便须常常随喜我那同学们的拍手和喝采。有一回，我竟在画片上忽然会见我久违的许多中国人了，一个绑在中间，许多站在左右，一样是强壮的体格，而显出麻木的神情。据解说，则绑着的是替俄国做了军事上的侦探，正要被日军砍下头颅来示众，而围着的便是来赏鉴这示众的盛举的人们。

这一学年没有完毕，我已经到了东京了，因为从那一回以后，我便觉得医学并非一件紧要事，凡是愚弱的国民，即使体格如何健全，如何茁壮，也只能做毫无意义的示众的材料和看客，病死多少是不必以为不幸的。所以我们的第一要著，是在改变他们的精神，而善于改变精神的是，我那时以为当然要推文艺，于是想提倡文艺运动了。在东京的留学生很有学法政理化以至警察工业的，但没有人治文学和美术；可是在冷淡的空气中，也幸而寻到几个同志了，此外又邀集了必须的几个人，商量之后，第一步当然是出杂志，名目是取"新的生命"的意思，因为我们那时大抵带些复古的倾向，所以只谓之《新生》。

《新生》的出版之期接近了，但最先就隐去了若干担当文字的人，接着又逃走了资本，结果只剩下不名一钱的三个人。创始时候既已背时，失败时候当然无可告语，而其后却连这三个人也都为各自的运命所驱策，不能在一处纵谈将来的好梦了，这就是我们的并未产生的《新生》的结局。

我感到未尝经验的无聊，是自此以后的事。我当初是不知其所以然的；后来想，凡有一人的主张，得了赞和，是促其前进的，得了反对，是促其奋斗的，独有叫喊于生人中，而生人并无反应，既非赞同，也无反对，如置身毫无边际的荒原，无可措手的了，这是怎样的悲哀呵，我于是以我所感到者为寂寞。

这寂寞又一天一天的长大起来，如大毒蛇，缠住了我的灵魂了。

然而我虽然自有无端的悲哀，却也并不愤懑，因为这经验使我反省，看见自己了：就是我决不是一个振臂一呼应者云集的英雄。

只是我自己的寂寞是不可不驱除的，因为这于我太痛苦。我于是用了种种法，来麻醉自己的灵魂，使我沉入于国民中，使我回到古代去，后来也亲历或旁观过几样更寂寞更悲哀的事，都为我所不愿追怀，甘心使他们和我的脑一同消灭在泥土里的，但我的麻醉法却也似乎已经奏了功，再没有青年时候的慷慨激昂的意思了。

S会馆里有三间屋，相传是往昔曾在院子里的槐树上缢死过一个女人的，现在槐树已经高不可攀了，而这屋还没有人住；许多年，我便寓在这屋里钞古碑。客中少有人来，古碑中也遇不到什么问题和主义，而我的生命却居然暗暗的消去了，这也就是我惟一的愿望。夏夜，蚊子多了，便摇着蒲扇坐在槐树下，从密叶缝里看那一点一点的青天，晚出的槐蚕又每每冰冷的落在头颈上。

那时偶或来谈的是一个老朋友金心异，将手提的大皮夹放在破桌上，脱下长衫，对面坐下了，因为怕狗，似乎心房还在怦怦的跳动。

"你钞了这些有什么用？"有一夜，他翻着我那古碑的钞本，发了研究的质问了。

"没有什么用。"

"那么，你钞他是什么意思呢？"

"没有什么意思。"

"我想，你可以做点文章……"

我懂得他的意思了，他们正办《新青年》，然而那时仿佛不特没有人来赞同，并且也还没有人来反对，我想，他们许是感到寂寞了，但是说：

"假如一间铁屋子，是绝无窗户而万难破毁的，里面有许多熟睡的人们，不久都要闷死了，然而是从昏睡入死灭，并不感到就死的悲哀。现在你大嚷起来，惊起了较为清醒的几个人，使这不幸的少数者来受无可挽救的临终的苦楚，你倒以为对得起他们么？"

"然而几个人既然起来，你不能说决没有毁坏这铁屋的希望。"

是的，我虽然自有我的确信，然而说到希望，却是不能抹杀的，因为希望是在于将来，决不能以我之必无的证明，来折服了他之所谓可有，于是我终于答应他也做文章了，这便是最初的一篇《狂人日记》。从此以后，便一发而不可收，每写些小说模样的文章，以敷衍朋友们的嘱托，积久了就有了十余篇。

在我自己，本以为现在是已经并非一个切迫而不能已于言的人了，但或者也还未能忘怀于当日自己的寂寞的悲哀罢，所以有时候仍不免呐喊几声，聊以慰藉那在寂寞里奔驰的猛士，使他不惮于前驱。至于我的喊声是勇猛或是悲哀，是可憎或是可笑，那倒是不暇顾及的；但既然是呐喊，则当然须听将令的了，所以我往往不恤用了曲笔，在《药》的瑜儿的坟上平空添上一个花环，在《明天》里也不叙单四嫂子竟没有做到看见儿子的梦，因为那时的主将是不主张消极的。至于自己，却也并不愿将自以为苦的寂寞，再来传染给也如我那年青时候似的正做着好梦的青年。

这样说来，我的小说和艺术的距离之远，也就可想而知了，然而到今日还能蒙着小说的名，甚而至于且有成集的机会，无论如何总不能不说是一件侥幸的事，但倘幸虽使我不安于心，而悬揣人间暂时还有读者，则究竟也仍然是高兴的。

所以我竟将我的短篇小说结集起来，而且付印了，又因为上面所说的缘由，便称之为《呐喊》。

一九二二年十二月三日，鲁迅记于北京

（选自鲁迅著《呐喊》）

扫码收听音频
朗读者：刘晓慧

聪明人和傻子和奴才

奴才总不过是寻人诉苦。只要这样，也只能这样。有一日，他遇到一个聪明人。

"先生！"他悲哀地说，眼泪联成一线，就从眼角上直流下来。"你知道的。我所过的简直不是人的生活。吃的是一天未必有一餐，这一餐又不过是高粱皮，连猪狗都不要吃的，尚且只有一小碗……"

"这实在令人同情。"聪明人也惨然说。

"可不是么！"他高兴了。"可是做工是昼夜无休息的：清早担水晚烧饭，上午跑街夜磨面，晴洗衣裳雨张伞，冬烧汽炉夏打扇。半夜要煨银耳，侍候主人耍钱；头钱从来没分，有时还挨皮鞭……"

"唉唉……"聪明人叹息着，眼圈有些发红，似乎要下泪。

"先生！我这样是敷衍不下去的。我总得另外想法子。可是什么法子呢？……"

"我想，你总会好起来……"

"是么？但愿如此。可是我对先生诉了冤苦，又得你的同情和慰安，已经舒坦得不少了。可见天理没有灭绝……"

但是，不几日，他又不平起来了，仍然寻人去诉苦。

"先生！"他流着眼泪说，"你知道的。我住的简直比猪窠还不如。主人并不将我当人；他对他的叭儿狗还要好到几万倍……"

"混帐!"那人大叫起来,使他吃惊了。那人是一个傻子。

"先生,我住的只是一间破小屋,又湿,又阴,满是臭虫,睡下去就咬得真可以。秽气冲着鼻子,四面又没有一个窗……"

"你不会要你的主人开一个窗的么?"

"这怎么行?……"

"那么,你带我去看去!"

傻子跟奴才到他屋外,动手就砸那泥墙。

"先生!你干什么?"他大惊地说。

"我给你打开一个窗洞来。"

"这不行!主人要骂的!"

"管他呢!"他仍然砸。

"人来呀!强盗在毁咱们的屋子了!快来呀!迟一点可要打出窟窿来了!……"他哭嚷着,在地上团团地打滚。

一群奴才都出来了,将傻子赶走。

听到了喊声,慢慢地最后出来的是主人。

"有强盗要来毁咱们的屋子,我首先叫喊起来,大家一同把他赶走了。"他恭敬而得胜地说。

"你不错。"主人这样夸奖他。

这一天就来了许多慰问的人,聪明人也在内。

"先生。这回因为我有功,主人夸奖了我了。你先前说我总会好起来,实在是有先见之明……"他大有希望似的高兴地说。

"可不是么……"聪明人也代为高兴似的回答他。

一九二五年十二月二十六日

(选自鲁迅著《野草》)

扫码收听音频
朗读者:2020级　宋熙雯

解读《狂人日记》：俯首甘为孺子牛

2020 级　黄敏茜

> **按**：本文是"清流讲坛"（"民国清流"课的一个活动，学生自愿报名，自主备课，在与我磨课之后面向全班讲授）中黄敏茜同学的课堂实录，是对鲁迅《狂人日记》的精彩解读。
>
> "愿中国青年都摆脱冷气，只是向上走。"这是敏茜同学常说的一句话。与她接触得越多，相处得越久，越是有种强烈的感觉：这蓬勃昂扬的青年力量，就是无限的明日希望。

犹记得小学和初中的我，即使没读过很多书，在教科书上每每看见"鲁迅"二字，就已经心生敬畏之感。初中读完《故乡》，总觉得在那结尾后头，还能看到先生沉思的身形。总觉得先生的文章，结束时留给人无限深意。也许在那时，那个小小的读不懂先生精神的我，已经开始慢慢靠近这位人物。后来，捧起了那本畅销的《呐喊》，我才发现，原来先生的思想是如此之深刻，如此之广博。今天，我想通过中国第一篇现代体式的白话文小说，也是鲁迅先生的第一篇白话文小说，来谈谈我心中的鲁迅。

鲁迅先生为什么要写《狂人日记》

阮久荪是鲁迅写作《狂人日记》的原型之一。鲁迅在日记中又写作"久孙""九孙"等。1915 年，29 岁的阮久荪从私立浙江法政专门学校政治经济别科毕业，为"甲等毕业生"。

不过，阮久荪在任职了仅仅 4 个月后，就得了名为"迫害狂"的精神疾病，时刻觉得有人要谋害他。1916 年 10 月 30 日午后，他神色慌张地逃到北京，先住西河沿客栈，听到楼上人的走动声，以为是布置好的埋伏，接连换了几个房间，都不能安住。之后搬到鲁迅所住的绍兴会馆，一清早去敲鲁迅住室的门窗，并且发出凄惨的叫声："今天要被拉去杀头了！"

阮久荪住在绍兴会馆时，给他的母亲和姐姐各写了一封绝命书，直言有人要密谋害死自己。

一个29岁的甲等毕业生，却因为看见了旧社会时人饿死，甚至是人吃人，变成了一个"迫害狂"，日日幻想有人谋杀自己，并且给自己的母亲和姐姐写了绝命书——"男承母亲抚育之恩，未能稍尽人子之道，现已临刑，有时只有望南肃拜为永别之礼。心乱神昏，不知所禀。"这封绝命书中写到"现已临刑""设计陷害"一类字样，令当时的鲁迅感到十分震撼与愤怒，一个国家竟然真的能活生生的逼疯一个大活人！

再来看看1918年北京《晨报》的几则新闻：《痰妇食子奇闻》《孝子割股疗亲》《贤妇割肉奉姑》《贤妇割肾疗夫》……都是这样"吃人"的新闻登上了报纸，甚至是第一版大字。报纸秉持"孝"和"贤"的传统，赞赏割肉、吃人这些行为，所以有学者认为这给了鲁迅创作动机。

最后，也是鲁迅先生在《中国新文学大系·小说二集·序》中自己提到的果戈理的《狂人日记》。

从一九一八年五月起，《狂人日记》《孔乙己》《药》等，陆续的出现了，算是显示了"文学革命"的实绩，又因那时的认为"表现的深切和格式的特别"，颇激动了一部分青年读者的心。然而这激动，却是向来忽慢了绍介欧洲大陆文学的缘故。一八三四年顷，俄国的果戈理（N.Gogol）就已经写了《狂人日记》；一八八三年顷，尼采（Fr.Nietzsche）也早借了苏鲁支（Zarathus-tra）的嘴，说过"你们已经走了从虫豸到人的路，在你们里面还有许多份是虫豸。你们做过猴子，到了现在，人还尤其猴子，无论比那一个猴子"的。而且《药》的收束，也分明的留着安特莱夫（L.Andreev）式的阴冷。但后起的《狂人日记》意在暴露家族制度和礼教的弊害，却比果戈理的忧愤深广，也不如尼采的超人的渺茫。

——鲁迅《中国新文学大系·小说二集·序》

果戈理《狂人日记》的主人公是官府中一个小职员，他地位卑微，工作刻板无趣，除了抄写一无所能，对待上司须像奴才伺候主子。这样一个见谁都只是点头哈腰的小人物，居然看上了一个跨越级别的长官大人的女儿，还梦想通过婚姻来升职。这在等级分明的官僚体系中，好似大逆不道，癞蛤蟆想吃天鹅肉，因此他终日想入非非，以致发狂。

果戈理的写作风格，是故事写得有趣，善于辛辣的嘲讽，人物形象都很丑陋可笑。他自己属于地主阶级，然而他写文章嘲讽地主官僚并非出于对自己阶级的背叛，相反，他真正希望的，是让这个阶级振作起来。当人们实在质疑他写作的用心时，他甚至称贵族为"人民之花"。

因此，果戈理的文章远不如鲁迅先生的忧愤而深广。鲁迅暴露的是家族制度的礼教和弊害，挑战的是几千年根深蒂固的一整套旧文化的根基。他要唤醒的，不是区区几个地主官僚，而是将由沉睡渐入死灭的整个巨大的国家和民族。而旧文化的破灭，换来的是新文化的兴起，这是历史上划时代的一个纪元；鲁迅先生作的，自然也是划时代的文章——这是果戈理没有办到的。

吃人的方式和方法有着各种差别：政治的，经济的，道德的，伦理的，公开的，隐蔽的……却无一不是联合进行，天经地义的！中国在黑暗里陷得太深了！非有全民族的伟大忏悔，不足以拯救我们的现在和将来！

——林贤治《人间鲁迅》

这是林贤治先生在《人间鲁迅》中写到的。是啊，中国陷在黑暗里太深了，须有一个人能将其唤醒，拯救我们的现在和将来！

《狂人日记》究竟讲了一个什么样的故事

某君昆仲，今隐其名，皆余昔日在中学校时良友；分隔多年，消息渐阙。日前偶闻其一大病；适归故乡，迂道往访，则仅晤一人，言病者其弟也。劳君远道来视，然已早愈，赴某地候补矣。因大笑，出示日记二册，谓可见当日病状，不妨献诸旧友。持归阅一过，知所患盖"迫害狂"之类。语颇错杂无伦次，又多荒唐之言；亦不著月日，惟墨色字体不一，知非一时所书。间亦有略具联络者，今撮录一篇，以供医家研究。记中语误，一字不易；惟人名虽皆村人，不为世间所知，无关大体，然亦悉易去。至于书名，则本人愈后所题，不复改也。七年四月二日识。

——鲁迅《狂人日记·序》

先从序开始，序中大概讲述了"我"的中学同学生病了，"我"回来看望他时，却只看到他的哥哥。他的哥哥说他的病已愈，给了"我"他的日记，日记中的语言错杂无伦次，又多荒唐之言，亦不著月日，知晓他患"迫害狂"一类的疾病。

今天晚上，很好的月光。

我不见他，已是三十多年；今天见了，精神分外爽快。才知道以前的三十多年，全是发昏；然而须十分小心。不然，那赵家的狗，何以看我两眼呢？

我怕得有理。

——鲁迅《狂人日记·一》

日记的开篇第一句话就是"今天晚上"，正常人写日记开头怎么会是"今天晚上"呢？"我"看见赵家的狗很害怕，且觉得自己"怕得有理"。短短几句，一个狂人形象跃然纸上。

照我自己想，虽然不是恶人，自从踹了古家的簿子，可就难说了。他们似乎别有心思，我全猜不出。况且他们一翻脸，便说人是恶人。我还记得大哥教我做论，无论怎样好人，翻他几句，他便打上几个圈；原谅坏人几句，他便说"翻天妙手，与众不同"。我那里猜得到他们的心思，究竟怎样；况且是要吃的时候。

凡事总须研究，才会明白。古来时常吃人，我也还记得，可是不甚清楚。我翻开历史一查，这历史没有年代，歪歪斜斜的每叶上都写着"仁义道德"几个字。我横竖睡不着，仔细看了半夜，才从字缝里看出字来，满本都写着两个字是"吃人"！

书上写着这许多字，佃户说了这许多话，却都笑吟吟的睁着怪眼睛看我。

我也是人，他们想要吃我了！

——鲁迅《狂人日记·三》

第二、三篇中写到廿年以前，"我"踹了古久先生的陈年流水簿子，大家就以冷眼看待"我"，"我"便从头直冷到脚跟。当时的中国社会已经到了做过的事被人记了二十年，并且还想要教给下一代。并且，"我"已经意识到，他们要来吃"我"了！

不要乱想，静静的养！养肥了，他们是自然可以多吃；我有什么好处，怎么会"好了"？他们这群人，又想吃人，又是鬼鬼祟祟，想法子遮掩，不敢直捷下手，真要令我笑死。我忍不住，便放声大笑起来，十分快活。自己晓得这笑声里面，有的是义勇和正气。老头子和大哥，都失了色，被我这勇气正气镇压住了。

但是我有勇气，他们便越想吃我，沾光一点这勇气。老头子跨出门，走不多远，便低声对大哥说道，"赶紧吃罢！"大哥点点头。原来也有你！这一件大发见，虽似意外，也在意中：合伙吃我的人，便是我的哥哥！

吃人的是我哥哥！

我是吃人的人的兄弟！

我自己被人吃了，可仍然是吃人的人的兄弟！

——鲁迅《狂人日记·四》

"我"连用四个感叹句表示自己的大发现，"我"的哥哥竟然也是合起伙来要吃"我"的人，但"我"仔细一想，觉得"虽似意外，也在意中"，因为"我"的哥哥虽是"我"的亲人，但是他确实代表着旧社会、旧思想。有人认为哥哥其实代表的是封建制度下的"大家长"，哥哥到底是什么，每个人的心中都有自己的答案。

"没有的事？狼子村现吃；还有书上都写着，通红斩新！"

他便变了脸，铁一般青。睁着眼说，"有许有的，这是从来如此……"

"从来如此，便对么？"

"我不同你讲这些道理；总之你不该说，你说便是你错！"

我直跳起来，张开眼，这人便不见了。全身出了一大片汗。他的年纪，比我大哥小得远，居然也是一伙；这一定是他娘老子先教的。还怕已经教给他儿子了；所以连小孩子，也都恶狠狠的看我。

——鲁迅《狂人日记·八》

"我"和村里的人对话，"我"问他是否有吃人的事，他一开始否认，后来说："有许有的，这是从来如此……""从来如此，便对么"——"我"勇敢地对他们说不，换来的却是大家的一致抵抗："你说便是你错"，并且又提到了教给下一代的行为。

"我"已经开始质疑这个世界了。

陈老五也气愤愤的直走进来。如何按得住我的口，我偏要对这伙人说，

"你们可以改了，从真心改起！要晓得将来容不得吃人的人，活在世上。"

"你们要不改，自己也会吃尽。即使生得多，也会给真的人除灭了，同猎人打完狼子一样！——同虫子一样！"

那一伙人，都被陈老五赶走了。大哥也不知那里去了。陈老五劝我回屋子里去。屋里面全是黑沉沉的。横梁和椽子都在头上发抖；抖了一会，就大起来，堆在我身上。

万分沉重，动弹不得；他的意思是要我死。我晓得他的沉重是假的，便挣扎出来，出了一身汗。可是偏要说，

"你们立刻改了，从真心改起！你们要晓得将来是容不得吃人的人，……"

——鲁迅《狂人日记·十》

《狂人日记·九》中写到"自己想吃人，又怕被别人吃了"，于是没有人迈出劝告大家的第一步，只有"我"做了这件事。而"我"的下场是被按住口，要"我"死，然后被关进屋子里。

不能想了。

四千年来时时吃人的地方，今天才明白，我也在其中混了多年；大哥正管着家务，妹子恰恰死了，他未必不和在饭菜里，暗暗给我们吃。

我未必无意之中，不吃了我妹子的几片肉，现在也轮到我自己，……

有了四千年吃人履历的我，当初虽然不知道，现在明白，难见真的人。

——鲁迅《狂人日记·十二》

没有吃过人的孩子，或者还有？

救救孩子……

——鲁迅《狂人日记·十三》

"我"发现"我"也吃过人，"我"发现"难见真的人"。"我"在文章末尾发出了全篇最凄凉的一句呐喊："救救孩子……"。

回顾鲁迅先生的《呐喊》，《狂人日记》作为第一篇实在是妙不可言。在我看来，接下来的《孔乙己》《药》《明天》等作品，都把狂人的幻想变成了现实。孔乙己被吃了，夏瑜被吃了，单四嫂子也被吃了，他们都是吃人历史的受害者。

我将《狂人日记》做了一个归纳，基本概括了《狂人日记》的主要内容，狂人从觉醒到质疑再到劝导人们，最后发现自己也"吃过人"的绝望，发出了一声凄凉呐喊。

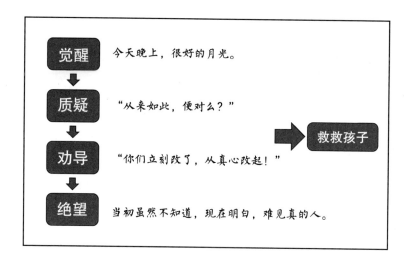

然而，这张图里唯一少的部分就是开头的"序"。

鲁迅用文言文写出了整个序，而后的所有内容皆是白话文。这正说明了，序把《狂人日记》的世界分成了两半，一半是"正常人"所代表的文言世界，另一半是"狂人"代表的白话世界。

你是站在正常人的世界继续用冷眼看狂人发疯？

还是站在狂人这边跨出无人走的一步，去呐喊、去唤醒国人？

在《狂人日记》中，狂人或许真的绝望到"然已早愈，赴某地候补矣"。然而，现实中的鲁迅先生真的绝望了吗？

绝望之为虚妄，正与希望相同！

——鲁迅《野草·希望》

鲁迅先生的绝望，并非从此一蹶不振，而是他新希望的开端，正如他所办的第一本杂志《新生》的名字一般，这是鲁迅先生的"新生"。

再来仔细看看序中写到的"然已早愈，赴某地候补矣"是什么意思。

这个小序里面，这个狂人已经病好了，不狂了，不狂了怎么样呢？他又回到这个社会秩序中去，他又是这个社会中的一个好人，他去当官了，他又去吃人了，他忘了他生病的状态了，他只有在生病的状态中他才看清了这个历史，他才要反抗，而别人继续地压迫他，给他治病，他眼中看所有的人都是要吃他的人，最后他的病好了。

——孔庆东《正说鲁迅》

这是孔庆东先生在《正说鲁迅》中提到的。狂人又回到了"正常人"的队伍，他又去吃人了。只有在生病的状态下才能看清现实的狂人，在生活和斗争之间，他还是选择了生活，他的病好了。

然而，另一种说法是"大哥"为了保全自己的面子，不把狂人的病告诉他人，从而向外人表示狂人"然已早愈，赴某地候补矣"。而真正的狂人，或许已经被旧制度真正吃掉，死去了。

文中的"吃人"究竟是什么

远古时候人吃人，后来进入奴隶社会，人们发现我让你种地干活，好像比一次性直接吃了你更能获取你的价值，远比直接吃了你好。封建社会如此，资本主义社会如此。这种看似没有把你剥开的方式，确实在吸干你身体里的血，这难道不是另一种方式的"吃人"吗？

我翻开历史一查，这历史没有年代，歪歪斜斜的每叶上都写着"仁义道德"几个字。我横竖睡不着，仔细看了半夜，才从字缝里看出字来，满本都写着两个字是"吃人"！

——鲁迅《狂人日记·三》

鲁迅先生写过一篇文章叫作《聪明人和傻子和奴才》，讲的是一个奴才向聪明人诉苦，聪明人安慰他说："你总会好起来的。"奴才很开心，以为有人理解他。后来奴才又找人诉苦，只不过这次找到了一个傻子。奴才抱怨自己住的地方连窗户都没有，傻子听了直接破口大骂："混帐！"然后拿起东西开始砸奴才的墙，打算砸出一扇窗。奴才却害怕了，大喊："来人呀！强盗要毁我们的屋子了！"紧接着出来了一群奴才来赶走了傻子，奴才也因此得到了主人的夸奖。后来，来了许多人慰问奴才，聪明人也在内。"先生。这回因为我有功，主人夸奖了我了。你先前说我总会好起来，实在是有先见之明……"奴才大有希望似的高兴地说。

古人说，不读书便成愚人，那自然也不错的。然而世界却正由愚人造成，聪明人决不能支持世界，尤其是中国的聪明人。

——鲁迅《写在〈坟〉后面》

这其中的傻子是谁？

又是谁在其中吃人？

钱理群先生曾在《鲁迅〈狂人日记〉发表 100 周年》中谈到中国很大一部分知识分子的奴性表现为三个方面：帮闲、帮忙与帮凶。

鲁迅认为，知识分子的奴性，主要表现在三个方面，一是"帮闲"，二是"帮忙"，三是"帮凶"。这是因为中国的统治者，内心里是瞧不起这些聪明人的，他们只有在两种情况下想到知识分子。一就是刚掌权的时候，或者是处在所谓"太平盛世"的时候，就需要知识分子为他歌功颂德，歌唱太平盛世，圣君圣朝；有时候正因为矛盾重重，也需要知识分子唱赞歌，粉饰太平。这个时候知识分子就起到"帮闲"的作用。也真有那么一些知识分子，在任何时候都在"莺歌燕舞"，他们是永远的"帮闲"，现在也到处可见。

统治者在另一种情况下，也会想到聪明人。就是遇到危机了，统治者也没有办法了，于是就礼贤下士，征求知识分子的意见了。而中国的诸葛亮们就得意忘形了，皇帝看中了，赶紧献策，殊不知自己所起的作用，不过是"帮忙"而已。

也还有一些聪明人，他们的作用是把专制体制下的吃人的宴席的血迹涂抹干净，或篡改历史，或参与"强迫遗忘"，那就成了"帮凶"了。

帮闲，帮忙，帮凶，要害就在"帮"上，完全处在依附的地位，失去了独立的地位和人格。这就是"奴性"。

——钱理群《鲁迅〈狂人日记〉发表 100 周年》

很大一部分知识分子是完全依附于统治者的，失去了自己独立的人格，也就是被"吃掉"了。

是主人吃了人吗？在我看来，他们也完全甚至比聪明人更加依附于社会。只要统治者有一点点德不配位，没有按照一代代知识分子所构建的准则行事的话，将会有无数冷嘲热讽来吃掉他。在这个吃人的社会里，没有赢家。

但是更重要的是鲁迅把这个吃人引申了，引申为精神上的相斥，精神上的迫害，你把人作为奴隶，不从肉体上吃掉他，难道就不是吃人吗，这还是吃人，他虽然像猪狗一样的活着，但是他丧失了人的自由精神，所以说奴隶社会，也是吃人的社会，封建社会不吃人吗，也是吃人的社会，人只要不自由就是一个吃人的状态，你或者吃别人，或者被别人吃，鲁迅这是一大发明，发现了吃人，更重要的是发现，原来自己也不干净，自己被别人吃，自己也吃过人，这个发现使这个狂人非常内疚，原来我也是不干净的人，于是作为人有了罪恶感，人必须有罪恶感才能自新，没有罪恶感你怎么自新呀，不能自新，一个民族从来不承认自己吃过人，不承认自己侵略过其它的民族，侵略过其它的国家，这样的民族他就是一个野蛮的民族，他不可能自新的，他认为自己做的事情是对的，所以，这个"吃人"从鲁迅开始，成为中国现代文学的重要主题。而中国人作为人的觉醒，在文学上就开始了它的第一页。

——孔庆东《正说鲁迅》

更重要的是狂人发现自己也吃过人。在《狂人日记》的末尾，鲁迅先生出人意料地把指着世界的刀指向了他自己。真正伟大的革命家不仅仅革世界的命，更要在此之前，革自己的命；真正伟大的批判家不仅仅批判这个社会，更要在批判社会之前，批判自己。这就是鲁迅先生。

这就出现了一批时尚知识分子，一切赶时髦，赶商业的时髦，大众趣味的时髦，流行什么，就做什么。这些年连续出现的暴力文学、隐私文学，就是为了满足市场上或所谓大众心理上的窥视、意淫需要所产生的。看起来，这些时尚文人占据了文学市场以至新闻媒体的主导地位，煞是风光，但他们已经失去了自己的独立性，骨子里还是依附人格，或依附于官，或依附于商，或依附于大众，恰恰没有自己的主体性，不过是奴才。

——钱理群《鲁迅〈狂人日记〉发表 100 周年》

现在的中国，这种形象已经完全消失了吗？

举个例子，就好像十几年前的偶像剧火遍大江南北，于是偶像剧层出不穷；又或者，在近期《觉醒年代》大受好评时，就不断有各种历史剧出现，一时间好像多了许多历史评论家。

然而，这些人不过是或附庸于资本，或附庸于大众趣味，或是一些别的事物上的"聪明人"而已。他们并没有想清楚"自己"到底想创作什么，而是创作别人想让他们创作的作品。

鲁迅先生之所以伟大，正在于他不仅仅描写了那个战火纷飞的时代，更是看清了当时国人的劣根性，并且把它化作最犀利的文字，唤醒中华民族。这就是鲁迅。

许寿裳在看完《狂人日记》后大为震撼，却见署名不姓周，心想难道这世界上还有第二个周豫才不成？于是写信给了鲁迅，得到了这样一封回信。

历观国内无一佳象，而仆则思想颇变迁，毫不悲观……大约将来人道主义终当胜利，中国虽不改进，欲为奴隶，而他人更不欲用奴隶，虽则渴想请安，亦是不得主顾，止能侘傺而死。如是数代，则请安磕头之瘾渐淡，终必难免于进步矣。此仆之所为乐也。

（释义：鲁迅先生思想多变，却毫不悲观。他认为大约未来人道主义终当胜利，中国即使不改进，想要成为奴隶，而他人更不想用奴隶，这些人最后不得主顾，只能悲伤而死。这样下去一代一代，请安磕头的瘾就会渐渐淡去，最终也就难免进步了。）

借此，许寿裳肯定：死灰已经复燃，他要放火了！

叛逆的猛士出于人间；他屹立着，洞见一切已改和现有的废墟和荒坟，记得一切深广和久远的苦痛，正视一切重叠淤积的凝血，深知一切已死，方生，将生和未生。

——鲁迅《淡淡的血痕中》

我以为绝望而反抗者难，比因希望而战斗者更勇猛，更悲壮。

——鲁迅致赵其文信

叛逆的猛士洞见一切、记得一切、正视一切、深知一切。他能洞见、能记得、能正视、能深知所有我们不敢去看，不敢去记，不敢去了解的历史，他能够看到并且深知将生以及未生的事物，为什么？因为他叛逆，他就像那个狂人一样，他要去唤醒一切，去创造一切，去改变现在这个黑暗的、压抑的社会。

鲁迅做的事，不就是创造着将生与未生么？

文中的狂人绝望了，他的病好了。而鲁迅先生的绝望正如上文提到的"新生"。他因绝望而反抗，从而得到希望。却不像现在的我们"为中华之崛起而读书"，他不知道前路该如何，他也预测不了未来能有新中国的成立，却仍坚持在前路未知的状况下前进。这就是鲁迅。

灵台无计逃神矢，风雨如磐暗故园。

寄意寒星荃不察，我以我血荐轩辕。

先生不用谄媚的语言奉承人民，却用最直戳人心的文字叫醒人民；先生不顾社会对他的一切冷嘲热讽，却只做他认为对的事。这是鲁迅，他虽眼极冷，但心极热。

横眉冷对千夫指，俯首甘为孺子牛。

开头提到的鲁迅先生为何要创作《呐喊》的伏笔，正在这里。在《呐喊·自序》中有一句是"至于自己，却也并不愿将自以为苦的寂寞，再来传染给也如我那年青时候似的正做着好梦的青年"，鲁迅先生面对人民，面对青年，真正成为孺子牛，不愿现在的青年如他当年那般振臂一呼无人应，所以写下了《呐喊·自序》的这一句："聊以慰藉那在寂寞里奔驰的猛士，使他不惮于前驱"，他想让现在正胸怀满志的青年，不再孤独。

> 愿中国青年都摆脱冷气，只是向上走，
> 不必听自暴自弃者流的话。
> 能做事的做事，能发声的发声。
> 有一分热，发一分光。
> 就令萤火一般，也可以在黑暗里发一点光，
> 不必等候炬火。
>
> ——鲁迅《热风·随感录四十一》

希望每一个人都像鲁迅先生在《热风》中写到的一样，摆脱冷气，只是向上走，不予理睬自暴自弃者流的话，有一分热就发一分光，即使如萤火一般，也能够在黑暗里发光。

不必等候炬火。

映鉴

第三辑
先生风范

云山苍苍，江水泱泱，先生之风，山高水长！

——范仲淹《严先生柯堂记》

　　"先生"在中国文化中由来已久并且寓意多重，它不仅指代学识渊博之人，也是旧时人们对老师的称呼，始见于《曲礼》："从于先生，不越礼而与人言。"

　　"先生风范"主题选的两位人物是王国维和冯友兰。王国维曾是清华国学研究院四大导师之一，"独立之精神，自由之思想"是陈寅恪对他的至高评价；冯友兰曾任清华大学和国立西南联合大学哲学系教授、文学院院长，是很多人的哲学启蒙导师——他们"学高为师，身正为范"，引领了一代人的成长。

王国维

最是人间留不住

最是人间留不住，朱颜辞镜花辞树。

——王国维《蝶恋花》

解读：

这一期的清流语录是一句只读一遍就让人觉得很美的词，它的美不是一种热烈的美，而是一种哀婉凄冷的美。时光匆匆流去，镜中的美好容颜失去了当年的光彩，树上的娇艳花朵也渐次凋落。正如南宋词人蒋捷《一剪梅·舟过吴江》中的那句："流光容易把人抛，红了樱桃，绿了芭蕉。"屈原《离骚》中有一句和它的意境更为相近："惟草木之零落兮，恐美人之迟暮。"

古今中外，感慨时间流逝的诗句不计其数。比如，子在川上曰："逝者如斯夫，不舍昼夜。"李煜说："流水落花春去也，天上人间。"我们会发现，对时间的议论往往是暗含消极色彩的，表达着人们对时间逝去的无力和对青春不再的惆怅。

从前，我也喜欢前面提到的那几行。如今，最爱莫过于南宋刘过《唐多令·芦叶满汀洲》中的这一句："欲买桂花同载酒，终不似，少年游。"刘过是在怎样的背景下发出这样的慨叹呢？当他时隔二十年故地重游，想如年轻时那样，与友人饮酒唱和，好不畅快，但尝试后发现，终归是物是人非，不堪回首。

海明威说："人生最大的遗憾，是一个人无法同时拥有青春和对青春的感受。"清晰记得小时候写作文，我特别喜欢在开头违心地写下这么一句"时光荏苒，岁月如梭"。那时青春年少的自己，又怎能体会青春的宝贵？真正体会到青春宝贵的时候，往往已青春不再。

但是，话又说回来，不知时间的所谓"宝贵"，又何尝不是人生给我们的馈赠呢？也许在这样的情况下，我们才会毫无顾忌、义无反顾地追寻理想。有时候，"浪费"一些时间才会收获一些美好，很多美好也正是在所谓的"虚度"中收获的。

无论如何，每个年龄阶段都有其独一无二的特质和韵味，我们能做的就是把握当下的美好，让逝去的每一秒都积蓄为前进的每一分力量。

这是王国维这阕哀婉的《蝶恋花》给我带来的思考和感悟。

除了王国维的这阕词，我还补充摘选了以下几首《蝶恋花》作为对照参考：

昨夜西风凋碧树，独上高楼，望尽天涯路。欲寄彩笺兼尺素，山长水阔知何处？——晏殊

衣带渐宽终不悔，为伊消得人憔悴。——柳永

泪眼问花花不语，乱红飞过秋千去。——欧阳修

我失骄杨君失柳，杨柳轻飏直上重霄九。——毛泽东（答李淑一）

读罢不禁感叹：蝶虽深恋着花，但这世间往往又无法成全所有的依恋，尤其是这句"欲寄彩笺兼尺素，山长水阔知何处"，有一种大的人生的悲凉与凄楚：当你提笔写信时，你不知道对方身在何处，所有的思念都像断线的风筝，没有寄托。这也是此首《蝶恋花》千百年来打动人心的地方——总有无能为力的事，总有斩不断的思念和牵绊。

课堂实录：

王国维的"精神还乡"

三栖学者

王国维平生学无专师，自辟户牖，成就卓越，贡献突出，在教育、哲学、文学、戏曲、美学、史学、古文学等方面均有深诣和创新，为中华民族文化宝库留下了广博精深的学术遗产。

不囿一家之言，取众家之长，他的经历印证了杜甫所言："转益多师是汝师"。王国维的一生，按照治学方向的变化，可以清晰地划分为三个阶段：哲学时期，22～31岁；文学时期，31～36岁；史学时期，36～51岁——可谓文史哲"三栖"学者。

王国维的史学研究，最重要的贡献是方法上的突破，即"二重证据法"的提出和运用："吾辈生于今日，幸于纸上之材料外，更得地下之新材料。由此种材料，我辈固得据以补正纸上之材料，亦得证明古书之某部分全为实录，即百家不雅训之言亦不无表示一面之事实。此二重证据法惟在今日始得为之。"意思是运用"地下之新材料"与古文献记载相互印证，以考量古代历史文化，成了一种公认科学的学术正流。

王国维的文学研究，集中体现在《红楼梦评论》和《人间词话》，后者是第一次用西方哲学和美学观念研究中国文学的尝试，巩固了宋词的地位，并著有《宋元戏曲史》，提出"凡一代有一代之文学"的命题，确立了元曲与唐诗宋词并驾齐驱的地位。

> 凡一代有一代之文学，楚之骚，汉之赋，六代之骈语，唐之诗，宋之词，元之曲，皆所谓一代之文学，而后世莫能继焉者也。此可谓一代有一代之文学。
>
> ——王国维《宋元戏曲史》

王国维的哲学研究，知之者甚少，尤其与当时家喻户晓的严复相比，就更显得"默默无闻"。冯友兰说是因为"王国维文学、美学、哲学等方面的成就为其历史学所掩"，但这肯定不是全部原因。英国哲学尤其是严复版的英国哲学重社会的功用，而王国维当时所醉心的康德、叔本华哲学重形而上学和知识论的探讨，所以，在与中国文化传统以及当时中国社会氛围的关系上，前者更为契合。

但同时，我们由此可见，王国维是一位纯粹的学者，正如叶嘉莹所著《人间词话七讲》，开篇即陈：

> 王国维先生是一个很了不起的学者。他之伟大，他了不起，他之所以得到很多人的尊敬，是因为他所追求的东西跟我们当前一般所谓的"学者"所追求的东西有所不同——当前很多人之研究学问其实是出于一种功利的目的……但王国维先生是真正追求学问的，我曾写过一本书叫《王国维及其文学批评》，我在那里边曾经提到：王国维先生所追求的是真理。

王国维一生追求真理，我想这和他早年研读、推崇叔本华哲学不无关系。叔本华在《作为意欲和表象的世界》一书的序言里说："真理是我唯一的指路星辰。"陈寅恪在给王国维写的纪念碑文中也提道："士之读书治学，盖将以脱心志于俗谛之桎梏，真理因得以发扬。"

哲学之路

周国平在《中国人缺少什么？》中说："严复是引进英国哲学的第一人，王国维是引进德国哲学的第一人，分别针对中国'法治'和'信仰'的缺失。"如果我们探讨王国维如何步入哲学之门，就要从他的早年经历讲起。

王国维与鲁迅生活的时代相近，出生年份前后仅相差四年，前者 1877 年出生，后者 1881 年出生，但在我的印象里，似乎王国维比鲁迅要年长很多，也许这和他们治学方向不同有很大关系。作为文史哲"三栖"学者，王国维鲜少涉足"新学"；而鲁迅，是新文化运动的先驱和巨匠。

因为年代相近，所以二人面临的国情大致相同，那是中国历史上最后一个封建王朝走向衰亡的时代，是各种新思想不断涌现的时代。1894 年，中日甲午战争爆发，中国海军全军覆没；1895 年，中日签订《马关条约》；1898 年，维新变法运动，但不幸也失败了。

就在 1898 年戊戌变法之时，22 岁的王国维从海宁这样一个当时比较偏僻的地方来到了大上海，进入了以宣传维新变法、救亡图强为宗旨，汪康年任总理，梁启超任主笔的《时务报》，代同学许默斋任书记，做校对工作。虽然收入微薄，但接任此职是"先生一生事业的开端"。王国维入馆之时，梁启超已离去，但这也应该是后来同为清华国学研究院四大导师的梁王二人的首次"梦幻联动"。

在《时务报》工作期间，王国维结识了对他今后人生有重要影响的一个人：罗振玉。罗振玉后来以遗老自居和著称，但在当时却是新学大潮中的风云人物。正如后来是他把王国维引上治古史的路一样，一开始也是他把王国维引上了西学的道路。1897 年，罗振玉创办《农学报》，向西方和日本学习农业。要向西方和日本学习，首先就得翻译外文书籍，应对此工作就需培养翻译人才，所以罗振玉又创办了近代最早的日语专科学校——东文学社，邀请一些日本人来做教师，其中就有藤田丰八和田冈佐代治。当时王国维听说以后，就向汪康年请假说，每天抽出两个小时的时间到东文学社进修学习，汪康年便答应了。而从日本教习（"教习"是清末对各级各类学校教师之通称，"日本教习"是指在近代中国各类学校里从事教学活动的日本籍教师）那里，王国维第一次接触到了德国哲学，读到了康德和叔本华。

就这样，王国维本来是因为看到国家积弱来寻求新学，谁知以此为契机，对西方哲学产生了浓厚的兴趣，并成就了他人生的第一项志业。与其说是偶然的巧合，不如说是叔本华哲学思想与他性格暗合的必然结果。因此，也有学者认为：王国维的自杀是最初受到叔本华悲观主义信念的影响。

精神还乡

1927 年 6 月 2 日。王国维早起盥洗完毕，即至饭厅吃早餐，餐后至书房小坐。之后，王国维到达办公室，准备给毕业研究生评定成绩，但是发觉试卷、文章未带来，命研究院的听差从家中取来。卷稿取来后，王国维很认真地进行了评定。随后，王国维和研究院办公处的侯厚培共谈下学期招生事，相谈甚久，言下，欲借洋二元，侯给了五元钞票，王国维即出办公室，雇了一辆人力车，前往颐和园。王国维吸完一根烟，11时左右，跃身头朝下扎入水中，于园中昆明湖鱼藻轩自沉。

事后人们在其内衣口袋内发现遗书，遗书中写道：

　　五十之年，只欠一死。经此事变，义无再辱。我死后，当草草棺殓，即行槁葬于清华园茔地。汝等不能南归，亦可暂于城内居住。汝兄亦不必奔丧，因道路不通，渠又不曾出门故也。书籍可托陈、吴二先生处理。家人自有人料理，必不至不能南归。我虽无财产分文遗汝等，然苟谨慎勤俭，亦不至饿死也。五月初二日，父字。

　　短短百余字，却给了后人无数的猜测……

"经此事变"指代何事？有人认为是指：1924年，冯玉祥率军逼宫，命溥仪迁出紫禁城。王国维引以为奇耻大辱，在溥仪避居日本驻华使馆之后，他就向溥仪上了一封"敬陈管见"的奏折，表达了对民国的极端仇视。逼宫事件之后，王国维还曾与罗振玉等清朝遗老相约投金水河殉清，后因家人严密看护而没有成功。

王国维的沉湖，让我联想到屈原投江。同王国维的经历很像，屈原之死是他热爱楚国、热爱人民而又无力拯救的悲剧性结果。同时，也让我想到了何兆武先生《上学记》中的一段话：

　　西方有句谚语"人生一世就是把名字写在沙滩上"。潮水一来，名字被冲没了，人的一生就是这样。可是济慈把自己的名字写在水上（Here lies one whose name was written in water.——John Keats），这便更彻底：一边写一边消失，不必等到海水来冲没。

王国维的投湖，也像是把名字写在水上，不着痕迹，"挥一挥衣袖，不带走一片云彩"。

关于王国维的确切死因，其亲属自始至终讳莫如深，而后世臆测中比较有代表性的是"殉清"说和"文化殉节"说两种。

"殉清"说：王国维为清朝遗老，更对逊帝溥仪向有国士知遇之感——王国维以秀才身份，被溥仪破清朝"南书房行走"须翰林院甲科出身的旧制，召其直入"南书房"——有此思想基础和遗老心态，逢"覆巢"之将再，以自杀而"完节"似乎也是情理之中。所以梁启超以伯夷、叔齐不食周粟比之，当时的清华校长曹云祥和罗振玉、吴宓等均持此说。鲁迅在《谈所谓"大内档案"》一文中，称王"在水里将遗老生活结束"，可见也为此论。

  "文化殉节"说：与王国维同为清华国学研究院导师，且精神相通、过从甚密的陈寅恪先是以"殉清"论王之死，后又认为："凡一种文化值衰落之时，为此文化所化之人必感苦痛，其表现此文化之程量愈宏，则其所受之苦痛亦愈甚；迨既达极深之度，殆非出于自杀无以求一己之心安而义尽也。"

  在我看来，也许还有第三种解读："精神还乡"。著名心理学家阿德勒说："幸运的人一生都在被童年治愈，不幸的人一生都在治愈童年。"很多人成年后的故事都暗含着童年的身影。王国维自1877年出生到1899年赴上海就读农学社及东文学社以前，他的童年、青少年时期主要是在海宁故乡度过的，读书生活也主要是受其父王乃誉的影响。王乃誉攻书画、篆刻、诗古文辞，博涉多才，著有游目录八卷、古钱考一卷及其他文稿，题画诗、画粗等数卷。王国维生活在一个富有文化修养的家庭里，从小聪颖好学。如此看来，从旧学走来，以旧学为根的王国维，一生都未剪辫，在旧学衰落之时终而选择投湖一死，我更愿意称之为"精神还乡"。

  王国维初名王国桢，后名王国维，是否就是"维护"的要义呢？

《人间词话》的"境界"

  与哲学的建树相比，王国维更为人所熟知的是作为"清华国学研究院四大导师之一"的身份以及"人生三境界说"。"人生三境界说"就出自著名的《人间词话》。

  在文学评论领域，《人间词话》备受瞩目。1954年12月27日，傅雷给远在波兰的长子傅聪写信，叮嘱他保重身体以备战钢琴比赛，最后还不忘记以"舵工"的姿态指导他读书要领："我个人认为中国有史以来，《人间词话》是最好的文学批评。开发性灵，此书等于一把金钥匙。一个人没有性灵，光谈理论，其不成为现代学究、当世腐儒、八股专家也鲜矣！"

  俞平伯曾在《重印〈人间词话〉序》中盛赞这部词话"固非胸罗万卷者不能道"，这话一点不错，王国维正是以十足的厚积做十足的薄发，而读者纵然不至于"固非胸罗万卷者不能读"，至少也要做好相应的知识储备才行。

  《人间词话》对后世最大的影响，莫过于为"词"正名，奠定了"词"在文学领域中不可撼动的地位。"诗以言志，文以载道"，诗与文都有很悠久的历史传统，正如《毛诗序》所言："诗者，志之所之也，在心为志，发言为诗。情动于中而形于言，言之不足，故嗟叹之，嗟叹之不足，故咏歌之，咏歌之不足，不知手之舞之足之蹈之也。"而词，最初的地位并不高，主要是指一些不登高雅之堂的，题写美女和爱情的"伶工之词"，"至李后主而眼界始大，感慨遂深，遂变伶工之词而为士大夫之词"，变"歌词之词"为"诗化之词"。王国维将宋词的地位与唐诗并列，而且首次提出了宋词的"境界"说。

词以境界为最上。有境界，则自成高格，自有名句。五代、北宋之词所以独绝者在此。

——王国维《人间词话》

提到"境界"，我们常常会想到"人的思想觉悟和精神修养"。然而，当我们考察词义的流变，就会发现在王国维的时代以前，"境界"一词并不存在"精神修养"这个义项。古人说到"境界"，简要而言，或表示"疆界"，或表示"处境"，譬如文天祥《指南录后序》有"境界危恶"，这是说处境危急而险恶，而这个义项在现代汉语里已经消失了。

那么王国维笔下的"境界"又指什么呢？我们可以理解为词所营造出来的一个独立的"艺术空间"，苏缨在《人间词话精读》一书中的解读非常贴切："这个艺术空间独立于现实世界，可以让读者全身心地陶醉进去，在忘我状态中进入一个艺术的幻境，浑然忘记现实生活中的悲欢离合、柴米油盐。艺术幻境可以使我们自失或沉迷。不妨想想我们小时候看电影的经历，在刚刚走出电影院的一刹那，蓦然发现自己置身于光天化日之下、车水马龙之间，油然生出无限的失落感。那种失落感，恰恰是因为我们从艺术幻境里走了出来，回到了被时间、空间与因果律所制约的现实世界，刚刚被彻底忘怀的各种现实的利害关系（作业还没有完成，期末考试迫在眉睫，电影票花去了自己半个月的早餐钱，等等）顿时涌上心头。"

关于"境界"更加深入和细致的解读，可以参看后文"经典选读"摘选的中国古典文学研究专家叶嘉莹的一篇论文：《〈人间词话〉之基本理论——境界说》。

拓展思考：

王国维"三境界说"给我们的启示

王国维《人间词话》中最有名的"境界"举例当属："古今之成大事业、大学问者，必经过三种之境界：'昨夜西风凋碧树。独上高楼，望尽天涯路。'此第一境也。'衣带渐宽终不悔，为伊消得人憔悴。'此第二境也。'众里寻他千百度，蓦然回首，那人却在灯火阑珊处。'此第三境也。"

"昨夜西风凋碧树。独上高楼，望尽天涯路。"出自北宋晏殊的《蝶恋花》，原意是说，"我"上高楼眺望所见的是萧飒秋景，西风黄叶，山高水长，案书何达？

"衣带渐宽终不悔，为伊消得人憔悴。"这引用的是北宋柳永《蝶恋花》最后两句词，表现了了作者对爱情付出的无悔与艰辛。

"众里寻他千百度，蓦然回首，那人却在灯火阑珊处。"引自南宋辛弃疾《青玉案》词中的最后四句，描绘的是与自己意中人在茫茫人海不期而遇的动人场面。梁启超称此词"自怜幽独，伤心人别有怀抱"。

以上三首词均可视为宋词婉约派的代表佳作，那么，王国维为什么要用三首爱情之词来对标人生？究竟是有何寓意呢？我认为，可以这么理解：第一境界是"立志"的过程，第二境界是"力行"的过程，第三境界是"收获"的过程。

尤其是第三境界中的"蓦然回首"一词最为妙不可言，它展示的是"一个人忘我投入后而功到自然成"的豁达境界。正如明代的《增广贤文》中写到的那句"但行好事，莫问前程"，并不是说真的不关心前程，而是只要你一直在做正确的事情，走在正确的道路上，就一定会收获成功和美好前程。

汪国真《热爱生命》一诗中有一句话："我不去想是否能够成功，既然选择了远方，便只顾风雨兼程。"它表达的也是这样的心境：只要你在追求梦想的道路上潜心努力，为了自己的目标而不懈奋斗，最后的成功自然不用"刻意索求"，而是"水到渠成"。

我们始终坚信：天道酬勤，自助天助；功成不必在我，但功力必不唐捐。

附词三首：

蝶恋花·槛菊愁烟兰泣露

［北宋］晏殊

槛菊愁烟兰泣露，罗幕轻寒，燕子双飞去。明月不谙离恨苦，斜光到晓穿朱户。

昨夜西风凋碧树，独上高楼，望尽天涯路。欲寄彩笺兼尺素，山长水阔知何处？

蝶恋花·伫倚危楼风细细

［北宋］柳永

伫倚危楼风细细，望极春愁，黯黯生天际。草色烟光残照里，无言谁会凭阑意。

拟把疏狂图一醉，对酒当歌，强乐还无味。衣带渐宽终不悔，为伊消得人憔悴。

青玉案·元夕

［南宋］辛弃疾

东风夜放花千树。更吹落，星如雨。宝马雕车香满路。凤箫声动，玉壶光转，一夜鱼龙舞。

蛾儿雪柳黄金缕。笑语盈盈暗香去。众里寻他千百度。蓦然回首，那人却在，灯火阑珊处。

主题作业：

三行"情"诗可以怎样书写？

活动说明

　　三行"情"诗，纸短情长。溯词之本源，尝试写三行"情"诗，这个"情"可以是亲情、爱情、友情……

其实我爱你更久一些
你从二十七岁开始爱我
而我从出生时爱你
（——给我亲爱的母亲）

——2020 级　黄敏茜

梦里我的未来很美
只是
不见你

——2020 级　舒亦晨

星星，理想，远方
和你
渴望而不可即

——2020 级　舒亦晨

心里住着一只大兔子
要用地月系的爱
将她温柔豢养
（——写给妈妈）

——2020 级　陈秋媛

"哦，

是你。"
我假装不在意

——2020 级 杨雨欣

你的眼睛
是一摊跳动着金黄色浮光的浅水
而我溺死于其中

——2019 级 陈宗蔚

谣言止于智者
"我喜欢你"是谣言
而你是智者

——2020 级 杨尚孟

×××：
见字如面，
啵唧

——2020 级 侯辰

前面是森林，后面是小径
左边的夕阳在海平线上浮动
右手传来温暖，我却不敢往右看

——2020 级 徐铭志

想和你
遛狗、喝茶、追日落
这是四件事

——2021 级 李沛琪

你是我的文艺复兴
遇见了你
心中才重生出爱与光明

——2021 级 钟铭

最后，在此从网络中摘录四首三行情诗，与君共享。

i am

not happy

beca se...

螃蟹在剥我的壳，笔记本在写我

漫天的我落在枫叶上雪花上

而你在想我

I love three things: the sun, the moon and you

the sun is for the day, the moon is for the night

and you forever

译文：

浮世万千，吾爱有三，日月卿

日为朝，月为暮

卿为朝朝暮暮

我的每支笔都知道你的名字

而它

是我见过最短的情诗

经典选读：

叶嘉莹《〈人间词话〉之基本理论——境界说》

　　说到《人间词话》的批评理论之部，首先我们所要提出来讨论的当然便是其所标举的作为评词之基准的"境界"二字。静安先生在《人间词话》——开端就曾特别提出"境界"二字来说：词以境界为最上。有境界则自成高格，自有名句。

五代北宋之词所以独绝者在此。

关于他所提出的"境界"一词，其含义究竟何指，因为他自己并未曾对之立一明确之义界，因之遂引起了后人许多不同的猜测和解说。"境界"二字既非静安先生所自创，则此二字之出处、训诂以及一般人对它的习惯用法，与静安先生采用它的取意，当然便都是我们所应仔细加以研讨的。先自出处来看，则"境界"一词本为佛家语，这原是不错的。不过它却并非如萧遥天氏所指出的《翻译名义集》中的"尔焰"一词之意。"尔焰"之梵语原为 Jneya，意为"智母"或"智境"，意谓"五明等之法为能生智慧之境界者"。这在佛家经典中乃是一个较为特殊的术语，而一般所谓"境界"之梵语则原为 Visaya，意谓"自家势力所及之境土"。不过此处所谓之"势力"并不指世俗上用以取得权柄或攻土掠地的"势力"，而乃是指吾人各种感受的"势力"。这种含义我们在佛家经中可以找到明显的例证，如在著名的《俱舍论颂疏》中就曾有"六根"、"六识"、"六境"之说，云：

如于彼法，此有功能，即说彼为此法"境界"。

又加以解释说：彼法者，色等六境也。此有功能者，此六根也，六识，于彼色等有见闻等功能也。

又说：更能所托，名为"境界"，如眼能见色，识能了色，唤色为"境界"。

从以上的解说来看，可见唯有由眼、耳、鼻、舌、身、意六根所具备的六识之功能而感知的色、声、香、味、触、法等六种感受，才能被称为"境界"。由此可知，所谓"境界"实在乃是专以感觉经验之特质为主的。换句话说，境界之产生全赖吾人之感受之作用，境界之存在全在吾人感受之所及，因此外在世界在未经吾人之感受之功能而予以再现时，并不得称之为"境界"。如外在之鸟鸣花放运行流水，当吾人感受所未及之前，在物自身都并不可称为"境界"，而唯有当吾人之耳目与之接触而有感受之后才得以名之为"境界"。或者虽非眼、耳、鼻、舌、身五根对外界之感受，而为第六根意境之感受，只要吾人内在之意识中确实有所感受，便亦可得称为"境界"。

以上的认识对于了解《人间词话》中的"境界"一词，乃是非常重要的。虽然当静安先生使用此词为评语之术语时，其所取之含义与佛典中之含义已不尽相同，然而其着重于"感受"之特质的一点，也是相同的。其可以兼指外在之感受与内在之感受的一点，也是相同的。《人间词话》中所标举的"境界"，其含义应该乃是说凡作者把自己所感知之"境界"，在作品中作鲜明真切的表现，使读者也可得到同样鲜明真切之感受者，如此才是"有境界"的作品。所以欲求作品之

"有境界"，则作者自己必须先对其所写之对象有鲜明真切之感受。至于此一对象则既可以为外在之景物，也可以为内在之感情；既可为耳目所闻见之真实之境界，亦可以为浮现于意识中之虚构之境界。但无论如何却都必须作者自己对之有真切之感受，始得称之为"有境界"。如果只是因袭模仿，则尽管把外在之景物写得"桃红柳绿"，把内在之感情写得"畅销魂断"，也依然是"无境界"。此所以静安先生又特别指出：

故能写真景物真感情者谓之有境界，否则谓之无境界也。

其所谓"真"，其实就正指的是作者对其所写之景物及感情须有真切之感受。这是欲求作品中"有境界"的第一项条件。有些作者自己虽有真切之感受，然而却苦于辞不达意，无法将之表出于作品之中，正如陆机《文赋》开端所说："恒患意不称物，辞不逮意，盖非知之难，能之难也。"所以有了真切的感受之后，还要能用文字将之真切地表达呈现出来，所以静安先生乃又提出说：

"红杏枝头春意闹"，着一"闹"字而境界全出；"云破月来花弄影"，着一"弄"字而境界全出矣。

我们如果仔细加以比较就会发现，若把"闹"与"弄"二字换成一般的动词或形容词，则此两句词便只成了对于外在景物的死板的叙述或记录。有此二字然后才表现出诗人对那些景物的一种生动真切的感受，一种自我的经验。由静安先生之所以说"着此二字"然后能使"境界全出"也。此种表达之能力，乃是欲求作品中"有境界"的第二项条件。所以一个作者必须首先对其所写之对象能具有真切的体认和感受，又须具有将此种感受鲜明真切地予以表达之能力，然后才算是具备了可以成为一篇好作品的基本条件。因此静安先生在《人间词话》一开端才特别标举出来说：

词以境界为最上，有境界则自成高格，自有名句。

（节选自王国维著《人间词话·附录》）

扫码收听音频
朗读者：2021级　郑茹熹

冯友兰

何时归于潜默

人往往需要说很多话，然后才能归于潜默。

——冯友兰《中国哲学简史》

解读：

这段话出现在《中国哲学简史》的最后一个章节，是我在即将看完整本书时，给我最振聋发聩的"意外"一击。在解读之前，我们需要先看一下冯友兰发出这句感慨前讲的一个小故事：

禅宗里有一个故事说，有一位禅师，每当被问到佛教的"道"如何解释时，他便竖起大拇指，一句话不说，只是让人看他的大拇指。服侍他的小和尚也学会了这样做。一天，禅师看到小和尚也这样做，他飞快地拿刀砍掉了小和尚的拇指。小和尚哭着跑开去。这时，禅师喊他，他刚回头，禅师又竖起了自己的大拇指。据说，小和尚就此得到了"顿悟"。

在讲完这个故事之后，冯友兰总结道："不管这个故事是真是假，它告诉人，在学会使用负的方法之前，哲学家或学哲学的人，都必须经过使用正的方法这个阶段。在达到哲学的单纯之前，需先穿过复杂的哲学思辨从林。"

按照佛家的看法，人的修行，不论多久，就其性质说，都只是心灵的准备。要想成佛，必须经历顿悟，这是一种类似跳过悬崖的内心经验。人只有经过这样的内心经验，才可以成佛。放在这个故事里来说，小和尚还需要足够多的修行，才能达到其师父的能力和功力。

课下有个学生向我提出了一个问题，我觉得很有意思，在此作为引申思考："小和尚的拇指被砍掉了，那他以后有能力伸出拇指的时候，是不是已经无指可伸了呢？"

课堂实录：

冯友兰及其哲学与哲学探思

冯友兰和《中国哲学简史》

介绍冯友兰，其实带着两点"私心"：一是在中国近现代的先生中，冯先生是为数不多的我能找到的同乡；二是我喜欢哲学，挚爱中国传统文化，而冯先生是第一次参照西方哲学架构将存在于中国的儒、释、道等各家思想进行系统化梳理的学者。

冯友兰是哲学科班出身，1918 年毕业于北京大学哲学门，后考取公费留美资格，进入哥伦比亚大学研究院哲学系学习，师从约翰·杜威。归国后曾执教于中州大学、广东大学和燕京大学。1928 年 8 月起，任清华大学哲学系教授，并历任校秘书长、哲学系主任、文学院院长、校务委员会主席等职；抗战期间随清华大学南迁，任西南联大哲学系教授、文学院院长。1931 年、1934 年分别完成《中国哲学史》上、下册（后作为大学教材），为中国哲学史的学科建设做出了重大贡献。

1947 年，应美国宾夕法尼亚大学的邀请，冯友兰任该校客座教授，讲授中国哲学史。为了讲课，他用英文写了一部中国哲学史的讲稿。1948 年 2 月，冯友兰在回国前，把这部讲稿交给了美国麦克米伦公司，题名为"中国哲学小史"（A Short History of Chinese Philosophy），该公司于同年出版了此书。该书过去一直没有中译本，直到 1985 年，方由冯友兰 20 世纪 40 年代的学生涂又光译成中文，改题为"中国哲学简史"，由北京大学出版社出版。至此，这部在国外流传了近四十年的著作方与国人见面。

这部书的英文原本称作"中国哲学小史"，而中译本改称"中国哲学简史"，是因为在冯友兰的著作中，还有一部称为"中国哲学小史"的书。该书出版于 1934 年 1 月，是商务印书馆"百科小丛书"的一种。为了把这两部同名的书区别开，故 1948 年在美国出版的"小史"，译成中文时，称"简史"，盖"小"与"简"在字义上本无太大差别之故。

将中国哲学史研究现代化，一直是冯友兰追寻的目标。冯友兰在其《三松堂自序》中，谦虚地说他这本书只是《中国哲学史》的一个节本。但在三十四年前，他在该书英文版自序中自信地说："小史（即《中国哲学简史》）者，非徒巨著之节略，姓名、学派之清单也。譬犹画图，小景之中，形神自足。非全史在胸，曷克臻此。惟其如是，读其书者，乃觉择焉虽精而语焉尤详也。"这段话，可以说是冯友兰对其《中国哲学简史》所作的最精辟的概括。

哲学是什么

在了解《中国哲学简史》之前，我们先围绕哲学本身进行一些讨论。

很多人对于哲学的态度，或者敬而远之，或者不屑一顾。有人认为哲学是一门"吃饱了没事做而胡思乱想的学问"。一定程度上，这是对的，毕竟"仓廪实而知礼节，衣食足而知荣辱"，但是这肯定也是一种亟待改变的刻板印象。

"未经审视的人生不值得过"

笛卡尔说："我思故我在。"一个人即便不是哲学家，也无时无刻不能脱离思考，不能摆脱各种关系，因此我们就势必会经历无数关于道德、价值、意义等命题的追问；常常百思不得其解之时，我们会诉诸哲学，或者即便还没有遇到这些问题，也会为了"防患于未然"而学习哲学。我们试图去寻找答案，但这其实又是一个悖论，因为哲学里没有答案，哲学不是心灵鸡汤，"头痛医头、脚痛医脚"，服用心灵鸡汤时，人获得的暂时愉悦其实是一种言辞的麻痹；相较而言，哲学里的表述时常不会单刀直入，更不会简明扼要地对症下药，但这就是它的魅力所在——我们在一次次"极度不适"的阅读经历中，收获的似乎能为我所用的点点智慧星光，会照亮我们夜行中的迷茫，而更为重要的是，这些星光汇聚起来的耀眼光芒会使你终身受益，那是你潜移默化中切切实实的关于思维能力的提升。

所以，在我看来，哲学更像是各个学科的底色。就读大学和工作来说，无论选择了什么专业、从事什么职业，它都是必修的学问。但是如今，我们现实生活中很多人的状态是什么样的呢？哲学家汉娜·阿伦特把我们这个时代的特征描述为"无思"，也就是没有思想。她说："没有头脑的鲁莽、无可救药的迷茫，或是自鸣得意地背诵已变得琐碎空洞的真理——在我看来是我们时代的显著特征之一。"

苏格拉底说："未经审视的人生不值得过。"哲学并非可有可无，而是不可替代。

哲学的定义

那么，哲学究竟是什么呢？哲学这个概念源于希腊语 philosophia，由 philia 和

sophia 组合而成，意思是"爱智慧"。一般说来，但凡知道哲学的人都知道这个意思。然而，在这个人人皆知的词源背后所蕴含的深意却并不是人人都了解的。为什么哲学通常被看作是"智慧"的同义语，而其本义却不是"智慧"而是"爱智慧"呢？因为"智慧"之为"智慧"并不是"小聪明"，也不是一般所说的"明智"，它指的是宇宙自然之最深邃最根本的奥秘，标志的是一个至高无上、永恒无限的理想境界。所以，古希腊著名哲学家柏拉图才会说："智慧这个词太大了，它只适合神而不适合人，我们人只能爱智慧。"

由此可见，真正意义上的智慧与通常所说的知识是不同的：知识或者科学知识是我们认识世界、改造世界的工具和手段，它们通常都具有功利性或有用性，而人追求和热爱智慧却不是为了别的目的，而只是为了智慧本身。

关于"哲学"，中国近代的两位哲学家是这么定义的：

哲学的定义，从来没有一定的。我如今暂下一个定义："凡研究人生切要的问题，从根本上着想，要寻一个根本的解决。这种学问，叫做哲学。"

——胡适《中国哲学史大纲》

哲学是对人生的系统的反思。(For my part, what I call philosophy is systematic, reflective thinking on life.)

——冯友兰《中国哲学简史》

哲学是"横向的"

依照黑格尔"正反合"的辩证法，我们讨论了哲学是什么，还应该再界定一下，哲学不是什么。哲学不是什么？至少，我们很清楚的是，哲学不是科学，那区分点在哪里呢？

在某种意义上说，科学的发展是"纵向的"知识积累的过程，但哲学是"横向的"的理念并存的状态。例如李时珍的医学和当今的医学技术，一定不能同日而语，但是孔子时代的哲学思想，却是后人无法超越的。哲学的不同，不分优劣，再如唐诗宋词，时间上的赓续并不意味着文化韵味的加深，李杜的诗和苏辛的词已在各自的领域达到绝境，后人也只能高山仰止。

哲学是"横向的"，这就意味着哲学并不只有一条路而是有许多条路，任何一条路都不足以代表哲学本身，所有的哲学运思之路"综合"在一起，才构成了一幅比较完整的哲学图画。换言之，哲学是由过去、现在乃至将来那一条条思想之路构成的。

没有标准答案的问题才是最迷人的问题。海德格尔晚年编辑自己的著作全集时曾经写下一句话，说他的著作是"道路，而不是著作"（Wege nicht Werke）。这里的"道路"用的是复数，言外之意，哲学问题的终极解决是不可能的，我们所能做的就是不断地探索。所以，学习哲学就是"上路"——踏上爱智慧的思想之路，哲学永远"在途中"，哲学的全部意义乃存在于追问和求索之中。

中国有哲学吗

中国有哲学吗？这似乎是一个不证自明的问题，但又一直存在争议。在21世纪第一个十年中，中国哲学界开展了一个重要的讨论：中国哲学的合法性问题。实际是在讨论，中国有没有西方 philosophy 的哲学。

中文的"哲学"一词的确是个舶来品，19世纪下半叶，日本最早的西方哲学传播者西周将汉字的"哲"与"学"二字联成"哲学"一词，表述源于古代希腊的西方哲学学说，即 philosophy。中国晚清外交家兼学者黄遵宪将这一词由日本介绍到中国来。

1912年，北京大学设立哲学门，亦称"中国哲学门"，因无讲授西洋哲学的教授，故有"中国哲学门"之称。哲学从此成为中国现代大学的独立学科。1914年哲学门正式招生，标志着现代中国哲学教育的开始。北京大学杨立华教授在《西方哲学十五讲》中说："如今人们通常将世界上的哲学形态分为三种主要类型：西方哲学、中国哲学和印度哲学。不过，按照'哲学'这个概念的起源和比较严格的意义，哲学就是西方哲学。"如果从世界范围来考察各种哲学形态，我们倾向于使用"思想"这个更为基本更为宽泛的概念。从广义上将西方思想、中国思想和印度思想统统叫作"哲学"也未尝不可，但是一定要清楚，它们实际上是三种不同类型的哲学。

中国哲学是中国文化的重要组成部分，它是中华民族智慧的结晶，代表了中华民族理论思维的最高水平。因此可以说，中国哲学是中国文化的核心部分，它在整个中国文化系统中起着主导作用。冯友兰自20世纪20年代起，一直到他生命结束，始终潜心研究中国哲学。1990年，冯友兰在《中国哲学史》台北版自序中，曾高度概括了他一生的著述情况，他说："余平生所著，三史六书耳。三史以释今古，六书以纪贞元。"其中所谓"三史"，即《中国哲学史》（两卷本）、《中国哲学简史》、《中国哲学史新编》。他试图在中国哲学发展的历史中，探求中国未来文化发展的道路；在中国古人的哲学智慧中，发现振兴中华民族的思想动力和个人在宇宙人生中的生命源泉。

中国哲学的精神是什么

冯友兰认为，中国传统哲学追求一种"和"的境界，反映了客观辩证法的内容。因为"在中国古典哲学中,'和'与'同'不一样。'同'不能容'异';'和'不但能容'异',而且必须有'异',才能称其为'和'"。冯友兰举例说:"譬如一道好菜,必须把许多不同的味道调和起来,成为一种统一的、新的味道;一首好乐章,必须把许多不同的声音综合起来,成为一个新的统一体。只有一种味道、一个声音,那是'同';各种味道,不同声音,配合起来,那是'和'。"

"和""同"既然有这样的本质差别,因此追求"和"还是追求"同",也就体现了辩证法和形而上学的差别。由于强调斗争的绝对性,在现实社会生活中,往往导致或者走上一条追求"同"的道路,不允许不同的声音、不同的意见存在,这样也就扼杀了事物的发展。由此冯友兰进一步得出结论说:"'仇必和而解'是客观的辩证法。不管人们的意愿如何,现代的社会,特别是国际社会,是照着这个客观辩证法发展的。"

这种"和"体现在个人追求中的表现为:对入世和出世对立的调和,正如对现实主义和理想主义之间对立的调和一样。冯友兰在《中国哲学简史》中强调:中国哲学的使命正是要在这种两极对立中寻求它们的综合。能够不仅在理论上,而且在行动中实现这种综合的,就是圣人。他既入世,又出世。中国圣人的品格可以用"内圣外王"四个字来刻画:内圣,是说他的内心致力于心灵的修养;外王,是说他在社会活动中好似君王。

除了对中国哲学精神的基本讨论,《中国哲学简史》具体阐述了儒、释、道、法等诸多流派的哲学思想。

拓展思考:

《庄子》与庄子的"心斋"

冯友兰的《中国哲学简史》系统介绍了中国哲学的发展、精神和背景,诸子百家的不同哲学观、人生观,以及现代哲学的发展和在世界上产生的影响。其中,庄子的思想让我印象尤为深刻,也最为喜爱,在此略陈一二。

《庄子》都是庄子本人写的吗

《汉书·艺文志》里面著录的《庄子》是 52 篇,而我们今天看到的《庄子》为 33 篇。33 篇文本的《庄子》,分为"内、外、杂"三个部分。其中,"内篇"7 篇,"外篇"15 篇,"杂篇"11 篇,这是郭象删削整理的结果。

郭象发现，他原本看到的《庄子》"外篇""杂篇"里，庞杂的东西太多，"或类《山海经》，或类《占梦书》"。这样的东西不可能是庄子作为一个哲学家所留下的正式文本，所以郭象就把相关部分删掉了，并且对剩下的篇章进行整理归类。

那么，"内篇"7篇、"外篇"15篇、"杂篇"11篇全都是庄子本人写的吗？苏轼研究对比后提出，至少有4篇非庄子本人所著，即《说剑》《让王》《盗跖》《渔父》。而王夫之在《庄子解》里更是讲，"外篇"15篇全都不是庄子所作，而系"后世学庄者为之"。这是了不起的见识。他为什么这样断言？因为王夫之本人就是文体家，他看得出庄子的行文风格。例如，王夫之评价其中一篇说文字"软美肤俗"，这怎么可能是庄子写的呢？

大部分学者认为，"内篇"是庄子本人的作品，而"外篇""杂篇"不是。但即使持这样观点的人，也没有特别充分的根据，拿不出充分的理由。王夫之对文章的感觉是非常个体化的，这种感觉又难以传达给大家，没有办法作为有效证据来说。但也有一些大学者提出了截然不同的观点，其中影响最大的应该说是任继愈。任公一直都在讲"外篇""杂篇"是庄子本人所作，而"内篇"不是。他的根据是《史记》，司马迁为庄周作传并引用了《庄子》的话。任公注意到，司马迁引述的话和篇名，都在"外篇""杂篇"中。

因此，《庄子》究竟由谁而作，目前还是众说纷纭，莫衷一是。

《庄子》的"心斋"何意

无论《庄子》由谁而作，就其文章的整体风格和行文特色而言，它都是先秦诸子散文中写得最优美、最诗情画意和最具个性特点的，它将哲人的思考和评判融入寓言之中，通过人物之间跨越时空的对话传递哲学奥义。

《庄子》浩瀚，我们暂且以点及面。例如，庄子思想中令我印象最深的是"心斋"，出自《庄子·内篇·人间世》中的一段孔子与颜回的对话：

颜回曰："吾无以进矣，敢问其方。"仲尼曰："斋，吾将语若。有心而为之，其易邪？易之者，皞天不宜。"颜回曰："回之家贫，唯不饮酒不茹荤者数月矣。如此则可以为斋乎？"曰："是祭祀之斋，非心斋也。"

回曰："敢问心斋。"仲尼曰："若一志，无听之以耳而听之以心；无听之以心而听之以气。听止于耳，心止于符。气也者，虚而待物者也。唯道集虚。虚者，心斋也。"

这段对话的起因是，颜渊想要出使卫国，以正义之名劝说卫国的暴君，并请求得到孔子的指点。孔子给出的答案就是"心斋"两个字，即精神上的斋戒："要精神集中，不要用耳朵去听，而要用心灵体会。不仅要用心灵去体会，而且要用气去感应。听只能局限于耳朵所能听到的事物，心灵体会只局限于事物的种种迹象，而气则是空明而包容万物的。只有大道才能汇集于凝寂虚无的心境，达到心灵的虚空，也就是精神上的斋戒。"

老庄之道都重视心灵的修行，《庄子·内篇·齐物论》更是有言："大道不称，大辩不言，大仁不仁，大廉不嗛，大勇不忮。"但是事实上，老子和庄子都留下数千言，名垂青史、彪炳千古，那么，这和他们本身的主张相悖吗？这也是我们下文主题作业探讨的主题。

主题作业：

"大道不称"与"隐者留其名"是悖论吗？

2019 级　朱嘉豪

不是。

为什么"大道不称，大辩不言"？

老庄的思想，是原始的

世界是不断发展的，因此，类似《老子》认为的小国寡民、民重死而不远徙、老死不相往来，是很难实现的。纵然这是一个美好的愿景，但只是在那个时代老子意识到了民众生活困苦的问题，因而提出的对统治阶级的"警告"。如果那个时代的人全都自己回家种田，小农经济自给自足，看似没什么大问题。但是想想，在现在这个时代有可能实现吗？如果真的这么做了，那么我们立刻就会被更高级的文明吞噬掉，然后要么被同化，要么成为他们的奴隶。

因此无论对于老百姓，还是统治阶级，甚至是这个世界，这样消极的思想和观念是不适合的。它的讨论只能在个体层面上，只能是个人行事的方法，而不能被广泛推广。老子自己也认为，世界不是一成不变的，其变化的规律便是大道。由此可见，这个世界的发展和进步其实也是大道的一部分。老子构建的理想社会是回归原始（有的人也解读为是高度发展后的天下大同，很有意思），这是不可能的，至少是不符合当时大多数人利益的。这是其"大道不称"的第一个原因。

老庄的思想，是体悟的

我们说，老庄的著作中有很多比喻和寓言的成分。所以他们的思想其实很难解释清楚。你说大道，什么是大道？道可道，非常道。只知道它像水，像女性。老子自己都没见过"道"这个东西，又怎么样直白地告诉身边的人呢？

因此，老庄的思想中，大部分是他们说一半，剩下一半需要听者/读者自己悟。理解文本已是一种困难，更何况还要体悟其思想内涵。相比之下，儒家学说简直太利于传播了，无外乎告诉你该怎么做，统治阶级再立为正统思想，就传播开了。老庄的思想不仅不符合时代需求，缺少了生存的土壤，也需要传道者和受道者花费更多的心力。这是其不能广泛传播的原因之二。

老庄的思想，是个体的

周代楚康王时尹喜为巨大夫，后为东宫宾友，结草为楼，仰观乾象。一日，观见东方紫气西迈天文显瑞，知有圣人当度关而西，乃求出为函谷关令。遇老子，迎为师，拜求至道；老子因接喜玉历三十五章及道德经五千言而去。喜欣争持诵，奉行道成。

尹喜后辞官随老子沿秦岭终南山神仙路西行，老子与尹喜结草阿福泉，马放南山，老牛坡放牛，南山不老松下讲道，发现终南捷径后清凉山讲经，楼观台炼丹，铸南山铁案，享南山之寿，化胡西域。

——《历世真仙体道通鉴》

试想一下，如果故事不是尹喜看了《道德经》后跟着老子走了，而是尹喜看了这本书之后非常高兴，花了三天给村里的所有人都讲述了一遍《道德经》，之后带着全村的人跑了……

所以，老庄对于个人的"关怀"跟儒家对于社会所有人的"要求"是不一样的。它不需要也不可能成为人人尊奉的"正道"。就好比"丧文化"与中小学生守则，前者很难让人感受到一种体系化，它也不需要背记，是做事时自然而然浮现的法则与态度；而后者需要完备的体系，并且它存在的意义就是让所有人都照做。所以，广泛传播是儒家思想的必然追求，而老庄是在个体层面上探求提升人生质量的办法。这种根本区别，是导致其不能广泛传播的第三个原因。

因此，"大道称"是不可能且不必要的，而"隐者留其名"则是这种大道存在的必然性。任何的纲常教条，都没办法磨灭掉人对于自己的一种关怀和珍惜。既然有需求，越隐的人、越会隐的人，必然会名垂青史，成为人们追忆与学习的对象。

最后，我想说的是，"大道不称"有时反而是为了达到教化民众的效果。在春秋社会转型时期，新的社会形态形成过程中产生了许多病态的现象。许多人假借道德之名行苟且之事。正如老子所言："大道废，有仁义。智慧出，有大伪。"大道不称，只是同孔子走了不一样的路径罢了。其思想的深度与对百姓的关怀是相互贯通的。

经典选读：

冯友兰《中国哲学的精神和问题》

在中国哲学的进程中，有一个主流，可以称之为中国哲学的精神。为了了解它，我们需要首先看一下，中国大多数哲学家力求解决的是些什么问题。

人是各式各样的。每一种人，都可以取得最高的成就。例如有的人从政，在这个领域里，最高成就便是成为一个伟大的政治家。同样，在艺术领域里，最高成就便是成为一个伟大的艺术家。人可能被分为不同等级，但他们都是人。就做人来说，最高成就是什么呢？按中国哲学说，就是成圣，成圣的最高成就是：个人和宇宙合而为一。问题在于，如果人追求天人合一，是否需要抛弃社会，甚至否定人生呢？

有的哲学家认为，必须如此。释迦牟尼认为，人生就是苦难的根源；柏拉图认为，身体是灵魂的监狱。有的道家认为，生命是个赘疣，是个瘤，死亡是除掉那个瘤。所有这些看法都主张人应该从被物质败坏了的世界中解脱出来。一个圣人要想取得最高的成就，必须抛弃社会，甚至抛弃生命。唯有这样，才能得到最后的解脱。这种哲学通常被称为"出世"的哲学。

还有一种哲学，强调社会中的人际关系和人事。这种哲学只谈道德价值，因此对于超越道德的价值觉得无从谈起，也不愿去探讨。这种哲学通常被称为"入世"的哲学。站在入世哲学的立场上，出世的哲学过于理想化，不切实际，因而是消极的。从出世哲学的立场看，入世哲学过于实际，也因而过于肤浅；它诚然积极，但是像一个走错了路的人，走得越快，在歧途上就走得越远。

许多人认为，中国哲学是一种入世的哲学，很难说这样的看法完全对或完全错。从表面看，这种看法不能认为就是错的，因为持这种见解的人认为，中国无论哪一派哲学，都直接或间接关切政治和伦理道德。因此，它主要关心的是社会，而不关心宇宙；关心的是人际关系的日常功能，而不关心地狱或天堂；关心人的今生，而不关心他的来生。《论语》第十一章十一节记载，有一次，孔子的学生子路问孔子："敢问死？"孔子回答说："未知生，焉知死？"孟子曾说："圣人，人伦之至也。"（《孟子·离娄章句上》）这无异于说，圣人是道德完美的人。就表面看，中国哲学所说的圣人是现世中的人，这和佛家所描述的释迦牟尼或基督教所讲的圣徒，迥然异趣，特别是儒家所说的圣人，更是如此。这便是引起中国古代道家嘲笑孔子和儒家的原因。

不过，这只是从表面上看问题。用这种过分简单的办法是无从了解中国哲学的。中国传统哲学的主要精神，如果正确理解的话，不能把它称作完全是入世的，也不能把它称作完全是出世的。它既是入世的，又是出世的。有一位哲学家在谈到宋朝道学时说它："不离日用常行内，直到先天未画前。"这是中国哲学努力的方向。由于有这样的一种精神，中国哲学既是理想主义的，又是现实主义的；既讲求实际，又不肤浅。

入世和出世是对立的，正如现实主义和理想主义是对立的一样。中国哲学的使命正是要在这种两极对立中寻求它们的综合。这是否要取消这种对立？但它们依然在那里，只是两极被综合起来了。怎么做到这一点呢？这正是中国哲学力图解决的问题。

按中国哲学的看法，能够不仅在理论上，而且在行动中实现这种综合的，就是圣人。他既入世，又出世；中国圣人的这个成就相当于佛教中的佛和西方宗教里的圣徒。但是，中国的圣人不是不食人间烟火、漫游山林、独善其身。他的品格可以用"内圣外王"四个字来刻画：内圣，是说他的内心致力于心灵的修养；外王，是说他在社会活动中好似君王。这不是说他必须是一国的政府首脑，从实际看，圣人往往不可能成为政治首脑。"内圣外王"是说，政治领袖应当具有高尚的心灵。至于有这样的心灵的人是否就成为政治领袖，那无关紧要。

按照中国传统，圣人应具有内圣外王的品格，中国哲学的使命就是使人得以发展这样的品格。因此，中国哲学讨论的问题就是内圣外王之道；这里的"道"是指道路，或基本原理。

听起来，这有点像柏拉图所主张的"哲学家－国王"理论。柏拉图认为，在一个理想国里，哲学家应当成为国王，或国王应当成为哲学家。一个人怎样能成为哲学家呢？柏拉图认为，这个人必须先经过长期的哲学训练，使他在瞬息万变的世界事物中长成的头脑得以转到永恒理念的世界中去。由此看来，柏拉图和中国哲学家持有同样的主张，认为哲学的使命是使人树立起内圣外王的品格。但是按照柏拉图的说法，哲学家成为国王是违反了自己的意志，担任国王是强加给他的职务，对他是一种自我牺牲。中国古代的道家也持这样的观点。《吕氏春秋·贵生篇》里载有一个故事讲，古代一个圣人被国人拥戴为君，圣人逃上山去，藏在一个山洞里，国人跟踪而去，用烟把圣人从山洞里熏出来，强迫他当国君。这是柏拉图思想和中国古代道家相近的一点，从中也可看出道家哲学中的出世思想。到公元三世纪，新道家郭象根据中国主流哲学的传统，修改了道家思想中的这一点。

按照儒家思想，圣人并不以处理日常事务为苦，相反地，正是在这些世俗事务之中陶冶性情，使人培养自己以求得圣人的品格。他把处世为人看作不仅是国民的职责，而且如孟子所说，把它看为是"天民"的职责。人而成为"天民"，必须是自觉的，否则，他的所作所为，就不可能具有超越道德的价值。如果他因缘际会，成为国君，他会诚意正心去做，因为这不仅是事人，也是事天。

既然哲学所探讨的是内圣外王之道，它自然难以脱离政治。在中国哲学里，无论哪派哲学，其哲学思想必然也就是它的政治思想。这不是说，中国各派哲学里没有形而上学、伦理学或逻辑，而是说，它们都以不同形式与政治思想联系在一起，正如柏拉图的《理想国》既代表了柏拉图的全部哲学，又同时就是他的政治思想。

举例来说，名家所辩论的"白马非马"，似乎与政治毫不相干，但名家代表人物公孙龙"欲推是辩，以正名实，而化天下焉"（《公孙龙子·府》）。在今日世界，政治家们个个都标榜他的国家一心追求和平，事实上，我们不难看到，有的一面侈谈和平，一面就在准备战争。这就是名实不符。按公孙龙的意见，这种名实不符应当纠正。的确，要改变世界，这就是需要加以改变的第一步。

既然哲学以内圣外王之道为主题，研究哲学就不是仅仅为了寻求哲学的知识，还要培养这样的品德。哲学不仅是知识，更重要的，它是生命的体验。它不是一种智力游戏，而是十分严肃的事情。金岳霖教授在一篇未发表的论文中说："中国哲学家，在不同程度上，都是苏格拉底，因为他把伦理、哲学、反思和知识都融合在一起了。"就哲学家来说，知识和品德是不可分的，哲学要求信奉它的人以生命去实践这个哲学，哲学家只是载道的人而已，按照所信奉的哲学信念去生活，乃是他的哲学的一部分。哲学家终身持久不懈地操练自己，生活在哲学体验之中，超越了自私和自我中心，以求与天合一。

十分清楚，这种心灵的操练一刻也不能停止，因为一旦停止，自我就会抬头，内心的宇宙意识就将丧失。因此，从认识角度说，哲学家永远处于追求之中。从实践角度说，他永远在行动或将要行动。这些都是不可分割的。在哲学家身上就体现着"哲学家"这个词本来含有的智慧和爱的综合。他像苏格拉底一样，不是按上下班时间来考虑哲学问题的：他也不是尘封的、陈腐的哲学家，把自己关在书斋里、坐在椅中，而置身于人生的边缘。对他来说，哲学不是仅供人们去认识的一套思想模式，而是哲学家自己据以行动的内在规范，甚至可以说，一个哲学家的生平，只要看他的哲学思想便可以了然了。

（选自冯友兰著《中国哲学简史》）

扫码收听音频
朗读者：2021级　潘美谕

映鉴

第四辑

家国情怀

含德之厚，比于赤子。

——老子《道德经》

　　我们常用"赤子之心"象征爱国之情、报国之心。战争岁月，建国初期，无数仁人志士用自己的方式爱国、报国，让我印象最为深刻的是邓稼先，常与他同时被提及的还有著名物理学家杨振宁。

　　本辑包括邓稼先和杨振宁二人，他们虽是同乡、同学和朋友，却有着完全不同的人生选择和际遇；虽道路不同，但殊途同归，他们都始终抱持着一颗赤子之心，不忘来路，不改初心。相信了解他们的经历之后，会带给我们不一样的触动和感悟。

邓稼先

不稼不穑

不稼不穑，胡取禾三百廛兮？

不狩不猎，胡瞻尔庭有县貆兮？

彼君子兮，不素餐兮！

——《诗经·伐檀》

释义：

不播种来不收割，为何三百捆禾往家搬啊？

不冬狩来不夜猎，为何见你庭院猪獾悬啊？

那些老爷君子啊，不会白吃闲饭啊！

解读：

当我读到《诗经》里的"不稼不穑"这一句，脑子里立刻浮现的，是邓稼先的名字。"稼"的本意是播种，"穑"的本意是收获，但邓稼先的名字里只有"稼"没有"穑"；正如他用隐姓埋名的大半生诠释了"只问耕耘，不问收获"这八个字，他以"有我"的担当追求诠释了"无我"的精神境界。"无我"讲求的是忘我奉献、功名无我，"有我"指的是奋斗有我、担当有我。

习近平总书记说："有多大担当才能干多大事业，尽多大责任才能有多大成就。"我们民族能有今天的强大，正是因为拥有无数邓稼先式的英雄，默默无闻地做着惊天动地的事业："中国核潜艇之父"黄旭华，为突破外国封锁，隐姓埋名 30 年，为国之重器奉献毕生心血；84 岁的钟南山临危受命，不顾生命危险第一时间逆行抗疫一线，及时研判疫情，为控制疫情蔓延赢得先机；张桂梅扎根边疆教育一线 40 余年，帮助 1800 多名女孩走出大山……

哪有什么岁月静好，是有人在替我们负重前行。纵观历史，无数前辈为事业而忘我、为人民而无我，书写了坚守初心使命的动人篇章，也在各自岗位上做出了非凡业绩。

课堂实录：

大漠英雄邓稼先

什么样的人叫作不平凡？这里有三个问题，我们先试着问问自己：

第一，如果你用不到三年的时间，从美国名校拿到博士学位，你的导师对你说，你留在美国，我给你最好的待遇，让你成为世界一流的科学家。这个时候，你会怎样选择？你是留，还是走？

第二，如果你的男朋友或女朋友，有一天告诉你说："亲爱的，我要调动工作了，但是，去哪儿、做什么和去多久，我都不能说。"这个时候，你要怎么办？你是愤怒，还是宽恕？

第三，如果有一项事业，因为你的努力，让中国在这个领域拔地而起，提高了中国的话语权。你期待获得什么样的回馈？

有个人用不平凡的一生，回答了这三个问题：

第一个问题，26 岁，他用不到 3 年的时间，拿到了美国的博士学位。在拿到博士学位之后的第 9 天，回到了 1950 年的那个一穷二白的中国。

第二个问题，34 岁，他回家告诉妻子说："我要调动工作了，我明天走。"妻子问他："你要去哪儿？你要去做什么？你要去多久？"他的回答是一样的：不能说！不能说！不能说！从此，他从他的妻子、两个孩子和所有熟悉他的人中消失了，整整 28 年。回来的时候，他是一个直肠癌晚期的病人，61 岁。

第三个问题，作为中国第一颗原子弹和第一颗氢弹的理论设计的总负责人，他成功设计了中国原子弹和氢弹，把中国国防自卫武器引领到了世界先进水平。当 1999 年被追授"两弹一星"元勋称号时，他已辞世整整 13 年，而这时距他 1958 年投身原子弹的研究也整整过去了 41 年。

这个人，就是邓稼先。

以前的历史课本中，与邓稼先相关性最大的一句话应该是："1964 年，中国第一颗原子弹爆炸成功，加强了中国的国防能力。"这看似毫不起眼的一句话却实际有千斤重，它背后凝结着无数人的汗水、泪水，甚至生命，而邓稼先就是其中至关重要的那一位。

临危受命

1954 年 12 月 2 日，也就是朝鲜战争停战后的一年零五个月，美国与台湾当局正式签署了《美台共同防御条约》。一时间，台湾海峡战云密布。1955 年 1 月，毛泽东主持中央书记处扩大会议，做出了"中国要研制原子弹"的战略决策。

国际舆论称，自广岛、长崎被毁后，没有任何一个国家像新中国一样临近核威胁。居里夫人的女婿，一生为和平而战的法国物理学家约里奥·居里通过自己的中国学生转告毛泽东，"要保卫世界和平，要反对原子弹；你们要反对原子弹，必须自己先有"。

1957 年，《中苏国防新技术协定》签订，苏联表示援助中国研制原子弹，中国用农产品交换苏联的教学模型和图纸资料。中国人充满期待，希望在苏联指导下缩短研制周期和战线。1958 年 8 月，邓稼先被任命为中国研制原子弹的理论设计负责人。这项工作需有严格的保密纪律，这让邓稼先的生活方式完全变了。此后，他没有发表过一篇学术论文，没有作过一次学术报告，甚至，亲友间的聚会也避开了。

邓稼先的工作任务，是向苏联专家学习原子弹的设计理论。但事实上，即使在常规武器上，苏联人也只允许中国人仿制他们将要停产的武器装备。苏联专家的这一招就好比将邓稼先的理论设计小组带进了一个"迷宫"。"哑巴和尚不传真经"，却列举出和制造原子弹有关的上百个专业，其中还包括学习"花儿匠"。邓稼先很谦逊地向苏联专家讨教：花儿匠和造原子弹有什么关系？得到的回答是："你为什么不问原子核物理学家要不要在开满鲜花的环境里工作呢？"

苏联断援

我们现在实在很难体会，在一穷二白、一无所有的中国，邓稼先所承受的压力。尽管他是留美博士，学的是核物理，但造原子弹同样一无所有。这时的理论设计小组，只有邓稼先和几个刚毕业的大学生；而美国第一颗原子弹的科研队伍，仅诺贝尔奖得主就有 14 人。更让我们难以想象的是，当时的科学家们造精密、复杂的核武器用的都是最原始的工具，炼制炸药用的是铝锅，精确计算时用的是手摇计算机、计算尺和算盘。更难过的是，他们还要受制于苏联专家。但很快，连这样不合格的老师也没有了，因为中苏关系彻底逆转。

1959 年 6 月，苏联撕毁协议。我们的原子弹因此也叫"596"，或者"争气弹"。但是，要设计出一个原子弹谈何容易，这里面涉及很多学科、很多问题，任何一个问题如果出纰漏的话，原子弹就造不出来。

后来的历史表明，苏联的断援成了分水岭，中国走上了独立自主发展核武器的道路。最终，邓稼先将目光锁定在中子物理、流体力学和高温高压下的物理性质这三个方面。这也是他对中国原子弹研究的最大贡献。方向确立了，邓稼先晚上备课，白天给年轻人补习专业知识。有时上完课，邓稼先竟站在黑板前便睡着了。

就这样，原子弹的理论设计在两年中取得了很大的进展，朝着邓稼先确定的方向迈出了大步。他们走到关键之处，寻找制造原子弹的一个关键参数。当年，苏联专家曾给过一个参数，竟导致邓稼先他们首先用"成千上万的数据"去验证这一数据的准确性。上万次的方程式推算的结果，与苏联专家的爆炸参数相差一倍。计算用的纸装满麻袋，堆满了几个仓库。邓稼先突然意识到，苏联专家给出的参数莫不是他们随口一说而已。关键性的参数终于被确定了，整个核武器研制的"龙头"昂起来了。数学家华罗庚说，这是"集世界数学难题之大成"。

转战青海

完成了原子弹的理论设计，邓稼先和他的小组于 1963 年 2 月转战青海 221 基地。基地在海拔 3200 多米的高原上，空气稀薄，年无霜期仅 40 天。三年困难时期，每天只能靠酱油汤就饭。邓稼先很快就全身浮肿。但这时，比国内粮食短缺更严峻的，是紧张的国际局势。1963 年，美苏英签订条约，禁止大气层核试验，以阻止中国核试验。美国的探测卫星徘徊在罗布泊上空。1964 年，美国人探测到中国核试验正在临近。

与国际形势一样紧张的还有邓稼先的神经。中国工程物理研究院原院长、中国工程院院士胡仁宇回忆说："记得有一次，热试验以后，他紧张得都休克了，一下子血压都测不到了。"一穷二白的国家，为科学家提供的条件是今天的人们难以想象的。物质的匮乏，技术的落后，乃至粮食的短缺和封闭的环境，同样转化成压力加剧了邓稼先的紧张。

终于，1964年10月16日下午3点，中国第一颗原子弹爆炸了。一个月后，在中美第123次大使级会谈上，美国代表第一次使用了"中华人民共和国政府"称谓。日本记者这样写道："在中国罗布泊这团蘑菇云的辐射之下，人类的战争即将放慢脚步。"

就在第一颗原子弹爆炸的第二天，组织上送来了一张回北京的机票，邓稼先母亲病危。其实，邓稼先的母亲在原子弹爆炸之前就已病危了。邓稼先赶回北京，母亲已不能说话，他跪倒在病床旁，捧着母亲苍老的双手，长跪不起。每一次核试验后，邓稼先都要回北京向中央作报告。这使他与家人有难得的相聚，多少年，这是他唯有的探亲时刻。

邓稼先说自己的梦里常常会有两个场景：一个是中国第一颗原子弹成功爆炸时的蘑菇云，一个是妻儿们欢笑的景象……

与杨振宁

1971年，邓稼先47岁，被调到青海。就在这时，著名物理学家杨振宁应邀回国，他要见的第一个人就是邓稼先。

邓稼先与杨振宁一起长大，就读的都是西南联大，赴美留学主攻的方向同是物理。1950年，两人的轨迹岔开了。邓稼先为中国研制原子弹隐姓埋名，杨振宁则因诺贝尔奖名震世界。这是阔别21年的挚友重逢。杨振宁带来的国际著名实验室的种种信息，让邓稼先又浸润在科学的乐趣和少年的情谊中。两人都小心翼翼地避开了一个最敏感的话题：邓稼先的工作。要上飞机了，杨振宁突然转身问出了这样一个问题："稼先，我在美国听说，中国的原子弹是美国人帮着造的，是不是真的？"无论邓稼先的回答是肯定还是否定，都可以证明邓稼先的工作。因为他太了解邓稼先了。但邓稼先的回答是：以后再告诉你。

后来，邓稼先根据周恩来的指示，写信告诉杨振宁："中国的原子弹、氢弹全部是中国人自己研制。"

"平安无事"

薄弱的工业基础，严重不足的经费，难以想象的落后，但核试验又不可能慢慢来，每一次试验必须做到大跨度的技术进步。最后，经过总共45次的试验，就基本达到了核大国上千次试验才到达的水平。

在邓稼先生前，中国进行了32次核试验，有15次是他亲自指挥。既然是试验，就有可能失败。1979年，空投核弹。飞机携带核弹直飞爆心。时间分秒过去了，核弹却没有爆炸。这次核试验也是邓稼先签的字，签字就是向国家保证试验的成功。中国工程物理研究院高级工程师张彩华回忆说："老邓就站在我旁边。他没有声音，大家都没有声音，鸦雀无声，我就思考了一会儿，大概也没有多少时间，马上转过去要问老邓，不见了。哎呀，这个时候我心里咯噔一下，我说老邓可别冲进去啊。"有将军拦住他："老邓，你不能去，你的命比我值钱。"但现场没有人能拉住他。二机部副部长赵敬璞要陪他进去，他坚决不让。

防化兵没有找到核心部件，邓稼先找到了，他用双手捧起，并告诉赵敬璞副部长"平安无事"。但在捧起碎弹体的刹那间，他生命的倒计时开始了。他已经受过多次辐射伤害，但这一次是致命的。邓稼先被送进医院，检查结果：白细胞内染色体呈粉末状，尿液有极强的放射性。

三年后，邓稼先又回到了这个因降落伞没及时打开而失败的试验场。戈壁滩上风沙依旧。大自然中放射性钚元素的半衰期是 24000 年。

1984 年，距第一颗原子弹爆炸整整 20 年，邓稼先指挥他一生中最后的一次核试验。这次试验的成功标志着中国第二代核武的重大突破。然而，这时的邓稼先已被癌细胞严重侵蚀，但没有人知道。通往试验场的途中，他采摘下一朵马兰花。他很喜爱马兰花，这种花的生命力特强，就是在戈壁滩这样恶劣的环境中，它也能长得非常好看，非常茂盛。

最后时光

1985 年，邓稼先回到了北京。他回到了妻子的身边。但这时，他的生命却已走到了尽头。

1986 年 6 月 24 日，中国人第一次知道了邓稼先的名字。此时的邓稼先躺在 301 医院，已是癌症晚期。住院的 363 天里，他动了三次手术；363 天里，他一直疼痛不止，止痛的杜冷丁从每天一针发展到一小时一针，全身大面积溶血性出血。

他的夫人许鹿希回忆说："在他意识还比较清楚的时候，他跟我聊了很多，他想搞原子能的和平利用。他和他的同事们都已经看到了这点，就是我们中国搞核武器是为了国家的强盛和民族的兴旺。"

体内在不停地出血，疼痛难以忍受，邓稼先坐在能减缓压力的橡皮圈上，写他一生的积攒，写他最后的思考。《建议书》完稿时，邓稼先交给妻子，让她亲手送到九院。《建议书》的内容至今仍是保密的，但我们能够知道的是，在生命的终点，邓稼先着重思考的是和平利用原子能，虽然他已无法亲自实现了。

"要是有来世，我还是选择中国，选择核武器事业，选择你！"这是邓稼先去世前对爱人说的话，短短一行字，道尽了对祖国的深情和对爱人的眷恋。

国士无双

1986 年 7 月 29 日，邓稼先走完了他 62 年的生命旅程。

邓稼先，1924 年生于安徽。13 岁经历卢沟桥事变。16 岁跟着姐姐从沦陷的北平流亡，经上海、香港、越南到昆明。17 岁考入西南联大。深重的民族危机，激发邓稼先救国图存的信念，终身如一。26 岁获美国普渡大学核物理博士学位 9 天后，启程回国。

人类不需要原子弹，但中国不能没有邓稼先。

在医院，邓稼先曾请求警卫员带他去一次天安门。望着长安街的车水马龙，他似乎感到陌生，他问道："三十年后，人们会记住我们吗？"

邓稼先一生不追名逐利，有的只是一颗赤子之心，是"大国脊梁、国士无双"，我们永远怀念他。

拓展思考：

由电影《横空出世》想到的

人是要有一点精神的。

——毛泽东

电影《横空出世》讲的是以邓稼先等人为原型的故事，名字出自毛主席的一阕词《念奴娇·昆仑》。1935 年冬，中央红军走完了长征最后一程，即将到达陕北。毛主席登上岷山峰顶，远望青海一带苍茫的昆仑山脉，有感而作：

横空出世，莽昆仑，阅尽人间春色。飞起玉龙三百万，搅得周天寒彻。夏日消溶，江河横溢，人或为鱼鳖。千秋功罪，谁人曾与评说？

而今我谓昆仑，不要这高，不要这多雪。安得倚天抽宝剑，把汝裁为三截？一截遗欧，一截赠美，一截还东国。太平世界，环球同此凉热。

上半阕写尽昆仑之壮阔，"搅得周天寒彻"；叹息人力之渺小，"或为鱼鳖"。

下半阕"我"来指点江山：向天抽宝剑，直接将昆仑"裁为三截"，欧、美、东国各一，从此"环球同此凉热"。

登山的经历，想必我们都有，但是当我们驻足山巅的时候，你我看到的是什么？想到的又是什么？

眼前的视野大同小异，但内心的视野千差万别——这就是格局。

更重要的是，我们都知道，长征的缘起，是第五次反"围剿"失败。而在长征胜利之际，毛主席的心里不仅是家国，更是天下。《念奴娇·昆仑》呈现的如此开阔之胸襟和如此广大之视野，再次给了我强烈的内心震撼。

罗梦册在《中国论》中说："一民族自治其族者，为族国（民族国家）；一民族统治他民族者，为帝国；一民族领袖他族以求共治者，为天下国。天下国超族国而反帝国，是国家之进步的形式，亦或许是最进步的形式。"

"天下国"，是梁漱溟所述"中国文化要义"之一，一直流淌在中华民族的血脉里。

在当今的呈现，正如习近平总书记为世界擘画的蓝图：人类命运共同体。

党的十九届六中全会通过的《中共中央关于党的百年奋斗重大成就和历史经验的决议》指出，党始终以世界眼光关注人类前途命运，从人类发展大潮流、世界变化大格局、中国发展大历史正确认识和处理同外部世界的关系，站在历史正确的一边，站在人类进步的一边。这一论断深刻揭示了我们党始终胸怀人类前途命运的天下情怀，为坚持党的初心使命、在应对国际风云变幻和促进世界和平发展中，朝着实现中华民族伟大复兴目标不断迈进指明了方向。

"积力之所举，则无不胜也；众智之所为，则无不成也。"

路是走出来的，事业是干出来的。美好的蓝图变成现实，需要扎扎实实的行动，中国一直用行动践行着庄重承诺。

最后，我们再回到电影《横空出世》。

电影中陆光达的原型就是邓稼先——国士无双、民族脊梁。

他一生淡泊名利、隐姓埋名。

什么都不要，那心里的支撑又是什么？

"那个年代的人真的是有信仰和精神的。"——这是豆瓣中让我印象最深的一条评论。

那个年代的人是有信仰的，那么，究竟信仰着什么？你可以自己去电影里找答案。

看完之后，也许可以再问问自己："我的信仰和精神又是什么呢？"

你有吗？或者，有在找吗？

主题作业：

邓稼先对马兰花的热爱给我们哪些启示？

活动说明

2013 年，清华大学原创话剧《马兰花开》成功公演，2014 年又专程到核试验基地演出。舞台上，满头银发的"邓稼先"饱含热泪，与他的同事、亲人和挚友一一话别："如果要我再来一次的话，我还愿意再做中国西部戈壁滩上那一朵小小的马兰花！用我全部的生命凝聚成那一瞬间的光芒，用它照亮这脚下生我养我的土地，用它照亮这土地上繁衍生息的民族，用它照亮这民族用血与火所浇铸的共和国，还有永不停息的强国梦想！"

马兰花是邓稼先生前特别喜欢的一种花，它开在邓稼先工作的戈壁滩上，生存能力强，根系发达，象征着勤劳勇敢。

学完本章节，我布置的主题作业是：以"马兰花的信仰"为题写一篇文章。

马兰花的信仰

2021 级　袁欣

黄沙万里延绵，劲疾的风卷着一阵阵尘埃，红柳、梭梭在风中艰难地颤抖，它们死命拽着脚下那一点点聚集的沙土，似乎下一秒就要被黄沙掩埋，被狂风卷走。在这样的大漠会有娇嫩的花儿开放吗？瞧吧，她——马兰花在黄沙中伸展开绒紫的花瓣，支出花蕊，蓝格盈盈的花儿和碧盈盈的草叶一齐在风中晃动着。是怎样的奇迹，才能使她不像红柳等植物一样卑微地、灰头土脸地向沙漠乞怜以苟延残喘？她舞动、她盛放，她肆意明艳地生长，不甘做沙漠暴君统治下的奴隶，而要做自己人生的主宰。

有一只手，曾轻轻摘下这一朵马兰花。那是被癌症侵蚀的残躯与蓬勃旺盛的生命之间的相遇，他便是邓稼先。为了一次不成功的核试验，他毅然闯入辐射中心区，用两手捧起了放射源，坠毁碎片的放射性严重侵蚀了他的健康。但他向周围所有人隐瞒了他的健康状况，仍前往大漠核心，在仲夏大漠马兰花海间指导他一生中最后一次核试验。

曾参加过一次生涯规划指导课，我们得从十几种价值观中选出最看重和最轻视的。思考良久，提笔，将"个人价值"和"国家需要"写在最看重的一栏，"身心健康"等在后一栏。友人哑然半晌才戏谑地说："也许只有造原子弹最适合你。"我朦朦胧胧看见一个人的一生：他一心为国，鞠躬尽瘁；他贡献卓越，却隐姓埋名；他积劳成疾仍坚守清贫……脑海中的身影渐渐清晰，与那个历史书上的名字重合——邓稼先。

我暗暗将他作为我的榜样，为国尽忠、舍生取义一类的情怀沸腾在我的胸膛；我坚定地相信，像他一样度过一生定能无怨无悔，生命的价值定会重于泰山。直到我看到关于邓稼先的纪录片。

他对妻子说："我要调动工作了。""去哪儿？""不能说。""什么工作？""不能说。""你给个通信地址，我们通信？""不可以。"极少照相的他去照相馆与一家人拍了合照。在夜深人静时，他久久、久久凝望窗外银白的月光。采访中，他的夫人许鹿希的双眼泛着点点泪光，酸楚悄然弥漫。讲到邓稼先在接触辐射源之后各项生命指标大幅下降，他却强忍着常人不能忍受的痛苦继续工作，他的警卫员湿润了眼眶，哽咽道："他就是——这样一个人。"

我能感觉到心中原本最坚定的信仰像在被轻柔地、缓慢地却不可逆转地，动摇了。那是因为纪录片中人们的沉抑、凝重而小心翼翼不敢外露的悲伤。我不禁又一次思考起那个自亘古就诞生的疑问：

生命的意义到底是什么？

像邓稼先一样为国尽忠至死不渝，为国家的发展、人类的进步奉献自己、燃烧自己。这固然是值得向往的一生啊！可，我没办法忽略心底另外的呐喊：健康、爱情、自由、财利和名望……邓稼先所失去的这一切，不正是很多人终其一生孜孜以求的吗？许多人夸夸其谈生命的乐趣，所有的这些不正是让他们迷醉的吗？马兰花艳丽的紫蓝色又浮现在我的脑海：如果我想同马兰花一样肆意明艳地生长，如果我只想珍惜生命向死而生，如果我饱览大好山川遍尝人间百味只为丰富生命的过程，我是否过于自私自利、胸襟狭窄、只以自我为中心？我是否已经背离了我的初衷？我是否能认清生命的价值？

终于，我明白了，我面对的压根就不是一道二选一的选择题，而是一道一片空白的实践题。

我未来的人生道路仍是一张白纸，等着我亲手去填写。前人的轨迹——或尽忠尽义，或享受当下，并不是我的桎梏，本身也不能成为桎梏。

马兰花确实明艳动人，但她绝不像表面那样娇嫩。她拥有顽强的生命力，坚韧顽强的根系紧紧束缚住土壤，越是艰难的环境越是疯狂地长根，如此才能汲取到水分。她像蓝紫色的火焰烧炙人间，她便是我理想中的模样：既拥有顽强奋斗的精神，为心中所向拼尽全力；又能如活得如夏夜烟火一般绚丽璀璨。

她是新时代的火焰，也是新青年的火焰。前人为祖国鞠躬尽瘁死而后已，且看今朝的马兰花如何迎风开放。

马兰花的信仰

2021级 何果

花，竟是有信仰的吗？

这是 15 岁的我不曾思考过的问题。

在清流课堂上，我第一次认识了马兰花——一种长在戈壁滩上，生存条件极其恶劣的花。它象征着坚贞的爱情，也象征着勤劳、坚韧、勇敢。试想，当你走在一望无际的黄沙世界里，眼前却突然出现一抹亮丽的紫红色，在风中摇曳着、燃烧般热烈地开放着，该会感到多么惊喜与感动啊！能在荒凉的大漠里开出美丽的花朵，这不是信仰，又是什么？

兴许这就是邓稼先喜爱它的原因吧。其实，与其说它是邓稼先最喜欢的花，倒不如说这是最贴近邓稼先灵魂的花。在这两节课之前，我对邓稼先的了解仅限于课本上对他研制出第一颗原子弹的简短描写。那时的我不知道，这简简单单的一句话的背后，承载了多少艰难与辛酸。为了新中国的国防安全，他坚定不移地回到祖国，投身原子弹研制工作，与家人一分别便是几十年。支持他的只有心中那一个清晰而强大的信念：要研制出原子弹，要让中国实现国泰民安。难道他工作不艰辛吗？难道大漠的环境不恶劣吗？难道与家人分离不痛苦吗？但他正是凭着心中的信仰，一直在大漠中坚持努力着。

望着马兰花不屈的身姿，我联想到了自己。初中时，因为学校是新办的，所以整个年级不足 200 人。我在这一方小小的天地里，当惯了最亮眼的那朵花。如果把学习天赋比作土壤与水源，那我的便一直是最优质的，轻轻松松便能开出美丽的花，享受过路人的赞美。但我真的是绝对优秀的吗？我心里知道，并不是。那时的我，把深中当成我的最高目标，需要我不时往高踮踮脚，跳一跳才能够到，我甚至不太敢将考深中的愿望公之于众。没想到，中考时我竟被幸运女神眷顾，在考场上如鱼得水，发挥出了最好的水平，如愿以偿成为一名深中学子。可是，这是远远不够的。走进深中大门，就像跨进了一个姹紫嫣红、百花齐放的大花园。走进来后，我才真切地感受到，原来天外有天、人外有人，比我优秀的人比比皆是。与那些更耀眼夺目的人相比，我就好像是一片大漠了。

可是，荒凉的大漠，也是能开出花的呀！没有肥沃的土壤、优质的水源，那就用自身的努力弥补外在条件的不足。没有必要过分关注那些艳丽绚烂的花朵，只需静下心来，坚信自己，专注于吸收养料与水分，坚守心中的信仰，就像马兰花一样！等到花开那日，过路人当然会赞美美丽的鲜花，难道不会为马兰花的绽放而鼓掌吗？所以，我相信，不是只有最好的条件才能开出花，身处大漠又如何？只要有信仰、肯努力勇敢地生长，就终会到花开的那天。

花，是可以有信仰的。人，也是要有信仰的。我愿做一朵有信仰的马兰花，点亮属于自己的那份色彩。

经典选读：

杨振宁《邓稼先》

> **按**：《邓稼先》是杨振宁写的一篇传记型文章，以中华几千年文化为背景，以近一百多年来民族情结、五十年朋友深情为基调，用饱含感情的语言介绍了一位卓越的科学家、爱国者。

从"任人宰割"到"站起来了"

一百年以前，甲午战争和八国联军时代，恐怕是中华民族五千年历史上最黑暗最悲惨的时代，只举 1898 年为例：

德国强占山东胶州湾，"租借" 99 年。

俄国强占辽宁旅顺大连，"租借" 25 年。

法国强占广东广州湾，"租借" 99 年。

英国强占山东威海卫与香港新界，前者"租借" 25 年，后者"租借" 99 年。

那是中华民族任人宰割的时代，是有亡国灭种的危险的时代。

今天，一个世纪以后，中国人民站起来了。这是千千万万人努力的结果，是许许多多可歌可泣的英雄人物创造出来的伟大胜利。在 20 世纪人类历史上，这可能是最重要的、影响最深远的巨大转变。

对这一转变作出了巨大贡献的，有一位长期以来鲜为人知的科学家：邓稼先。

"两弹"元勋

邓稼先于 1924 年出生在安徽省怀宁县。在北平上完小学和中学以后，于 1945 年自昆明西南联大毕业。1948 年到 1950 年赴美国普渡大学读理论物理，获得博士学位后立即乘船回国，1950 年 10 月到中国科学院工作。1958 年 8 月奉命带领几十个大学毕业生开始研究原子弹制造的理论。

这以后的 28 年间，邓稼先始终站在中国原子武器设计制造和研究的第一线，领导许多学者和技术人员，成功地设计了中国的原子弹和氢弹，把中华民族国防自卫武器引导到了世界先进水平。

1964 年 10 月 16 日中国爆炸了第一颗原子弹。

1967 年 6 月 17 日中国爆炸了第一颗氢弹。

这些日子是中华民族五千年历史上的重要日子，是中华民族完全摆脱任人宰割危机的新生日子！

1967 年以后邓稼先继续他的工作，至死不懈，对国防武器作出了许多新的巨大贡献。

1985 年 8 月邓稼先做了切除直肠癌的手术。次年 3 月又做了第二次手术。在这期间他和于敏联合署名写了一份关于中华人民共和国核武器发展的建议书。1986 年 5 月邓稼先做了第三次手术，7 月 29 日因全身大出血而逝世。

"鞠躬尽瘁，死而后已"正好准确地描述了他的一生。邓稼先是中华民族核武器事业的奠基人和开拓者。张爱萍将军称他为"'两弹'元勋"，他是当之无愧的。

邓稼先与奥本海默

抗战开始以前的一年，1936 年到 1937 年，稼先和我在北平崇德中学同学一年；后来抗战时期在西南联大我们又是同学；以后他在美国留学的两年期间我们曾住同屋。50 年的友谊，亲如兄弟。

1949 年到 1966 年我在普林斯顿高等学术研究所工作，前后 17 年的时间里所长都是物理学家奥本海默。当时，他是美国家喻户晓的人物，因为他曾成功地领导战时美国的原子弹制造工作。高等学术研究所是一个很小的研究所，物理教授最多的时候只有 5 个人，奥本海默是其中之一，所以我和他很熟识。

奥本海默和邓稼先分别是美国和中国原子弹设计的领导人，各是两国的功臣，可是他们的性格和为人却截然不同，甚至可以说他们走向了两个相反的极端。

奥本海默是一个拔尖的人物，锋芒毕露。他二十几岁的时候在德国哥廷根镇做波恩的研究生。波恩在他晚年所写的自传中说研究生奥本海默常常在别人做学术报告时（包括波恩做学术报告时）打断报告，走上讲台拿起粉笔说："这可以用底下的办法做得更好……"我认识奥本海默时他已四十多岁了，已经是妇孺皆知的人物了，打断别人的报告，使演讲者难堪的事仍然时有发生。不过比起以前要少一些。佩服他、仰慕他的人很多，不喜欢他的人也不少。

邓稼先则是一个最不要引人注目的人物。和他谈话几分钟，就看出他是忠厚平实的人。他真诚坦白，从不骄人。他没有小心眼儿，一生喜欢"纯"字所代表的品格。在我所认识的知识分子当中，包括中国人和外国人，他是最有中国农民的朴实气质的人。

我想邓稼先的气质和品格是他所以能成功地领导各阶层许许多多工作者，为中华民族作了历史性贡献的原因：人们知道他没有私心，人们绝对相信他。

"文革"初期，他所在的研究院（九院）和当时全国其他单位一样，成立了两派群众组织，对吵对打。而邓稼先竟有能力说服两派继续工作，于1967年6月成功地制成了氢弹。

1971年，在他和他的同事们被"四人帮"批判围攻的时候，如果别人去和工宣队、军宣队讲理，恐怕要出惨案。而邓稼先去了，竟能说服工宣队、军宣队的队员。这是真正的奇迹。

邓稼先是中国几千年传统文化所孕育出来的有最高奉献精神的儿子。邓稼先是中国共产党的理想党员。我以为邓稼先如果是美国人，不可能成功地领导美国原子弹工程；奥本海默如果是中国人，也不可能成功地领导中国原子弹工程。当初选聘他们的人，钱三强和葛罗夫斯，可谓真正有知人之明，而且对中国社会、美国社会各有深入的认识。

民族感情? 友情?

1971年，我第一次访问中华人民共和国。在北京，见到阔别了22年的稼先。在那以前，也就是1964年中国原子弹试爆以后，美国报章上就已经再三提到稼先是这项事业的重要领导人。与此同时还有一些谣言说，1948年3月去了中国的寒春曾参与中国原子弹工程。

1971年8月，我在北京看到稼先时，避免问他的工作地点，他自己只说"在外地工作"。但我曾问他，寒春是不是参加了中国原子弹工作，像美国谣言所说的那样。他说他觉得没有，但是确切的情况他会再去证实一下，然后告诉我。

1971年8月16日，在我离开上海经巴黎回美国的前夕，上海市领导人在上海大厦请我吃饭。席中有人送了一封信给我，是稼先写的，说他已证实了，中国原子武器工程中，除了最早于1959年底以前曾得到苏联的极少"援助"以外，没有任何外国人参加。

这封短短的信给了我极大的感情震荡。一时热泪满眶，不得不起身去洗手间整容。事后我追想为什么会有那样大的感情震荡，是为了民族而自豪？还是为了稼先而感到骄傲？我始终想不清楚。

"我不能走"

青海、新疆，神秘的古罗布泊，马革裹尸的战场，不知道稼先有没有想起过我们在昆明时一起背诵的《吊古战场文》：

浩浩乎！平沙无垠，夐不见人。河水萦带，群山纠纷。黯兮惨悴，风悲日曛。蓬断草枯，凛若霜晨。鸟飞不下，兽铤亡群。亭长告余曰："此古战场也！常覆三军。往往鬼哭，天阴则闻！"

也不知道稼先在蓬断草枯的沙漠中埋葬同事、埋葬下属的时候是什么心情？

"粗估"参数的时候，要有物理直觉；昼夜不断地筹划计算时，要有数学见地；决定方案时，要有勇进的胆识和稳健的判断。可是理论是否准确永远是一个问题。不知稼先在关键性的方案上签字的时候，手有没有颤抖？

戈壁滩上常常风沙呼啸，气温往往在零下三十多摄氏度。核武器试验时大大小小突发的问题必层出不穷。稼先虽有"福将"之称，意外总是不能完全避免的。1982年，他做了核武器研究院院长以后，一次井下突然有一个信号测不到了，大家十分焦虑，人们劝他回去，他只说了一句话："我不能走。"

假如有一天哪位导演要摄制《邓稼先传》，我要向他建议采用五四时代的一首歌作为背景音乐，那是我儿时从父亲口中学到的：

中国男儿，中国男儿
要将只手撑天空
长江大河，亚洲之东，峨峨昆仑
古今多少奇丈夫
碎首黄尘，燕然勒功，至今热血犹殷红

我父亲诞生于1896年，那是中华民族任人宰割的时代，他一生都喜欢这首歌曲。

永恒的骄傲

稼先逝世以后，在我写给他夫人许鹿希的电报与书信中有下面几段话：

　　稼先为人忠诚纯正，是我最敬爱的挚友。他的无私的精神与巨大的贡献是你的也是我的永恒的骄傲。

　　稼先去世的消息使我想起了他和我半个世纪的友情，我知道我将永远珍惜这些记忆。希望你在此沉痛的日子里多从长远的历史角度去看稼先和你的一生，只有真正永恒的才是有价值的。

　　邓稼先的一生是有方向、有意识地前进的。没有彷徨，没有矛盾。是的，如果稼先再次选择他的人生的话，他仍会走他已走过的道路。这是他的性格与品质。能这样估价自己一生的人不多，我们应为稼先庆幸！

（选自杨振宁著《曙光集》）

扫码收听音频
朗读者：2021级　袁欣

杨振宁

宁拙毋巧，宁朴毋华

宁拙毋巧，宁朴毋华。

——杨振宁为 2022 年感动中国颁奖典礼的题词

解读：

2022 年 3 月 3 日晚，"感动中国 2021 年度人物"揭晓，一个个发光发热的名字书写了中国人的年度精神史诗，杨振宁位列其中。

"感动中国"致杨振宁的颁奖词这样写道：

站在科学和传统的交叉点上，惊才绝艳。你贡献给世界的如此深奥，懂的人不多；你奉献给祖国的如此纯真，我们都明白。曾经，你站在世界的前排；现在，你与国家一起向未来。

颁奖典礼上播放的杨振宁事迹这样写道：

他被公认在凝聚态物理、粒子物理、场论等领域拥有 13 项诺贝尔级别成就；他资助数百名中国学者深造，协助清华建高等研究中心，为中国重大科学工程赤诚谏言……百岁寿辰上，杨振宁深情提到已故同窗好友邓稼先：我懂你"共同途"的意思，我是以后 50 年符合了你的嘱望，我相信你也会满意。

杨振宁为颁奖典礼题写了八个字："宁拙毋巧，宁朴毋华"。受杨振宁委托去现场领奖的他的"关门弟子"翟荟说："这是杨先生一生最喜欢的人生格言，也是他为学与为人向来所遵从的规范。"

"宁拙毋巧"是一种科研态度，一方面是说做科研不要投机取巧，做学问必须诚实；另一方面是说做学问没有捷径可走，必须一步一个脚印。"宁朴毋华"是一种人格修行，与其处事圆滑，不如保持自然质朴；与其张显才智，不如韬光养晦。文以拙进、道以拙成、才以拙长、事以拙兴，抱朴守拙是以为做人的最高境界。

"大智若愚，大巧若拙；大道至简，大象无形。"杨振宁对科学精神和淳朴人格的向往与执着，是我们每个人崇敬的典范和学习的榜样。

课堂实录：

不破楼兰终不还

2019 级　万博岩

> **按**：声情并茂、抑扬顿挫、慷慨激昂，堪比一场单人舞台剧；二十五分钟的情绪积蓄在讲课尾声达到高潮，拍案吟诵"黄沙百战穿金甲，不破楼兰终不还"，并赢得满堂喝彩——这就是万博岩的课堂，截至目前最"戏剧化"的清流讲坛坛主。我想，他的"戏剧化"源自他的自信以及对讲台的尊重和热情，并且也因在清流讲坛上的谈吐魅力和表演张力实力"圈粉"。接下来，我们就一起回顾博岩同学围绕杨振宁故事讲述的精彩内容。

图 1 是历史上拥有物理界超豪华阵容的索尔维会议参会者合影，照片中汇集了普朗克、居里夫人、薛定谔等众位世界著名物理学家，被誉为"人类史上最聪明的大脑集会"，写出质能方程的爱因斯坦处于 C 位。

图 2 也是当今的国际物理会议后的集体合影，与会者都是当今的著名物理学家们，其中有不少在世的大师级人物，而杨振宁在照片中处于 C 位，这在一定程度上说明了杨振宁在当时学术界的声望和地位。

作为补充，我们再看一下其他著名物理学家对杨振宁的评价：默里·盖尔曼曾言，自己"不过是将杨振宁标准模型的 su（2）对称性扩展到 su（3）而已"；米尔斯也多次表示，杨-米尔斯规范对称方程是杨振宁的，自己只是有幸跟着署名。

图 1　1927 年索尔维会议参会者合影

图 2　世界著名物理学家合影

那么，杨振宁究竟是个怎样的人？我们先看一下他的基本介绍：杨振宁，1922 年 10 月 1 日生于安徽合肥，物理学家，香港中文大学博文讲座教授兼理论物理研究所所长，清华大学高等研究院名誉院长、教授，纽约州立大学石溪分校荣休教授、中国科学院院士、美国国家科学院外籍院士、中央研究院院士、香港科学院荣誉院士、俄罗斯科学院院士、英国皇家学会外籍会员。

殊荣背后，有哪些更为丰富的人生经历？他与挚友邓稼先之间有哪些故事？请听我一一道来。

两个人，两条路

杨振宁祖籍安徽肥西县，生于 1922 年；邓稼先是安徽怀宁人，生于 1924 年，杨振宁比邓稼先大两岁。

1941 年，邓稼先考取国立西南联合大学，攻读物理系。此时杨振宁已是西南联大三年级的学生。邓稼先在数学、物理等方面得到了杨振宁的具体指导，邓稼先对其姐说："振宁兄是我的课外老师。"邓老的夫人许鹿希也曾经说过："他们之间的情义堪比战友和亲兄弟。"

1945 年，抗日战争胜利后不久，杨振宁考入美国芝加哥大学物理系，攻读博士学位。1946 年，22 岁的邓稼先毕业后，被北京大学物理系聘为助教，次年考取留美研究生。1948 年，杨振宁获芝加哥大学博士学位，次年进入普林斯顿高等研究院进行博士后研究工作，同年与恩利克·费米合作，提出基本粒子第一个复合模型。

1950 年，邓稼先与留学美国的 100 多名学者一起，历尽艰辛，奔向新中国的怀抱。从此，邓稼先便和在美国的杨振宁天各一方，长时间失去了联系。1954 年，杨振宁和米尔斯提出非阿贝尔规范场的理论结构。1957 年，杨振宁和李政道因共同提出宇称不守恒理论而获得诺贝尔物理学奖。

1958 年秋，钱三强找到邓稼先，让他秘密参加中国第一颗原子弹的研制工作。1964年，中国第一颗原子弹试验成功；同年，杨振宁加入美籍，成为美国公民，并应香港中文大学的邀请在新建成的香港大会堂发表演讲，轰动一时。1967 年，中国第一颗氢弹在罗布泊上空爆响。

杨振宁与邓稼先，出身如此相似的两人最终走向了不同道路。邓稼先在祖国发展，杨振宁在海外发展，他们都取得了十分卓越的成就。

新中国成立初期，国际上彷徨踌躇，国内更是一穷二白——"1949 年开国大典用的国旗旗杆，实际上是 4 根自来水管一节一节套起来的"。在当时的条件下，中国的科研水平和条件都不如别人，邓稼先站出来证明了一个事实：中国人自己也可以造原子弹；与此同时，杨振宁也站出来阐明了一个道理：中国人也可以获得诺贝尔奖。

杨振宁是最早获得诺贝尔奖的华人，对于中国人来说，这件事的意义绝不亚于中国第一颗原子弹爆炸！所以，这给中国人带来的精神冲击是前所未有的，是中国年轻一代科学人信心的基础性支撑。杨振宁自己也曾多次在许多场合表示，他取得诺贝尔奖的最大意义，就是帮助中国人克服了觉得自己不如人的心理。

杨振宁用几十年时间让中国理论物理水准达到世界前沿；为清华、复旦、南开等大学争取到巨额科研经费，以清华的名义发表 SCI 论文数十篇，个人捐献 600 万美元给清华；1971 年中美关系缓和之后，他是第一位回国探访的华裔科学家，为中美建交、人才交流、科技合作做出了卓越贡献。

令我印象最深刻的是，他以八九十岁高龄亲自站在教学第一线，为清华本科班的学生讲授物理课，尤其是杨振宁给大一的学生上物理课。这样的一个教授过程给学生的提升想必一定是非常巨大的，这种示范力量是无穷的。

如此一个不仅为中国还为人类做贡献的人本应得到我们的赞许和敬仰，可网络上有些人却对他产生了偏见。那么，我就以我自己的看法来为他正名，以及阐述一下我自己对他所做的选择的看法，也就是下面的"红与黑"。

红与黑

关于归国

当年杨振宁有过回国的念头，但是经过慎重考虑后，他还是选择了继续留在美国搞科研。邓稼先是做应用物理研究的，他的研究成果可以直接用于造原子弹、火箭、导弹等，是当时的中国所迫切需要的。但是杨振宁不一样，他是搞理论物理研究的，他利用美国的科研条件做更高层次的探索，可以取得相对更大的成就。此时若是回国，许多研究项目只能中止，况且他的研究成果在当时的中国很难马上发光发热。换句话讲，杨振宁回到中国大概率也不会造原子弹。而他在美国，利用美国先进的实验室和充沛的资金，去研究对人类更有意义的物理学不是一件坏事儿。

关于诺贝尔奖

有人说杨振宁是"以美国人的身份获得诺贝尔奖"，这完全是错误的。我们来看看，杨振宁获得诺贝尔奖是什么时候？1957年。加入美国国籍是什么时候？1964年。也就是说，他在成为美国公民之前就获得了诺贝尔物理学奖，所以他是以中国人的身份获的奖。

关于爱情与婚姻

杨振宁选择娶谁，这是他自己的选择，他的私生活别人无权去评头论足。其实这种双方年龄相差很大结婚的例子不少，只不过因为杨振宁的名气太大，他的事情便会被无限放大。婚姻是否美满，只在于两人自己的感觉，别人是无从判断的。记得杨、翁二人曾接受杨澜采访，那天杨澜问了杨振宁一个很尖锐的问题："如果没有遇到翁帆，你是否仍然会再婚？"杨振宁没有说漂亮话，他诚实地说："我这个人不能忍受孤独。如果没有翁帆，我可能也会再婚。"但他接下来话锋一转，说遇到翁帆是自己的幸运，翁帆是最好的。如此回答自然是不够"漂亮"，但杨振宁的单纯和真诚反而赢得了人们更多的信任。真诚，这就是杨振宁和翁帆爱情的基础。

如今，杨振宁先生年事已高，却依然活跃在中国物理领域的教育工作上，每年都要进行许多场前沿物理学讲座和辅导。对杨老先生而言，不战斗到生命的最后一刻他是不会罢休的。他热爱宇宙，迷恋物理，教书育人。"春蚕到死丝方尽，蜡炬成灰泪始干。"或许对他而言，那颗聪明绝顶的大脑里早已只在乎头顶的星空，只在乎心中的祖国，而不在乎世间的庸俗了。

而我所坚信的是，无论诸君今后是选择留在国内发展还是出国留学，都不要惧怕所谓流言蜚语，做好我们的科研或是学习，为中国乃至人类整体做出创造性的贡献，到那时，方才是人类群星闪耀时！

最后，请允许我以一首诗来做结尾：

从军行七首·其四

[唐] 王昌龄

青海长云暗雪山，孤城遥望玉门关。
黄沙百战穿金甲，不破楼兰终不还。

拓展思考：

同样天才，不同人生，殊途同归

杨振宁和邓稼先早期以及留学海外的经历具有高度的相似性，几乎是走在同一条人生轨迹上——他们是同乡，同出生于安徽，都经历过抗战流亡，是高中和西南联大的同学，拥有着跨越半个世纪的友情。而且，这样的友谊可以追溯到他们的父辈，杨振宁的父亲杨武之从美国留学回国后，在清华大学任教。邓稼先的父亲邓以蛰曾留学日本、美国，归国后先后受聘于北京大学、清华大学，任哲学系教授。邓以蛰和杨武之既是同乡又是同事，两人经历大致相同，志趣相投，因而交情甚笃，常来常往。两位父亲的友谊也延续到了他们的孩子身上，这与梁思成和林徽因结识的经历非常相似。

杨振宁和邓稼先人生轨迹的分水岭，是在他们美国留学毕业之后：杨振宁选择在美国继续进行博士后研究，而邓稼先拿到博士学位的第九天就毅然选择回国，回到当时一穷二白的中国。或许他们还有更多不为人知的难言之隐，或许他们只是选择了最适合自己的科研道路：邓稼先希望通过自己的努力让中国的核事业在世界舞台站稳脚跟，而杨振宁希望通过自己的努力将人类的物理学再向前推进一步。

以发展的眼光，我们看看 1971 年后杨振宁做过哪些事情——

1971 年，美籍知名学者访问新中国的第一人。

1975 年，向周恩来建议加强科普工作，并建议引进《科学美国人》中文版版权，成为改革开放后我国第一本版权合作的期刊，即《环球科学》前身。

1977 年，创办"全美华人协会"，任会长，促进中美关系。同年，成立"全美华人促进美中邦交正常化委员会"，自费 8000 美元在《纽约时报》上整版刊登"致美国卡特总统公开信"，敦促两国建交。

1978 年 3 月，在其与李政道的共同倡导下，中科大创建首期少年班，开启中国最早的拔尖创新人才早期识别与培养之路。

1979 年，邓小平访美与美国总统卡特签约建交，杨振宁代表全美华人协会和全美各界华人在欢迎邓小平夫妇宴会上致辞。

1980 年，在纽约州立大学石溪分校发起成立"与中国学术交流委员会"，资助中国学者去该校进修。

1981 年，在纽约州立大学石溪分校设立 CEEC 奖金，从美国和香港募集资金，专门支持中国学者到石溪分校做访问学者。

1982 年，出任香港中文大学物理系荣誉讲座教授。

1983 年，向邓小平建议，"搞软件 15～18 岁较有利"。由此，科大少年班设立了计算机软件专业。

1985 年，倡议建立亿利达青少年发明奖，促成了"吴健雄物理奖""陈省身数学奖""陈嘉庚青少年发明奖"等多个奖项。

…………

2001 年，杨振宁在接受《中国新闻周刊》采访时说："我以为，我得诺奖最大的作用，就是改变了长久以来，中国人自己觉得不如人的心理。"而类似的话，早在 1957 年的诺贝尔奖贺宴上，杨振宁就说过："假如今天有人问我：'你觉得你这一生最重要的贡献是什么？'我会说，我这一生最重要的贡献就是，改变了中国人自觉不如人的心理作用。"

2003 年，杨振宁回国定居于清华园，并将自己的住所命名为"归根居"，归的正是中国文化的根。他不顾年事已高，仍然亲自上阵，深入教学一线为大学生上物理课。而且，在 2001 年 7 月《百家讲坛》首播时，第一期主讲嘉宾就是杨振宁。

2019 年 5 月，著名经济学家张五常说："在中国的悠久历史上，算得上是科学天才的有一个杨振宁，算得上是商业天才的有一个任正非。其他的天才虽然无数，但恐怕不容易打进史书去。"科普作家卓克也说过这样一段话："不是每一代人，都有机会和这样一位伟大的科学家，生活在同一时代。能和杨振宁生活在同一时代，是我们这代人的幸运。这种幸运，当然不应该被忽视和辜负。"

2021 年 9 月 22 日，习近平总书记委托教育部负责同志到清华大学看望杨振宁，代表习总书记赠送花篮，转达习总书记对杨振宁百岁生日的祝福，祝愿他健康长寿。在百岁诞辰庆典上，杨振宁发表致辞，讲的内容只围绕一个人：邓稼先。他这样深情回忆：他最重要也是最亲近的朋友邓稼先，1971 年给他写了一封信，主要说了两件事情，第一件事是告诉他，"没有外国人参加中国原子弹的制造，除了在最先的时候略微有一些苏联人的帮助，后来基本上是中国人自己做的"。第二件事是邓稼先说了一个期望：

信的最后他给了我一个期望，是"但愿人长久"，他把"千里共婵娟"改了一下，改成了"千里共同途"，当时我没有看懂这句话，不明白"千里共同途"是什么意思。后来想了想，知道这是一个很深的意思。如今五十年过去了，我可以跟邓稼先说：稼先，我懂你"共同途"的意思，我可以很自信地跟你说，我这五十年是符合你"共同途"嘱望的，我相信你也会满意的。

邓稼先和杨振宁虽然走过了不同的道路，拥有着不同的人生，但是在爱国、报国的追求和实现上，他们最终是殊途同归的。

主题作业：

杨振宁与邓稼先不同的学术选择引发哪些思考？

未选择的路

2018 级　陈镇宇

无穷的远方，无数的人们，都与我有关。

——鲁迅

虽然我在题记中引用了鲁迅先生的话，但我并不是要写他，而是想为一位和鲁迅一样伟大的科学家抱不平，那就是杨振宁。

杨振宁最重要的一位挚友是邓稼先，他生于 1924 年 6 月 25 日，17 岁时考上西南联大物理系。1950 年 8 月 20 日，在美国普渡大学拿到博士学位。九日后，邓稼先毅然决然地放弃在美国的优厚待遇，回到中国。1957 年，邓稼先被秘密调去研究核事业，一去便是 28 年。1986 年 7 月 29 日，卒于北京，死因是核辐射导致的直肠癌。

几分钟便可了解邓稼先的一生，可他对中国发展的贡献却能造福世世代代的人民。毫无疑问，邓稼先是一位民族英雄：满腔热血、家国情怀、视死如归。或许《正气歌》中"时穷节乃见，一一垂丹青"正是形容邓稼先这样的人物吧。

鲁迅弃医从文唤醒麻木的国人，邓稼先弃美归国振兴祖国。正如题记写的那样，无穷的远方，无数的人们，都与邓稼先有关。

2000年《自然》评选了人类过去千年以来最伟大的物理学家，总共只有20多人上榜，杨振宁赫然在列。美国物理学家、诺贝尔奖获得者赛格瑞（E.Segre）推崇杨振宁是"全世界几十年来可以算为全才的三个理论物理学家之一"，其他两位是爱因斯坦和费米。他不仅获得了诺贝尔奖，其他荣誉更是不可胜数。这样伟大而又传奇的人物应该被我们所敬重。

邓稼先主攻原子核事业，能够马上为祖国做出贡献，解决中国在核弹研发方面的燃眉之急；而杨振宁研究的是前沿物理、高能物理，对于当时的祖国的帮助不大。况且客观来说，美国当时的科研条件远远优于中国。就我个人主观而言，恐怕杨振宁回到中国后，也难以有巨大的贡献。

抛开这一点不谈，至少杨振宁从来没有抛弃过中国，哪怕身在美国，也尽心尽力地帮助中国科研的发展。我引用一段资料：当时中国的经济很困难，杨振宁的捐款极大地改善了国内一些物理实验室的教学设备。后来杨先生返回国内，清华大学一年给他的教授聘金约合13万美元，这比美国科学院开给杨振宁的工资要低很多。然而即便是这些工资，杨先生也都将它全部捐赠了。此外，杨振宁在国内的学术讲座和实验室建设指导全部都是义务劳动，没有向任何人索要报酬。

杨振宁加入美籍后，借助自己在学界的影响和人脉，积极地为在美华人谋取福利，说服各种学术组织帮助中国科学家交流与学习，为中国科研的发展敞开大门。在我看来，即使杨振宁没有像邓稼先那样为国捐躯，可他对中国的贡献绝对不可小觑。

邓稼先选择了归国的路，杨振宁选择了留美的路。但他们对于中国的贡献，可谓是殊途同归。他们的行为，也都能说得上"无穷的远方，无数的人们，都与我有关"。

我不清楚用"未选择的路"作为标题是否合适，我也仅是想写下这篇文章来表达我对两位不同路上的伟人的敬重。

补充材料：

未选择的路

［美］罗伯特·弗洛斯特

顾子欣　译

黄色的树林里分出两条路，

可惜我不能同时去涉足，

我在那路口久久伫立，
我向着一条路极目望去，
直到它消失在丛林的深处。

但我却选了另外一条路，
它荒草萋萋，十分幽寂，
显得更诱人、更美丽，
虽然在这条小路上，
都很少留下旅人的足迹，
虽然那天清晨落叶满地，
两条路都未经脚印污染。

呵，留下一条路等改日再见！
但我知道路径延绵无尽头，
恐怕我难以再回返。

也许多少年后在某个地方，
我将轻声叹息把往事回顾，
一片树林里分出两条路，
而我选了人迹更少的一条，
因此走出了这迥异的旅途。

（选自外国文学出版社《外国诗 2》）

经典选读：

杨振宁《曙光集·前言》和《谈人才培养》

曙光集·前言

1918 年钱玄同写信请鲁迅（1881—1936）为《新青年》杂志写稿，鲁迅回答说：

假如一间铁屋子，是绝无窗户而万难破毁的，里面有许多熟睡的人们，不久都要闷死了，然而是从昏睡入死灭，并不感到就死的悲哀。现在你大嚷起来，惊醒了较为清醒的几个人，使这不幸的少数者来受无可挽救的临终的苦楚，你倒以为对得起他们么？

可是后来鲁迅还是写了，写了有名的《狂人日记》，署名"鲁迅"。

那是五四年代，是提倡"赛先生"和"德先生"的年代。我正是出生于那个年代。

1927年6月2日上午王国维（1877—1927）离开清华园西院18号住宅，坐人力车到颐和园，在鱼藻轩投水而死。遗嘱说：

五十之年，只欠一死，经此世变，义无再辱。

后来陈寅恪（1890—1969）在《王观堂先生挽词》中说：

凡一种文化值衰落之时，为此文化所化之人必感苦痛，其表现此文化之程量愈宏，则其所受之苦痛亦愈甚；迨既达极深之度，殆非出于自杀无以求一己之心安而义尽也。

1929年10月我随父母亲搬入清华园西院19号居住，那时我七岁。后来听到王国维自杀的传闻，记得曾和同班同学熊秉明、郑士京在18号门前徘徊；曾到颐和园看水边的石碑："海宁王静安先生殉国处"；也曾诵读清华园工字厅东南小土坡下的王静安先生纪念碑。

1938年夏，清华、北大及南开三校迁到昆明，成立抗战时期的西南联大。由于校舍未造好，文法学院暂迁蒙自。陈寅恪到蒙自后作了一首诗：

南湖即景

景物居然似旧京，荷花海子忆升平。
桥边鬓影还明灭，楼外歌声杂醉醒。
南渡自应思往事，北归端恐待来生。
黄河难塞黄金尽，日暮人间几万程。

那时我是联大一年级学生。

鲁迅、王国维和陈寅恪的时代是中华民族史上一个长夜。我和联大同学们就成长于此似无止尽的长夜中。

幸运地，中华民族终于走完了这个长夜，看见了曙光。我今年八十五岁，看不到天大亮了。翁帆答应替我看到，会验证冯友兰在《西南联大纪念碑碑文》中的一段话：

我国家以世界之古国，居东亚之天府，本应绍汉唐之遗烈，作并世之先进。将来建国完成，必于世界历史，居独特之地位。盖并世列强，虽新而不古；希腊、罗马，有古而无今。惟我国家，亘古亘今，亦新亦旧，斯所谓"周虽旧邦，其命维新"者也。

杨振宁

2007 年 12 月于香港中文大学

（选自杨振宁著《曙光集》）

扫码收听音频
朗读者：2019 级　万博岩

谈人才培养
——在美国与《光明日报》记者的谈话（1982 年 4 月）

中国很快可以赶上来

杨先生说，他最近一直在考虑一个问题：到底是什么原因，近代科学没有在中国开始？英国的李约瑟在《中国科学技术史》一书中曾对这个问题进行过探讨，但是仍没有定论。一直到明朝初年，中国科技的发展在多方面超过西洋。可是，到了明朝末年，已经落后了。19 世纪末、20 世纪初，由于中国科技落后，致使有些人丧失了自信心。有人甚至认为中国人不如西洋人聪明，当然今天有这种想法的人可能绝无仅有了。其实大家都知道，无论古代、近代还是现代，中国人在科技上人才辈出，是作出过很大贡献的。

杨先生停顿了一下，讲起一个故事。他说他父亲杨武之先生是1923年到美国留学的，他考的是安徽省的数学公费生。当时有一道考题是 $\sin(A+B) = \sin A\cos B + \cos A\sin B$，这是一般中学生做的题目，可见当时国内教育水平之低。他父亲一辈的人到了美国后，学习上要拼命赶才能跟上人家。他们回国后，培养了下一代的人才，就是华罗庚、陈省身那一辈人。这批人到外国留学时，学习上已经很从容了。再下一辈就是他这一代人了。他回忆在西南联大读书的时候，马仕俊先生刚从英国留学回来，在西南联大讲"场论"，他去听了那门课。后来，他到芝加哥留学时，发现他对"场论"的知识比当时学校里教授都多。

杨教授是1945年离开国内的。那年在昆明召开中国物理学会，参加的不过数十人。1971年，他第一次回国，看到新中国已经培养出了成千上万的物理学者，在物理学的每一个领域中都造就了不少人才。这是他没有预料到的发展。这说明，只要少走弯路，中国的科技水平是很快可以赶上来的。

要重视会动手的人

说到这里，杨先生若有所思地笑着说："像我这样有了点名气的人，也有不好的影响。在国内有许多青年人都希望搞我这行。但是，像我这样的人，中国目前不是急需。要增加中国的社会生产力，需要的是很多会动手的人。这又使我想到国内目前的考试制度。由于每年入大学的高中毕业生只有百分之四五，竞争很激烈。用现在这样的考试方法录取大学生，带来的一个问题是会动手的人往往吃亏。我接触到很多第一流的物理学家，他们很能动脑筋，很会做实验，却不善于应付各种考试。如果光凭考试取人，这些人才就可能被埋没。一个人会动手，也是宝贵的长处，经过学习，加上一定的机遇，就有可能成为中国最需要的搞实验的人才。如何想办法不浪费这样的人才是个很重要、很紧迫的问题。"

要兼顾两方面的因素

杨先生说，高等教育的成功在于使每个人的最大能力和创造性得到充分的开发。在学校里，学生要念什么专业，应该兼顾到两方面的因素：外在因素（如国家的需要和学校的条件）和内在因素（本人的兴趣和才能）。但目前的体制对内在的因素考虑不够，这是不利于科技的发展的。不注意个人的兴趣和才能，不容易培养出有创造性，有独立见解，有做开拓工作的能力的人才。

要扩展视野

杨振宁教授在物理学上的贡献是多方面的。但是，除了物理，杨先生对历史、诗词、摄影等也颇有研究。一位美国教授开玩笑地说："杨先生知道很多他不该知道的东西。"对杨先生的博学多才十分钦佩。杨先生很早就注意发展多方面的兴趣，接触各科知识，多注意与现象有关的问题。他也经常教导中国留学人员，要把视野像天线一样放开，发现了新东西就要一下抓住，吸收为自己的学问。他鼓励他们坚持去听自己专业以外的各种通俗讲座和学术座谈，他说："听不懂没关系，硬着头皮去听。在基本不懂的情况下争取从中抓住能学到的东西。"杨先生认为，中国的高等教育使学生向专的方向发展，有好处，也有不足之处。太专了，不容易鼓励学生向科学技术和工农业生产中活跃的领域去发展。

（本文作者为《光明日报》记者萨福康，原载 1982 年 6 月 26 日《光明日报》，此处略有删节）

（选自杨振宁著、张奠宙编选《杨振宁文集：传记、演讲、随笔》）

扫码收听音频
朗读者：刘晓慧

映鉴

第五辑

唯美爱情

蒹葭苍苍，白露为霜，所谓伊人，在水一方。

——《诗经》

"我一辈子走过许多地方的路，行过许多地方的桥，看过许多次数的云，喝过许多种类的酒，却只爱过一个正当年龄的人。"这是沈从文笔下流露的对唯美爱情的追求与执着。患难考验真情，动荡年代有很多牵动人心的爱情故事：林徽因和梁思成夫妇在战火中依然步履不停、笔耕不辍，为中国的建筑学事业奠基；钱锺书和杨绛一见倾心，锦瑟齐鸣，相濡以沫，成就了一段学术伉俪的佳话。

本辑虽以爱情为主题，但并不以讲述爱情故事为主，而是以林徽因、钱锺书的人生轨迹为讲述主线，同时融入各自唯美的爱情故事。

林徽因

你是人间的四月天

我说你是人间的四月天；

笑响点亮了四面风；

轻灵在春的光艳中交舞着变。

你是四月早天里的云烟，

黄昏吹着风的软，

星子在无意中闪，细雨点洒在花前。

那轻，那娉婷你是，

鲜妍百花的冠冕你戴着，

你是天真，庄严，你是夜夜的月圆。

雪化后那片鹅黄，你像；

新鲜初放芽的绿，你是；

柔嫩喜悦水光浮动着你梦期待中白莲。

你是一树一树的花开，

是燕在梁间呢喃，——你是爱，是暖，

是希望，你是人间的四月天！

——林徽因《你是人间的四月天——一句爱的赞颂》

134

解读：

林徽因是我最喜欢的一位女诗人，原因在于，她不仅是一位诗人，还是中国第一位女性建筑学家，所以在她身上，你不仅可以看到感性和理性的完美结合，而且能深刻感受到她温婉外表下的刚韧品格与爱国热忱。1926 年，林徽因在美国留学时，当地《蒙大拿报》对她有一篇题为"中国女孩致力拯救祖国艺术"（Chinese Girl Dedicates Self to Save Art of Her Country）的报道，文章中这样写道：这位中国女孩告诉记者，等我回到中国，我要带回什么是东西方碰撞的真正含义。令人沮丧的是，在所谓的"和世界接轨"的口号下，我们自己国家独创的原创艺术正在被践踏。应该有一场运动，去向中国人展示，西方人在艺术、文学、音乐、戏剧上的成就，但是绝不是要以此去取代我们自己的东西。

我们再说回这首诗，关于《你是人间的四月天》是林徽因为谁而作，历来有两种说法：一是为悼念徐志摩而作；二是为她小儿子的出生而作。我认为，后者的可能性更大，因为诗中好几处都表达了对新生命的希望和喜悦。

又或者，这首诗就是林徽因触景生情，为自己而作，也未尝没有可能。

不论为谁而作，就其诗本身而言，它的意境是美轮美奂的。它是"隐喻"的典型之作，尤其是标题这句"你是人间的四月天"——我们从未想过可以建立联系的"你"和"四月天"在这里相遇，并发生了奇妙的化学反应，生成了各种各样叫作"美好"的新物质。与这句唯美的"你是一树一树的花开"类似，冯唐有首诗也传递了扑面而来的暖意和韵味：

> 春水初生，
> 春林初盛，
> 春风十里，不如你。
>
> ——冯唐《春》

生活中隐喻无处不在，而且隐喻式的表达是丰富的、诗意的，好似可以温柔地给人一记重拳。再举个例子：

> 命运是残酷的，人类又是可怜可叹的。生活在这样的一个世界里，一个拥有丰富内在的人，就像在冬月的晚上，在漫天冰雪当中拥有一间明亮、温暖、愉快的圣诞小屋。因此，能够拥有了优越、丰富的个性，尤其是深邃的精神思想，无疑就是在这地球上得到的最大幸运，尽管命运的发展结果不一定至为辉煌灿烂。
>
> ——叔本华《人生的智慧》

叔本华在这里将一个人的丰富内在喻为"在漫天冰雪当中的一间明亮、温暖、愉快的圣诞小屋",这个比喻既让人感觉疏远陌生,细品来又会发现毫无违和感,甚至觉得再贴切不过,并在读罢之后对其印象尤为深刻,这就是隐喻的力量。

课堂实录:

林徽因与梁思成

梁思成、林徽因,一对学者伉俪,虽然离去多年,但人们依旧传说着他们不同寻常的家世学识,传说着她的美丽、才华、爱情,传说着他半个世纪前对一座古城的痴迷和眷恋。

关于梁思成和林徽因,我先给大家推荐一部央视的八集电视纪录片:《梁思成·林徽因》,豆瓣评分高达 9.4。它以鸿篇巨作的形式展示了在社会发展、国家变革以及世界动荡的大背景下,中国知识分子是如何进行命运抉择的。正如纪录片的介绍所说:"《梁思成·林徽因》讲述了大时代背景下跌宕起伏的个人命运:一对著名夫妇的人生轨迹和中国近现代的激荡史密切交织。这个故事所蕴含的精神气质,是我们追索和展现这一传奇故事的动因。"

纪录片《梁思成·林徽因》以梁、林夫妇的人生轨迹为线索,一共分为八个主题:父亲、天书、佛光、流亡、惨胜、荣耀、选择和古城,这也是我们接下来展开讲述所围绕的八个关键词。

父亲

梁思成的父亲梁启超、林徽因的父亲林长民,他们两位是饱受中国传统文化熏染的士子,在走向世界、拥抱西学后,以自己的见识和眼光,试图建设一个全新的宪政国家,同时,还期望培养中西合璧的全新的儿女。两位父亲当时在政坛都是举足轻重的人物,他们由于政见一致成了好朋友,而现在更为我们熟知的是梁启超。

梁启超晚年定居天津著书讲学,将自己的寓所命名为"饮冰室",所以他有一个别号叫"饮冰室主人"。"饮冰"出自《庄子·人间世》:"今吾朝受命而夕饮冰,我其内热与?"这句话的意思是:早上接受国君诏命,晚上喝冰水才能压制住我内心的热血沸腾和焦躁忧虑。梁启超曾受到光绪皇帝接见,临危受命,变法维新,虽未成功,但"饮冰"二字,流露出梁启超一直到晚年都浇不灭的满腔热忱和家国情怀。

同时,梁启超还曾是清华国学研究院四大导师之一,其余三位导师分别是陈寅恪、王国维和赵元任。关于梁启超对学问的见解，我特别推荐《学问之趣味》这篇文章，文中有段话是这样的："我也并不是要人人都做李、杜，要各人自审其性之所近何如，人人发挥其个性之特长……"王尔德有句名言："做你自己，因为别人都有人做了。"的确，优秀没有模板，每个人能尽显所长，成为最好的自己，正是个人价值的体现。

也许，正是由于在这样的价值观的熏染下，梁启超的九个子女各有所长，个个成才，常为人称道"一门三院士，九子皆才俊"——长女思顺：诗词研究专家；长子思成：著名建筑学家、"中央研究院"院士；次子思永：著名考古学家、"中央研究院"院士；三子思忠：西点军校毕业，参与淞沪抗战；次女思庄：北京大学图书馆副馆长、著名图书馆学家；四子思达：经济学家，著有《中国近代经济史》；三女思懿：著名社会活动家；四女思宁：早年就读南开大学，后奔赴新四军参加革命；五子思礼：火箭控制系统专家、中科院院士。

如果家中儿女有一个成才是偶然的话，那么个个成才一定有优秀的家庭教育之功劳。也正因为此，除了变法领袖、国学导师的身份，梁启超最为人们赞赏的是他作为父亲的教子有方。每当孩子们面临事业选择、感情波折、人生困顿之时，梁启超总是会最及时地将自己的人生感悟用最温婉的方式传递给孩子。梁家儿女是如此幸运，他们有这样一位至性至情的父亲，为儿女们留下了世间最宝贵的财富——人格的力量。

天书

"天书"指的是《营造法式》，是梁思成和林徽因在美国留学的时候，梁启超寄给他们的一本书。

《营造法式》是一本怎样的书呢？简单来讲，它是由北宋官员李诫编著的关于古代房屋建筑设计的说明书和操作手册。在我国古代，建造房屋等土木工程活动，被统称为"营建""营造"，所以建屋盖房的方式方法被称作"营造法式"。

营造之术历来被视为"匠人之术"，施工要诀仅凭师徒口耳相传，罕有文字记载，所以这本《营造法式》就显得格外珍贵，梁思成将其视若珍宝，也是为了纪念这本书的作者，他后来将儿子取名为梁从诫。但激动的同时还有一点令他很苦恼：由于书中的很多术语完全看不懂，因此在当时像"天书"一样难以理解。

然而，正是在《营造法式》这部"天书"的指引下，梁思成对中国建筑史开始感兴趣。梁、林二人在美国学习西方建筑史的时候发现，西方各个时期的建筑都会被严谨地整理记录，有条不紊，可以追溯各个时期建筑的起源；而中国有漫长的建筑历史，却没有产生自己的建筑学和建筑教育，中国有高度的古代文明，却迟迟没有产生科学的知识体系。

这是什么原因造成的呢？很大程度上，是观念上的不重视。在中国漫长的历史中，皇朝更迭，成王败寇，两千年来历朝历代的成功者，常常效法项王，咸阳宫室，火三月不灭（"戍卒叫，函谷举，楚人一炬，可怜焦土！"《阿房宫赋》），以逞威风，破坏殊甚，更鲜有总结和梳理前朝的建筑历史。也是因为历史的局限性，那个时候的统治者对文化传承没有足够的认识和重视。

因此，在读大学时期，梁、林二人就深刻意识到自己身上的使命：从头开始，研究中国的建筑历史，创建中国自己的建筑学体系。也正基于此，他们在面临事业抉择的时候，做出了异于他人的选择——

1928 年，梁思成和林徽因学成归国，先是在东北大学任职，创立了中国现代教育史上第一个建筑学系。日本侵占中国东北后，有两条路摆在他们面前：一条路是加入中国南北两个著名的建筑工程事务所：基泰和华盖（基本都是由留美学生创办，薪酬非常高）；另一条路就是加盟一个在中华教育基金以及朱启钤个人资助下，以专门研究中国建筑为宗旨的私人研究机构——中国营造学社。

梁、林二人拒绝了高薪，选择了后者——加入中国营造学社。

佛光

加入中国营造学社之后，从 1932 年到 1937 年仅六年间，梁思成和林徽因的足迹遍及河北、山西、陕西等地，留下了一系列研究中国建筑的科学完备的稀世珍宝。

1937 年，梁林迎来了他们人生道路上最辉煌的一刻：发现了梦寐以求的唐代木构建筑——五台山佛光寺。

为什么将这件事称作"最辉煌的一刻"？因为在发现五台山佛光寺之前，19 世纪 30 年代初，几个日本学者在对中国的古建筑进行走访调查后，曾得意扬扬地得出结论：中国已经不可能找到唐代时期的木构建筑，并以嘲讽的口气说：要想看到中国唐代的木构建筑，只能去日本的京都、奈良。因此，五台山佛光寺发现的历史意义和价值不可估量。

而且更重要的是，五台山佛光寺是一个纯木质结构，像这样的纯木质结构，经历千百年的风霜雨雪、日晒雨淋，依然屹立不倒、保存完好，实在是一个难以想象的奇迹。纯木质结构的五台山佛光寺，没有钢筋水泥，甚至没有螺丝钉，仅仅靠木头的凹凸咬合加固——这种结构方式叫作"榫卯"，凸的部分叫榫、凹的部分叫卯，体现了中国古老的文化和智慧。

梁思成在《记五台山佛光寺的建筑》一文中这样写道："这不但是我们多年来实地踏查所得的唯一唐代木构殿宇，不但是国内古建筑之第一块宝，也是我国封建文化遗产中，最可珍贵的一件东西。佛殿建筑物，本身已经是一座唐构，乃更在殿内蕴藏着唐代原有的塑像、绘画和墨迹。四种艺术萃聚在一处，在实物遗迹中诚然是件奇珍。"

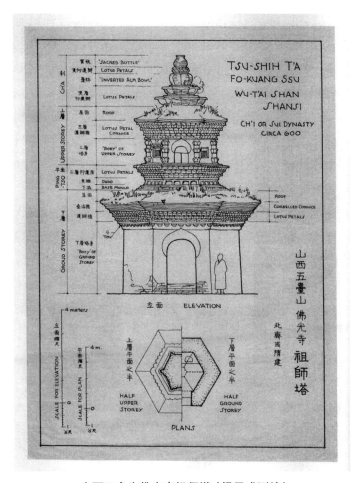

山西五台山佛光寺祖师塔（梁思成测绘）

然而，也正是从这一天开始，他们的命运开始逆转。

流亡

在他们发现五台山佛光寺的同一年，也就是 1937 年，"七七事变"爆发，揭开了全面抗日战争的序幕。当年 9 月，梁思成、林徽因一家踏上了战争逃亡之路。

他们一开始选择了和西南联大共进退——1937 年 10 月来到长沙，北大、清华和南开在这里组建了长沙临时大学；长沙沦陷后，又动身前往昆明，成立了西南联大。在兵荒马乱的年代，流亡的艰辛可想而知。当他们跟随大部队从长沙前往昆明路途中，林徽因由于肺炎爆发，高烧不退，行程中断。

他们的女儿梁再冰是这么回忆的："那天的事我还记得很清楚，我们就把铺盖卷放在地上，放在大街上，我跟我弟弟、我外婆都坐在铺盖卷上，我父亲、母亲就去找旅馆。结果旅馆全住满了，一间空的也没有，而我母亲已经开始发烧了，怎么办呢？就在这个时候，他（梁思成）忽然听到旅馆有非常优美的小提琴的声音，他觉得很奇怪，怎么这个地方有西方音乐，这个地方怎么会有人拉小提琴拉得这么好。"

原来，这里住着前往昆明航空学校的年轻学员，他们中有几个是梁思成的广东小同乡。当晚，他们为逃难中的梁家挤出了一块栖身之地。他们很多人后来都在空战中牺牲。林徽因在 1940 年写给费正清夫妇的信中说："这些年轻的男孩勇敢无畏，对国家和战争怀着纯真的信念，他们受训的使命就是用那些简单的技能随时为国捐躯。其中那位小提琴拉得特别棒的小伙子，是他们中最可爱的佼佼者，他正准备结婚。别问我如果发生了什么他的妻子该怎么办，我可无法回答这样的问题。"

而在牺牲者的名单里还有一个名字，是林恒。他是林徽因的弟弟，牺牲时年仅 25 岁。林恒当时志愿报国，毅然放弃了清华大学的学业报考航空学校，最后以身殉国。

林徽因后来专门写了一首诗纪念他：

哭三弟恒

弟弟，我没有适合时代的语言
来哀悼你的死；
它是时代向你的要求，
简单的，你给了。
这冷酷简单的壮烈是时代的诗
这沉默的光荣是你。
假使在这不可免的真实上
多给了悲哀，我想呼喊，
那是——你自己也明瞭——
因为你走得太早，
太早了，弟弟，难为你的勇敢，
机械的落伍，你的机会太惨！
三年了，你阵亡在成都上空，
这三年的时间所做成的不同，
如果我向你说来，你别悲伤，
因为多半不是我们老国，
而是他人在时代中碾动，
我们灵魂流血，炸成了窟窿。
…………

惨胜

在昆明生活了三年后，1941 年初，他们随国民政府中央研究院若干机构，来到长江上游的李庄。他们在这个偏远小镇，度过了五年时间。

来到李庄后，属私人机构性质的中国营造学社，几乎彻底失去了经济来源。梁思成到重庆教育部申请到的少量研究经费，甚至难以保障学社成员的基本生计。在这样极度艰苦的条件下，梁思成艰难并努力地维持着营造学社的运行。1943 年，梁思成给费正清夫妇的信中这样写道："我还在竭力勉强维持营造学社的运行，靠着最原始的办法爬行。今年一项最主要的工作，就是推出了两册我们学社的汇刊，算是学社曾经出版的那本季刊的原始粗糙版本。我们采用当地的一种石版印刷术，得自己亲手刻写，而且无法使用任何图片。"

在李庄的这段时期，即便是焦土遍地，却恰是一批中国知识分子智慧喷发的岁月。在照顾因肺病而卧床不起的妻子和一对幼小儿女的同时，梁思成开始撰写酝酿多年的《中国建筑史》——这是他留学美国时在心底埋下的种子，父亲梁启超寄来的"天书"《营造法式》让它萌芽，而进入营造学社后，踏遍千山万水的一次次考察，使《中国建筑史》的宏伟巨构在他心中有了粗略的轮廓。

梁思成的儿子梁从诫回忆说："那个时候他（梁思成）唯一的特权，就是有一盏煤油灯。他说这是人生的一大享受，听音乐、画佛像，这是人生的一大享受。"

1945 年 12 月，在费慰梅的安排下，林徽因离开李庄到达重庆，费慰梅在她的家信中写道，"大部分时间，徽因只能躺在中研院招待所的宿舍里"。慰梅用吉普车载着她去看电影，去儿子就读的南开中学参观，去美国大使馆餐厅用餐，在那里她兴奋地和盟军谈话，她甚至还在美国使馆新闻处参加了一次有国共两党政要参加的招待会。可是这一切并不意味着她的健康状况有所好转。"这里最有名的胸科医生替她做了检查，医生告诉我她的双肺和肾脏均已感染，留给她的时间或许只有几年，最多五年。在她短暂而灵动的生命即将走到终点时，她依然活力四射地拥抱生活的每一个赐予，直到走向生命的尽头……"

荣耀

1946 年 7 月底，结束九年流亡生涯，梁家终于回到北平。

这一年，梁思成回到母校清华大学，在他的建议下，战后的清华大学开办了建筑系。这是梁思成最向往的生活：黑板，讲台，田野考察。梁思成将他的全部心血和情感投入建筑学——他为之献身的事业，那已经被战争蹂躏太久的学术。

新学期开始之际，梁思成受国民政府教育部委托，赴美国考察战后建筑教育，并应耶鲁大学邀请，前去讲授中国建筑和艺术。他还担任联合国大厦设计顾问建筑师，是第一位在世界舞台上系统宣讲中国建筑历史的中国学者。而且，因他在中国古代建筑的研究上做出了杰出贡献，梁思成被美国普林斯顿大学授予名誉文学博士学位。

1947 年，林徽因的身体状况开始急剧恶化。这年夏天，梁思成回到了内战炮火中的祖国。这年秋天，清华建筑系开始招收第二届学生，此时他们第一次见到自己的系主任。作为系主任，梁思成还承担着行政管理工作。刘小石是清华建筑系第三届学生，毕业后曾担任建筑系党总支书记，和梁先生共事多年，他回忆说："他（梁思成）做领导工作跟我们现在的人很不一样，现在的人每天要上班，要研究，要开会，要做决定。我们现在的人就是使劲地折腾，他有一定之规，他就是聘教师，然后排课表，然后学生来了，你每年都要交你的计划，你选的哪些课，拿多少学分，他就做这个，然后他讲课，他主要就是在讲课。"

2021 年，清华大学专门举办了以"栋梁"为主题的梁思成诞辰一百二十周年文献展，来纪念这位贡献卓越的清华大学建筑系创办人。其中，清华大学建筑学院庄惟敏教授为此次文献展撰写的前言让我印象尤为深刻：

遗憾没有见过梁思成先生瘦削的身影，庆幸能够从资料中听到梁先生的声音。毫不怀疑支撑梁先生身体的绝不只有长期穿着的钢架，于是一遍一遍地体会栋梁的含义，并在先生诞辰一百二十周年之际借助展览与大家交流。

栋梁是要有高度的。需要曾经越过重洋，并俯瞰重洋。于是今天的展览始于先生的求学。家学的积淀、西学的思路、国学的方向编织在一起，辅以先生活跃的天性，既是先生成就的起点，也可以说开阔了先生学术的天空。

栋梁是要有强度的。需要研读艰深的文字，需要承受奔波的劳苦。于是今天展览的中心部分是先生亲身参与建立的一连串中国建筑史学的里程碑。表面上难以承受的枯燥，经历了高强度的研究工作，幻化成为一段段鲜活的历史故事。更加重要的是，先生那种鼎新须先温故的立场，虽然在历史的波涛中几经沉浮，但是理应赢得所有人的尊敬。

栋梁是要有跨度的。需要以社会为己任，以教育为目标，而跨越历史研究、规划设计实践、遗产保护，以及一切面向健康子孙的关切。今天展览的这几个章节，简短而务求有力。国徽、人民英雄纪念碑的设计以及北京古城的保护，还有东北大学和清华大学两个建筑系的创办，从学术研究到用学术回馈社会，映射出一位青年成长为父亲、祖父，乃至于先知一般的心胸，并且准备好做出自我的牺牲。

栋梁不会把自我牺牲看作牺牲，栋梁的心胸使得压力变成了快乐；栋梁的快乐可以感染整座建筑。用先生自己的词，做一个严谨而快乐的"拙匠"。做一个拙匠，让我们这个时代的建筑学人以此共勉。

选择

1948 年底，国民党败局已定，撤退台湾的准备开始了，一批文化学术精英成为当时的重点转移目标。在大时代历史分野的十字路口，这些人又将何去何从？走上不同的道路之后，各自又将有怎样的命运遭遇与剧变？

清华大学建筑学院教授、清华大学建筑系第一届学生朱自煊说："那个时候让我去劝梁先生不要走，在北京各所高校，地下党员和进步学生承担着留住学者的任务，梁先生说我不会走的。"

中华人民共和国成立后，梁思成除了仍在清华大学任教授和建筑系主任外，还先后担任了北京市都市计划委员会副主任、中国建筑学会副理事长、中国美术家协会常务理事、中国文联全国委员会委员、中华全国自然科学专门学会联合会委员、中国科学技术协会委员、建筑科学研究院建筑理论与历史研究室主任、北京市城市建设委员会副主任等职。

经过 1947 年底的一次大手术，摘除了一个被结核病菌侵蚀多年的肾脏之后，在病床几乎躺了七年的林徽因，终于可以虚弱地站起来了，她迫不及待地穿上制服，参加到新中国的建设中。她被聘为北京市都市计划委员会委员、人民英雄纪念碑委员会委员，她还当选为北京市第一届人民代表大会代表。她为清华建筑系的学生开设了"近代住宅"课程，当年，建筑系第二届学生王其明、茹竞华在林徽因的指导下完成了她们的毕业论文，林徽因给她们确定的选题是调查当年北京附近遗留下来的清代蓝旗营民居。

50 年代初，刚刚从建筑系毕业的关肇邺参加了正在进行中的人民英雄纪念碑设计绘图工作，当时，梁思成是纪念碑兴建委员会的副主任。林徽因承担了纪念碑的浮雕图案设计，并为此投入了大量精力，对中国装饰图案艺术的演变进行了系统研究。早在先前中国营造学社常年的古建筑考察中，她就对一处处摩崖石窟、造像、佛龛、浮雕、装饰着迷。近些年，清华建筑系在整理资料的时候，发现了她尚未完成的《敦煌边饰研究初步》的手稿。

除了人民英雄纪念碑，他们面临的另一个举足轻重的项目，就是首都北京的改建工程。

古城

北京，世界的奇观，金代、元代这里便是巍巍皇都，明朝、清朝它演化为无与伦比的都市杰作，这座世界上现存的最伟大的中古时代城市，承载着如许沉重的情感和记忆。

50 年代初期，北京的城墙是保留还是毁灭的争论，久久不能平息，其结果也永久地改变了古都北京的历史风貌。

有人说，城墙是古代防御的工事，现今已完全失去了它应有的作用，并正在日益阻碍和限制着城市交通的发展。但梁思成建议，把宽阔的城墙顶部开辟为登高游览的地方，同时把墙外的护城河加以修葺，注以清流，对两岸进行绿化，这样，就可以使北京旧城的周围形成一个具有极大特色的环城立体公园。

梁思成对北京城墙和城门楼改造的建议图

城墙上面平均宽度约十公尺以上，可以砌花池，栽植丁香、蔷薇一类的灌木，夏季黄昏可供数十万人的纳凉游息，秋高气爽的时节，登高远眺，俯视全城，它将是世界上最特殊的公园之一，一个全长达 39.75 公里的立体环城公园。

——梁思成《关于北京城墙存废问题的讨论》

新中国成立后，出于历史背景的原因和对经济发展的考虑，建设北京的指导思想是把北京建设成工业城。此后，北京市的城市规划也都是在这样的指导思想下进行的，旧城保护没有得到足够的重视。在这样的情况下，1950 年 2 月，梁思成为彻底保护旧城，提出了一个另建新城的方案《关于中华人民政府行政中心位置的建议》：在旧城外西侧另辟新区，作为新中国的政治心脏；一条便捷的东西干道连接新旧二城，如扁担一样担起中国的政治心脏和中国的城市博物馆。

梁思成被日本人恭敬地称为"古都恩人"，因为他在二战时期曾成功地劝阻了美军对奈良和京都轰炸。这一次他为保护自己祖国的古都而呼吁：在世界上封建时代名都大邑中，北京城是唯一得以完整保留下来的，对它的保留同时也具有保护世界文化遗产的意义。

在梁思成和林徽因身上，我们看到了，在祖国的不同发展阶段，不同领域的前辈都在为了国家更好的前程做着艰辛的努力，也取得了卓越的成就。2018级潘健恒同学曾发给我这样一段话，让我印象深刻：

我抽空把《梁思成·林徽因》看完了，其实那些看似平淡的句子，承载了太多的历史凝重感，每个人在那样的年代，都尽了自己最大的努力，或许如今只在众人心中留下一点模糊的认识，但在那个年代他们已经为社会做出了他们能做的所有贡献，这便是我们应当心存敬畏的。

拓展思考：

两部纪录片的对比思考

难走的路
——《林徽因·梁思成》和《邓稼先》纪录片观后感

2018级　郭佳成

在课堂上，老师向我们介绍了《林徽因·梁思成》和《邓稼先》两部纪录片，课下我把它们都看完了。片中人物身上的特点虽各不相同，但又十分相似，正如我在看完这两部纪录片后发现，他们都毅然地选择了一条难走的路，并为此奉献了一生的时间。

梁、林二人的爱情故事虽然也令我心动，但在《林徽因·梁思成》这部纪录片中，最令我印象深刻的是二人对事业的选择。二人在美国学成归国后，摆在他们面前的有两条路：一条是加入国内顶尖的建筑事务所华盖或基泰，另一条是加入专门研究中国建筑的私人研究机构——中国营造学社。诚然，前者是一条比较好走的路，也是大多数建筑师所选择的路；而在第二条路上，前途是未知的。梁、林二人选择了第二条路，那条难走的路。他们加入了中国营造学社，从头开始研究中国的建筑史。那时的中国，没有自己的建筑体系，所以走这条路异常艰辛，而战乱与流亡使这条道路更加难走。在流亡的途中，他们终于撰写成了酝酿多年的《中国建筑史》。

而邓稼先更是选择了一条从未有人走过的难走的路，在新中国成立后，他听到了祖国的召唤，祖国需要他，他便放弃了美国提供的优厚条件，毅然回国。他的好友杨振宁曾写道："'鞠躬尽瘁，死而后已'正好准确地描述了他的一生，人们知道他没有私心，人们绝对相信他。"新中国成立之初，国力衰微，在那样的条件下，邓稼先临危受命，开始投身原子弹的研究工作。他离开了自己的妻子、孩子，来到祖国的大西北。核武器试验时，大大小小的问题他都必须承担。核辐射侵害了他的健康，直到生命的最后一刻，他心中牵挂的依然是他的工作。

我想，一个人对于事业最大的贡献莫过于此了吧。一个真正的勇士往往会在最危急的时刻选择最难走的路，他们身上有着常人罕有的坚毅信念与献身精神。梁思成与林徽因穷其一生只为向世界证明中国也有自己的建筑学，而邓稼先的一句"我不能走"更是体现出了他对中国核事业贡献了全部心血。纵观中国近现代时期，有多少战士选择了那条难走的路？鲁迅弃医从文，唤醒了多少沉睡的国人；蔡元培"校长难为"，在重整北大的过程中又有多少痛苦的煎熬？

世间的路有千千万，有的阳光明媚，有的乌云密布，胆小者只会选好走的那一条，而真正的勇士一定会选择难走的那一条。而勇士必将把乌云击败，迎来光明。

主题作业：

由《你是人间的四月天》想到了什么？

活动说明

读了清流语录中林徽因的《你是人间的四月天》这首诗，谈谈你的感悟和体会。

一首只属于那个年代的诗

2018级 方禹

这是一首很有名的诗，认识它在很久之前。但真正完整地读到，还是在刘老师的"民国清流"课堂上。这是我印象最深刻的清流语录，一出现便为它的文艺所吸引，心下默念了许久。遗憾的是，我并没有准备好，也没有获得上台朗诵的机会。但我，一直记着它。

读罢全诗，扑面而来的，是春风十里暖流，是新生的爱意与喜悦。我喜欢首段趋平的音韵，宛如悠扬的舞步；交替的语序，信手的比喻，又如春日里五彩斑斓绽放的花儿。它让日子有了盼头，让生命有了期待；是四月的诗，也是林徽因倾注全身女儿情怀的爱的颂歌。仿佛看到，她与恋人在春光间嬉戏，时而呢喃；月色下的浅唱低吟，推开玻璃窗迎进满屋的阳光。

我想它是只属于林徽因、只属于那个年代的诗。人们流传着林徽因的爱恋传说，她的巾帼豪情，可又有谁能真正走进她的内心世界呢？徐志摩为此沦陷，梁思成也未必懂得少女的心。可是透过诗，我们能一瞥林徽因温暖如斯的灵魂。这也是属于思想、文艺的黄金时代的诗；这个年代充斥着黑暗，充斥着彷徨，更需要希望与光明。

林徽因，或许便是时代的一盏灯。

这首诗的写作意图，向来说法不一。我更愿意相信它是赠予新生的儿子。在乱世出生的儿子，伴着母亲的无限希望来到世间；也正是新生的儿子，标志着林徽因生命的第二次起点。这首诗便是母子关于爱、关于希望的写照。而即便是为逝世的徐志摩悼亡，也是一段美满的佳话呀——一生追求浪漫的少年，在爱人对他的祝福中消逝。这时，诗歌仿佛多了一抹淡淡的忧伤。

四月，带着最温柔的笑意

2018级　程曦

有人说这是写给爱人的，也有人说这是写给未新生的儿子的。总之众说纷纭，莫衷一是。但我宁愿相信这首读起来唇齿留香的诗歌是送给家人的礼物，只有亲情才能完美地解读这首诗。

无论是为谁而作，在这首诗的优秀面前都显得不那么重要了。这首诗独特的价值不需要这些来支撑，它不仅意境优美、内容纯净，而且语言细腻生动，不刻意矫揉造作，天然去雕饰，比喻穿插在字里行间，清新而又美好。所以，在林徽因逝世的时候，金岳霖等好友共同给她题了这样一副挽联："一身诗意千寻瀑，万古人间四月天。"

《你是人间的四月天》所描述的四月，是"春江水暖鸭先知"的四月，是"人面桃花相映红"的四月。四月带着温柔的笑意，在万物复苏生机盎然的早春，悄悄走过天地间，吹醒了星光，融雪，花开。在这样的季节里，万物即是希望，"你是爱，是暖"，你超越了这个季节，是这个季节给时间最美好的馈赠。

这是人间的四月天，是人间最温情的存在。

现世纷繁，何处是人间四月天

2020 级 李诗睿

初识林徽因，就是因为这首诗。当时看下去，觉得这首诗，挺美。但又说不上来是哪儿好，扫了一眼作者名，把林徽因这个名字记了下来。后来读了一些有关她的自传，才慢慢了解了林徽因。

林徽因原名徽音，出自《诗经》中的"大姒嗣徽音，则百斯男"。后来因与一位男作家重名常被人误认，所以改名"徽因"。第一次认识她，便是被她的才气所吸引。在那不平凡又战火连天的岁月里，她把自己铸成了一身诗意的时代传奇。在她身上，仿佛连遗憾都可成一段佳话。"一样是明月，一样是隔山灯火，满天的星，只有人不见，梦似的挂起。"确实，很美。

在她才情背后的对事业的满腔热忱，我觉得才是林徽因最"美"的一面。林徽因出生于官宦之家，青年时曾随父前往英国进行考察。在这两年的英国之行中，林徽因确定了自己从事建筑学的志向。在林徽因和梁思成结婚后的十余年里，夫妇两人走过了中国15个省、190多个县，考察测绘超过2500处古建筑物。林徽因在英国旅途中积攒了大量有关建筑的知识，并深刻认识到国人对本国古建筑物知识的浅薄后，更坚定了自己要保护好中国古建筑的决心。

她也确实做到了——和梁思成一起，用双脚丈量着中国的每一片土地，用双手测绘出那古老的建筑物。林徽因这种文人似的虔诚和对工作的一心一意，不正是对"爱国"这两个字最好的诠释吗？不是轰轰烈烈似火热情，而是像涓涓细流般柔和，落实在勤恳的工作当中。

文坛才女式的人物一向会被众人所议论，有人说她孤高，有人说她多情。无论如何，总难免沦落于八卦之口。但除此之外，更应该要看到那些真诚的评价。像李健吾说林徽因"既耐得住学术的清冷与寂寞，又受得了生活的艰辛与贫困"，又或者是金岳霖送给林徽因的挽联中写她"一身诗意千寻瀑，万古人间四月天"。唯有多面立体地去看一个人，我们才能相对公正地给予评价，才能看到他在世上不被扭曲、真实的形象。

毕竟，现世纷繁，何处是人间四月天？

经典选读：

梁思成《为什么研究中国建筑》

研究中国建筑可以说是逆时代的工作。近年来中国生活在剧烈的变化中趋于西化，社会对于中国固有的建筑及其附艺多加以普遍的摧残。虽然对于新输入之西方工艺的鉴别还没有标准，对于本国的旧工艺，已怀鄙弃厌恶心理。自"西式楼房"盛行于通商大埠以来，豪富商贾及中产之家无不深爱新异，以中国原有建筑为陈腐。他们虽不是蓄意将中国建筑完全毁灭，而在事实上，国内原有很精美的建筑物多被拙劣幼稚的，所谓西式楼房，或门面，取而代之。主要城市今日已拆改逾半，芜杂可哂，充满非艺术之建筑。纯中国式之秀美或壮伟的旧市容，或破坏无遗，可仅余大略，市民毫不觉可惜。雄峙已数百年的古建筑（Historical landmark），充沛艺术特殊趣味的街市（Local color），为一民族文化之显著表现者，亦常在"改善"的旗帜之下完全牺牲。近如去年甘肃某县为扩宽街道，"整顿"市容，本不需拆除无数刻工精美的特殊市屋门楼，而负责者竟悉数加以摧毁，便是一例。这与在战争炮火下被毁者同样令人伤心，国人多熟视无睹。盖这种破坏，三十余年来已成习惯也。

市政上的发展，建筑物之新陈代谢本是不可免的事。但即在抗战之前，中国旧有建筑荒顿破坏之范围及速率，亦有甚于正常的趋势。这现象有三个明显的原因：

一、在经济力量方面之凋蔽，许多寺观衙署，已归官有者，地方任其自然倾圮，无力保护；

二、在艺术标准之一时失掉指南，公私宅第园馆街楼，自西艺浸入后忽被轻视，拆毁剧烈；

三、缺乏视建筑为文物遗产之认识，官民均少爱护旧建的热心。

在此时期中，也许没有力量能及时阻挡这破坏旧建的狂潮。在新建设方面，艺术的进步也还有培养知识及技术的时间问题。一切时代趋势是历史因果，似乎含着不可免的因素。幸而同在这时代中，我国也产生了民族文化的自觉，搜集实物，考证过往，已是现代的治学精神，在传统的血流中另求新的发展，也成为今日应有的努力。中国建筑既是延续了两千余年的一种工程技术，本身已造成一个艺术系统，许多建筑物便是我们文化的表现，艺术的大宗遗产。除非我们不知尊重这古国的灿烂文化，如果有复兴国家民族的决心，对我国历代文物，加以认真整理及保护时，我们便不能忽略中国建筑的研究。

以客观的学术调查与研究唤醒社会，助长保存趋势，即使破坏不能完全制止，亦可逐渐减杀。这工作即使为逆时代的力量，它却在与大火之中抢救宝器名画同样有刻不容缓的性质。这是珍护我国可贵文物的一种神圣义务。

中国金石书画素得士大夫之重视。各朝代对它们的爱护欣赏，并不在于文章诗词之下，实为吾国文化精神悠久不断之原因。独是建筑，数千年来，完全在技工匠师之手。其艺术表现大多数是不自觉的师承及演变之结果。这个同欧洲文艺复兴以前的建筑情形相似。这些无名匠师，虽在实物上为世界留下许多伟大奇迹，在理论上却未为自己或其创造留下解析或夸耀。因此一个时代过去，另一时代继起，多因主观上失掉兴趣，便将前代伟创加以摧毁，或同于摧毁之改造。亦因此，我国各代素无客观鉴赏前人建筑之习惯。在隋唐建设之际，没有对秦汉旧物加以重视或保护。北宋之对唐建，明清之对宋元遗构，亦未加珍惜。重建古建，均以本时代手法，擅易其形式内容，不为古物原来面目着想。寺观均在名义上，保留其创始时代，其中殿宇实物，则多任意改观。这倾向与书画仿古之风大不相同，实足注意。自清末以后突来西式建筑之风，不但古物寿命更无保障，连整个城市，都受打击了。

如果世界上艺术精华，没有客观价值标准来保护，恐怕十之八九均会被后人在权势易主之时，或趣味改向之时，毁损无余。在欧美，古建实行的保存是比较晚近的进步。十九世纪以前，古代艺术的破坏，也是常事。幸存的多赖偶然的命运或工料之坚固。十九世纪中，艺术考古之风大炽，对任何时代及民族的艺术才有客观价值的研讨。保存古物之觉悟即由此而生。即如此次大战，盟国前线部队多附有专家，随军担任保护沦陷区或敌国古建之责。我国现时尚在毁弃旧物动态中，自然还未到他们冷静回顾的阶段。保护国内建筑及其附艺如雕刻壁画均须萌芽于社会人士客观的鉴赏，所以艺术研究是必不可少的。

今日中国保存古建之外，更重要的还有将来复兴建筑的创造问题。欣赏鉴别以往的艺术，与发展将来创造之间，关系若何我们尤不宜忽视。

西洋各国在文艺复兴以后，对于建筑早已超出中古匠人不自觉的创造阶段。他们研究建筑历史及理论，作为建筑艺术的基础。各国创立实地调查学院，他们颁发研究建筑的旅行奖金，他们有美术馆博物馆的设备，又保护历史性的建筑物任人参观，派专家负责整理修葺。所以西洋近代建筑创造，同他们其他艺术，如雕刻、绘画、音乐，或文学，并无二致，都是合理解与经验，而加以新的理想，作新的表现的。

我国今后新表现的趋势又若何呢？

艺术创造不能完全脱离以往的传统基础而独立。这在注重画学的中国应该用不着解释。能发挥新创都是受过传统熏陶的。即使突然接受一种崭新的形式，根据外来思想的影响，也仍然能表现本国精神。如南北朝的佛教雕刻，或唐宋的寺塔，都起源于印度，非中国本有的观念，但结果仍以中国风格造成成熟的中国特有艺术，驰名世界。艺术的进境是基于丰富的遗产上，今后的中国建筑自亦不能例外。

无疑的将来中国将大量采用西洋现代建筑材料与技术。如何发扬光大我民族建筑技艺之特点，在以往都是无名匠师不自觉的贡献，今后却要成近代建筑师的责任了。如何接受新科学的材料方法而仍能表现中国特有的作风及意义，老树上发出新枝，则真是问题了。

欧美建筑以前有"古典"及"派别"的约束，现在因科学结构，又成新的姿态，但他们都是西洋系统的嫡裔。这种种建筑同各国多数城市建筑毫不抵触。大量移植到中国来，在旧式城市中本来是过分的唐突，今后又是否喧宾夺主，使所有中国城市都不留旧观？这问题可以设法解决，亦可以逃避。到现在为止，中国城市多在无知匠人手中改观。故一向的趋势是不顾历史及艺术的价值，舍去固有风格及固有建筑，成了不中不西乃至于滑稽的局面。

一个东方老国的城市，在建筑上，如果完全失掉自己的艺术特性，在文化表现及观瞻方面都是大可痛心的。因这事实明显的代表着我们文化衰落，至于消灭的现象。四十年来，几个通商大埠，如上海天津广州汉口等，曾不断的模仿欧美次等商业城市，实在是反映着外国人经济侵略时期。大部分建设本是属于租界里外国人的，中国市民只是随声附和而已。这种建筑当然不含有丝毫中国复兴精神之迹象。

今后为适应科学动向，我们在建筑上虽仍同样的必须采用西洋方法，但一切为自觉的建设。由有学识，有专门技术的建筑师，担任指导，则在科学结构上有若干属于艺术范围的处置必有一种特殊的表现。为着中国精神的复兴，他们会用美感同智力参合的努力。这种创造的火炬已曾在抗战前燃起，所谓"宫殿式"新建筑就是一例。

但因为最近建筑工程的进步，在最清醒的建筑理论立场上看来，"宫殿式"的结构已不合于近代科学及艺术的理想。"宫殿式"的产生是由于欣赏中国建筑的外貌。建筑师想保留壮丽的琉璃屋瓦，更以新材料及技术将中国大殿轮廓约略模仿出来。在形式上它模仿清代官衙，在结构及平面上它又模仿西洋古典派的普通组织。在细项上窗子的比例多半属于西洋系统，大门栏杆又多模仿国粹。它是东西制度的勉强的凑合，这两制度又大都属于过去的时代。它最像欧美所曾盛行的

"仿古"建筑（Period architecture）。因为靡费侈大，它不常适用于中国一般经济情形，所以也不能普遍。有一些"宫殿式"的尝试，在艺术上的失败可拿文章来比喻。它们犯的是堆砌文字，抄袭章句，整篇结构不出于自然，辞藻也欠雅驯。但这种努力是中国精神的抬头，实有无穷意义。

世界建筑工程对于钢铁及化学材料之结构愈有彻底的了解，近来应用愈趋简洁。形式为部署逻辑，部署又为实际问题最美最善的答案，已为建筑艺术的抽象理想。今后我们自不能同这理想背道而驰。我们还要进一步重新检讨过去建筑结构上的逻辑；如同致力于新文学的人还要明了文言的结构方法一样。表现中国精神的途径尚有许多，"宫殿式"只是其中之一而已。

要能提炼旧建筑中所包含的中国质素，我们需增加对旧建筑结构系统及平面部署的认识。构架的纵横承托或联络，常是有机的组织，附带着才是轮廓的钝锐，彩画雕饰，及门窗细项的分配诸点。这些工程上及美术上措施常表现着中国的智慧及美感，值得我们研究。许多平面部署，大的到一城一市，小的到一宅一园，都是我们生活思想的答案，值得我们重新剖视。我们有传统习惯和趣味：家庭组织，生活程度，工作，游憩，以及烹饪，缝纫，室内的书画陈设，室外的庭院花木，都不必与西人相同。这一切表现的总表现曾是我们的建筑。现在我们不必削足适履，将生活来将就欧美的部署，或张冠李戴，颠倒欧美建筑的作用。我们要创造适合于自己的建筑。

在城市街心如能保存古老堂皇的楼宇，夹道的树荫，衙署的前庭，或优美的牌坊，比较用洋灰建造卑小简陋的外国式喷水池或纪念碑实在合乎中国的身份，壮美得多。且那些仿制的洋式点缀，同欧美大理石富于"雕刻美"的市心建置相较起来，太像东施效颦，有伤尊严。因为一切有传统的精神，欧美街心伟大石造的纪念性雕刻物是由希腊而罗马而文艺复兴延续下来的血统，魄力极为雄厚，造诣极高，不是我们一朝一夕所能望其项背的。我们的建筑师在这方面所需要的是参考我们自己艺术藏库中的遗宝。我们应该研究汉阙，南北朝的石刻，唐宋的经验，明清的牌楼，以及零星碑亭，泮池，影壁，石桥，华表的部署及雕刻，加以聪明的应用。

艺术研究可以培养美感，用此驾驭材料，不论是木材，石块，化学混合物，或钢铁，都同样的可能创造有特殊富于风格趣味的建筑。世界各国在最新法结构原则下造成所谓"国际式"建筑；但每个国家民族仍有不同的表现。英，美，苏，法，荷，比，北欧或日本都曾造成它们本国特殊作风，适宜于它们个别的环境及意趣。以我国艺术背景的丰富，当然有更多可以发展的方面。新中国建筑及城市设计不但可能产生，且当有惊人的成绩。

　　在这样的期待中，我们所应做的准备当然是尽量搜集及整理值得参考的资料。以测量绘图摄影各法将各种典型建筑实物作有系统秩序的记录是必须速做的。因为古物的命运在危险中，调查同破坏力量正好像在竞赛。多多采访实例，一方面可以作学术的研究，一方面也可以促社会保护。

　　研究中还有一步不可少的工作，便是明了传统营造技术上的法则。这好比是欣赏一国的文学之前，先学会那一国的文字及其方法结构一样需要。所以中国现存仅有的几部术书，如宋李诫《营造法式》，清《工部工程作法则例》，乃至坊间通行的鲁班经等等，都必须有人能明晰的用现代图解译释内中工程的要素及名称，给许多研究者以方便。

　　研究实物的主要目的则是分析及比较冷静地探讨其工程艺术的价值，与历代作风手法的演变。知己知彼，温故知新，已有科学技术的建筑师增加了本国的学识及趣味，他们的创造力量自然会在不自觉中雄厚起来。这便是研究中国建筑的最大意义。

(选自梁思成著《中国建筑艺术》)

扫码收听音频
朗读者：2020级　朱佳宇

经典选读：

林徽因《山中一个夏夜》

　　　　　　　　山中一个夏夜，深得
　　　　　　　　　　像没有底一样；
　　　　　　　　黑影，松林密密的；

周围没有点光亮。

对山闪着只一盏灯——两盏

像夜的眼，夜的眼在看！

满山的风全蹑着脚

像是走路一样；

躲过了各处的枝叶

各处的草，不响。

单是流水，不断的在山谷上

石头的心，石头的口在唱。

虫鸣织成那一片静，寂寞

像垂下的帐幔；

仲夏山林在内中睡着，

幽香四下里浮散。

黑影枕着黑影，默默的无声，

夜的静，却有夜的耳在听。

一九三一年（据手稿）

（选自林徽因著《你是人间的四月天》）

扫码收听音频

朗读者：刘晓慧

钱锺书

窗和葡萄

　　窗是房屋的眼睛……天地间有许多景象是闭了眼才看得见的，譬如梦。假使窗外的人声物态太嘈杂了，关了窗好让灵魂自由地去探胜，安静地默想。

——钱锺书《窗》

解读：

　　这段话出自1941年出版的钱锺书散文集《写在人生边上》。在《写在人生边上·序》中，钱锺书说："人生据说是一部大书……世界上还有一种人。他们觉得看书的目的，并不是为了写批评或者介绍。他们有一种业余消遣者的随便和从容，他们不慌不忙地浏览。每到有什么意见，他们随手在书边的空白上注几个字，写一个问号或感叹号……"这是《写在人生边上》书名的来历，彰显了钱锺书处世的随性与从容。钱锺书在"人生边上"注的那些字、写的那些话，汇集成册，就成了《写在人生边上》这本书。《窗》，是其中意趣盎然且别具哲思的一篇，它主要讲了窗的三种"功用"：

　　一是沟通了人类与自然的关系。窗让我们足不出户，就可以享受美景，正如钱锺书在文中的一个非常形象的比喻："春天是该镶嵌在窗子里看的，好比画配了框子"。

　　二是满足了人类的审美需求。按照马斯洛的需求层次理论，"窗比门代表更高的人类进化阶段"，因为门解决的是基本的进出的需求，而我们通过窗可以欣赏外面的美景，从而获得心情的愉悦，它满足了我们精神层面的追求。"门是人的进出口，窗可以说是天的进出口"。

三是引领我们回归自我，审视人生。钱锺书说："假使窗外的人声物态太嘈杂了，关了窗好让灵魂自由地去探胜，安静地默想。"——这是窗带给我们的人生启悟。

屏读时代，手机是世界的窗户，它带给我们世界万象的同时，也带给我们很多困扰。我们在手机的王国里，难寻一方心灵"静"土。曾看过一本书叫《注意力商人》（也译作《注意力经济》），书中说："作为商人，媒体真正贩卖的不是内容，而是大众的注意力，所以媒体是'注意力商人'。"各种各样的互联网媒体在想尽办法地吸引用户的注意力，以"提高用户黏性"为目的，也可称其为"让用户上瘾"。而且往往，媚俗是媒体吸引注意力的起点，这更让人不寒而栗。试看现在很多新闻媒体或者短视频平台，常常以夸张醒目的标题、博人眼球的内容、哗众取宠的行为等，作为争夺大众注意力的手段和筹码。

几天前，我在"民国清流"课的班级群里分享了杨绛先生的一句话："你的问题主要在于读书不多而想得太多。"有同学说，我们欠缺的不是读书，而是思考。

这是不同时代，带来的不同体悟。

杨绛先生的时代，是纯粹的"纸读"时代，她不用担心互联网式的浅薄阅读攻占了人们的闲暇生活，她担心的是，太多人只是空想，不能真正沉下心来做学问。

而如今呢？很多人依然没有沉下心来，不是因为信息太少，反而是因为信息太多。我们在网络世界里孤军奋战，一个个诱惑令你意乱神迷，你不知道下一个惊喜是什么，所以你一直在期待，忘记了思考。

因此，作为屏读时代的互联网用户，要努力成为注意力的主人，要时常关上窗户，适时屏蔽窗外的各种美景、手机里的各种诱惑。同时，关上窗户不是意味着与世隔绝，取消社交，而是"心远地自偏"，将注意力放在自己身上，"关了窗好让灵魂自由地去探胜，安静地默想"。

天下只有两种人。譬如一串葡萄到手，一种人挑最好的先吃，另一种人把最好的留在最后吃。照例第一种人应该乐观，因为他每吃一颗都是吃剩的葡萄里最好的；第二种应该悲观，因为他每吃一颗都是吃剩的葡萄里最坏的。

不过事实上适得其反，缘故是第二种人还有希望，第一种人只有回忆。

——钱锺书《围城》

解读：

"天下只有两种人。譬如一串葡萄到手，一种人挑最好的先吃，另一种人把最好的留在最后吃。"你，在生活中是哪一种人呢？这两种人，哪一种是属于乐观的呢？钱锺书认为第二种人是乐观的，因为"第二种人还有希望，第一种人只有回忆"。

关于先吃最好的葡萄，还是后吃最好的葡萄，映射到我们人生中，可以解读为"先苦后甜，还是先甜后苦"的抉择，这是钱锺书的想法，他自有他的道理。但是，生活很多时候并不是这么简单的先后关系，就像电影《阿甘正传》中的一句台词：Life is like a box of chocolates, you never know what you're going to get.（生活就像一盒巧克力，你永远也不知道你拿到的下一颗是什么。）人生的未知在于你不知道这个苦后面是不是真的是甜（关于这个问题，本章节的"主题作业"部分有两位同学的精彩分享）。

课堂实录：

与书为伴，钟爱一生

钱锺书的名字

钱锺书，原名仰先，字哲良，后改名锺书，字默存。为什么改名"锺书"呢？因为旧时儿童长到一岁有"抓周"的风俗，就是在小孩面前摆各种各样的物品，抓到什么就表示有可能会在哪一方面有所作为。《红楼梦》中描述贾宝玉当时抓的就是脂粉和钗环。锺书"抓周"时抓了一本书，家人很高兴，正式给他取名"钱锺书"。这小小举动，似乎也预示了他的一生。

那么，为什么改字"默存"呢？钱锺书小时候经常口无遮拦，闯祸不断，他的父亲钱基博，将他的字改为默存，典出《易·系辞》，"默而成之，不言而信，存乎德行。"——默默不语而有所成就，不发一言而受人信任，这完全是由于其人的品德高尚。钱锺书的笔名"中书君"，出自韩愈的《毛颖传》，在文中"中书君"是毛笔的别称。

从钱锺书的名字可以看出，我们中国古时包括现在，家里给孩子的起名都是非常讲究的。

钱锺书的生平

分享钱锺书的故事之前，我们先简单了解一下他的生平：钱锺书1910年出生于江苏无锡，19岁考入清华大学外文系。1932年，在清华大学古月堂前结识杨绛。古月堂就是清华的女生宿舍。

当时，钱锺书是陪着表弟孙令衔去古月堂见表弟的心上人，机缘巧合地遇见了自己的终身伴侣。杨绛是孙令衔的老同学，三人一见面，孙就自然地介绍了二人认识，他们一见倾心，一见钟情。"蔚然而深秀"——这是杨绛后来回忆这次相见时钱锺书给她的第一印象，而当时杨绛"蔷薇新瓣浸醍醐"的红润脸庞也给钱锺书留下贯穿一生的美好回忆。但随后两人分别都得到了并不愿意相信但又看似可靠的消息，孙令衔告诉杨绛"钱锺书已经定亲"，告诉钱锺书"杨绛有一个名叫费孝通的男朋友"。事实上，钱锺书对这门亲事一直不认可，而杨绛也一直只把费孝通当朋友。

当时即便是得知这样一个消息，钱锺书仍无法停止对杨绛的念念不忘，看似木讷的他，这次勇敢地主动约杨绛出来吐露心事。两人约会的第一句话像约好了似的，钱锺书说"我没有定亲"，杨绛说"我没有男朋友"，而且还进一步解释道："坊间传闻追求我的男孩子有孔门弟子'七十二人'之多，这不是事实，也有人说费孝通是我男朋友，这也不是事实。"

两人的误会澄清了，也建立了联系。自小诗词功底深厚的钱锺书几乎每天给杨绛写情诗，其中《壬申年秋杂诗四首》中的第三首别有韵味："良宵苦被睡相谩，猎猎风声测测寒；如此星辰如此月，与谁指点与谁看。"——虽有猎猎之风，不掩月色之美，如此美景让钱锺书更加思念杨绛。就这样，在日复一日的交往中，两人的爱情变得更为深沉。

1935年，钱锺书与杨绛同船赴英国牛津大学艾克赛特学院英文系留学。值得一提的是，钱锺书当时是以第一名成绩考取英国庚子赔款公费留学生，而且为历届中美和中英庚款留学生中平均分最高的人，因此同蔡元培一样，他也是一个不折不扣的"学霸"。

1941年，钱锺书完成《谈艺录》《写在人生边上》的写作。1947年，出版长篇小说《围城》，这是他一生中唯一的一部长篇小说。1979年，他的鸿篇巨制《管锥编》出版，也正是这部书奠定了他"文化昆仑"的学术地位。1998年，钱锺书在北京逝世，享年88岁。

我们着重介绍一下《管锥编》，它是钱锺书用文言文写成的鸿篇读书笔记，全书约一百三十万字，书中引述四千位著作家的上万种著作中的数万条书证，所论除了文学之外，还兼及几乎全部的社会科学、人文学科。本书1979年8月由中华书局出版一套四册。后来，钱锺书又出了一套《管锥编增订》，增加改正原来的内容，共五册，均为中文繁体版本。

为什么取"管锥"这个名字呢？《韩诗外传》中有一段话是这么说的："以管窥天，以锥刺地——所窥者大，所见者小；所刺者巨，所中者少。"钱锺书起这样的名字，有一种解读是他的谦虚——中华文化博大精深、漫无边界，所能记载或者体悟的只是其中非常小的一部分。正如钱锺书在《管锥编·序》中写的一句话："瞥观疏记，识小积多。学焉未能，老之已至！"对此，我认为还有另外一种解读：即便是学海漫无边界，但钱锺书可以通过他自己的编著和感悟，让读者以小见大，见微知著。

钱锺书的"狂"

我们刚才提到，钱锺书小时候口无遮拦，常得罪人，父亲为此给他改字"默存"，想要他缄默无言，存念于心，但效果并不明显。钱锺书在清华被称为"狂狷才子"。

1929 年，钱锺书考清华大学，数学仅有 15 分，但因"国文特优，英文满分"被校长罗家伦破格录取。当时的清华校长罗家伦专门找到钱锺书，想亲眼看看这位奇才，并当面问他："你知道为什么你数学只考了 15 分，清华还会录取你？"没想到钱锺书回答："听闻校长您当时考北大的时候数学是鸭蛋，我比您还多 15 分。"的确，罗家伦当时考北大的时候数学 0 分，语文突出，也是受到胡适的极力推荐才被北大破格录取，也许正因为相似的经历，才让罗家伦对钱锺书惺惺相惜。

除了钱锺书，清华后来还不拘一格招收了很多特殊人才，之后的散文大家朱自清报考清华数学 0 分，未来的国学大师季羡林报考清华数学得了 4 分。

1933 年，钱锺书即将从清华外文系毕业，校长冯友兰非常看重他的才华，建议他留校继续攻读硕士学位，没想到钱锺书一口回绝，狂妄地说："整个清华，叶公超太懒，吴宓太笨，陈福田太俗！没有一个教授有资格充当钱某人的导师！"曾有人将钱锺书背后轻慢吴宓之语相告，吴宓说："钱锺书的狂，并非孔雀亮屏般的个体炫耀，只是文人骨子里的一种高尚的傲慢，有何不好？"

即便钱锺书才华过人，但是对自己的老师做出这样的评价，难免会让人觉得有点不近人情、恃才傲物。但事实并不是这样的，他在很多时候低调沉稳、风趣幽默。例如，他有一个非常著名的"鸡蛋理论"——有一次一个外国记者久闻钱锺书大名，就特地千里迢迢来中国拜访他，没想到钱锺书却闭门谢客，说："假如你吃了一个鸡蛋觉得很好，何必一定要去找下这只蛋的鸡呢？"

除了幽默，他还有非常率直童真的一面，童真到女儿钱瑗都没他"调皮"：他会趁女儿熟睡，在她肚皮上画大花脸，被杨绛训一顿后不敢再画。不能画了，他就在女儿被窝里埋"地雷"，什么镜子、刷子、毛笔、砚台都往里丢，女儿惊得大叫，他就得意大乐。

据杨绛回忆，钱锺书晚年还会写一些打油诗，比如："大牛洗澡，盆浅水少，没有办法，撒泡大尿。"重要的是，最后还会署上杨绛的名字，让人听来忍俊不禁。从这些故事中我们可以看到，钱锺书除了他的"狂"，还有几分可爱和孩子气。

钱锺书的"痴"

钱锺书在清华的时候，嗜书如命，全校皆知。他进入清华后不久，就以博学强记震惊师生，并立志"横扫清华图书馆"。据清华同窗许振德回忆："钱锺书在校时，以一周读中文经典，一周阅欧美名著，交互行之，四年如一日。每赴图书馆借书还书，必怀抱五六巨册，且奔且驰。且阅毕一册，必作札记。"

后人在研究钱锺书的时候，还给他封了一个"活百度"的称号。有一次美术家黄永玉要查"凤凰涅槃"的出处，遍查各种资源都查不到。最后想到钱先生博学，就向他请教，钱锺书让他"去翻翻中文本的简明不列颠百科全书，在第三本里可以找得到"。结果黄永玉马上找到了答案。

在没有网络、没有搜索引擎的年代，才显出大学问人的重要性。

也许你会认为，钱锺书天生拥有照相机式的记忆，但没有人可以随随便便成功，钱锺书在他的博闻强记背后付出了大量的努力。杨绛说："许多人说，钱锺书记忆力特强，过目不忘。他本人却并不以为自己有那么'神'。他只是好读书，肯下功夫，不仅读，还做笔记；不仅读一遍两遍，还会读三遍四遍，笔记上不断地添补。所以他读的书虽然很多，也不易遗忘。"从杨绛的描述中我们也可以看出，钱锺书深厚的学术造诣，很大程度是来自他后天的勤奋和努力。郑朝宗曾经评价钱锺书，"最聪明的人偏要下最笨的功夫"。

其实，还有一种解读，笨功夫也是聪明的象征。

钱锺书的老师吴宓对他青睐有加："当今文史方面的杰出人才，在老一辈中要推陈寅恪，在年轻一辈中要推钱锺书。他们是人中之龙，其余如你我，不过尔尔。"钱锺书在同学中便很快有了"清华之龙"的雅号，与曹禺和颜毓蘅并称为外文系"三杰"。

拓展思考：

钱锺书与杨绛的读书之道

杨绛在《我与锺书》一文中说："多年前，读到英国传记作家概括最理想的婚姻：'我见到她之前，从未想到要结婚；我娶了她几十年，从未后悔娶她；也未想过要娶别的女人。'我把它念给锺书听，他当即回说，'我和他一样'，我说，'我也一样'。"

钱锺书和杨绛两人琴瑟齐鸣、举案齐眉。钱称杨为"最贤的妻、最才的女"，他们二人被称为文坛伉俪，他们的爱情被称为"世间最好的爱情"。二人相知相守一生，很大程度是因为他们拥有共同的爱好——读书。在牛津大学的两年里，两个人经常泡图书馆，文学、哲学、心理学、历史学，无不涉猎。杨绛在一次访谈中说道："留学的时候，我和锺书晚上回到宿舍，常常是拉上窗帘，相对而坐，开始读书。"这段描述让我印象尤为深刻。

借书读与善记笔记

钱锺书的读书之道，总结起来，有两条最为突出：一是喜借书读，二是善做笔记。袁枚在《黄生借书说》中有句话："书非借不能读也"。钱锺书的藏书非常少，他即使买了书，看完之后也经常送给别人，自己只保留读书笔记，读书笔记都以麻袋计。他在写书的时候，更多的也是查看自己的笔记，《谈艺录》和《管锥编》就是根据笔记整理而成。

据杨绛所述，她所整理出的钱锺书的"外文笔记本共 178 册，34000 多页；中文笔记和外文笔记的数量，大致不相上下。记录读书心得的日札共 23 册、2000 多页，分 802 则"。正如前文提到杨绛说过的一段话："许多人说，钱锺书记忆力特强，过目不忘。他本人却并不以为自己有那么'神'。他只是好读书，肯下功夫，不仅读，还做笔记；不仅读一遍两遍，还会读三遍四遍，笔记上不断地添补。所以他读的书虽然很多，也不易遗忘。"

治学严谨

钱锺书不仅喜欢读书，而且认真严谨，遇到疑点常多方考证，弄个水落石出。这里可以举一个例子，来证明钱锺书这种认真严谨的读书精神。

清代袁枚在《随园诗话》里批评毛奇龄错评了苏轼的诗句。苏轼诗说："春江水暖鸭先知"，毛奇龄评道："定该鸭先知，难道鹅不知道吗？"袁枚很生气，认为照毛奇龄的看法，那《诗经》里的"关关雎鸠，在河之洲"也是错误的，难道只有雎鸠，没有斑鸠吗？

袁枚和毛奇龄的这一场笔墨官司，谁是谁非，一般人看看也就过去了，但钱锺书不然。他去找出《西河诗话》卷五本来，要看看毛奇龄原话到底是怎么说的。毛奇龄的原意是：苏轼诗是摹仿唐诗"花间觅路鸟先知"句，但摹仿得拙劣。人在寻路，鸟熟悉花间的路，所以鸟比人先知。而水中的动物都能感觉出冷暖，苏诗说只有鸭先知，就不对了。

那么苏轼的诗句的确是错了吗？钱锺书并不罢休。他又找来苏轼的原诗《题惠崇春江晚景图》："竹外桃花三两枝，春江水暖鸭先知。"原来苏轼是题一幅画，画面上有竹子、桃花又有春江，江里还有鸭子，所以写"鸭先知"。看来苏轼并没有错，还是毛奇龄错了。

为了进一步将问题搞清楚，钱锺书又查出了唐人张渭的原作《春园家宴》："竹里行厨人不见，花间觅路鸟先知。"人在花园里寻路，不如鸟对路那么熟悉，这是写实。而苏诗说鸭先知水暖，是写意，意在赞美春光，这是对画面意境的升华，是诗人诗心的独特感受。应该说，苏诗"鸭先知"比张诗"鸟先知"更高明。

最后，钱锺书又引用了王闿运《湘绮楼日记》（卷二六）中称赞苏诗是"上上绝句"的话，作为佐证，才下结论，认为毛奇龄是错误的："会讲理学的，讲诗往往别具心肠，卑鄙可笑，不懂得东坡苦心。"

读书如"串门儿"

看书也是杨绛自小到大的一个嗜好，有一次父亲问她："三天不让你看书会怎么样？"杨绛回答说："不好过。""一个星期不让你看呢？"父亲又问她。"一个星期都白过了。"杨绛的静雅淡泊、宁静安然，正是书籍赋予她的气质，是知识为她塑造出的傲骨。读书这件事，除了爱好之外，还需要规划和坚持。

关于杨绛的读书之道，她在《读书苦乐》这篇散文中的比喻和描述非常形象："我觉得读书好比串门儿——'隐身'的串门儿。要参见钦佩的老师或拜谒有名的学者，不必事前打招呼求见，也不怕搅扰主人。翻开书面就闯进大门，翻过几页就升堂入室；而且可以经常去，时刻去，如果不得要领，还可以不辞而别，或者另找高明，和他对质。不问我们要拜见的主人住在国内国外，不问他属于现代古代，不问他什么专业，不问他讲正经大道理或聊天说笑，都可以挨近前去听个足够。我们可以恭恭敬敬旁听孔门弟子追述夫子遗言，也不妨淘气地笑问'言必称亦曰仁义而已矣的孟夫子'，他如果生在我们同一个时代，会不会是一位马列主义老先生呀？我们可以在苏格拉底临刑前守在他身边，听他和一位朋友谈话；也可以对斯多葛派伊匹克悌忒斯（Epictetus）的《金玉良言》思考怀疑。我们可以倾听前朝列代的遗闻逸事，也可以领教当代最奥妙的创新理论或有意惊人的故作高论。反正话不投机或言不入耳，不妨抽身退场，甚至砰一下推上大门——就是说，啪地合上书面——谁也不会嗔怪。这是书以外的世界里难得的自由！"

主题作业：

好葡萄究竟是先吃还是后吃？

活动说明

针对钱锺书清流语录（"天下只有两种人。譬如一串葡萄到手，一种人挑最好的先吃，另一种人把最好的留在最后吃。照例第一种人应该乐观，因为他每吃一颗都是吃剩的葡萄里最好的；第二种人应该悲观，因为他每吃一颗都是吃剩的葡萄里最坏的。不过事实上适得其反。缘故是第二种人还有希望，第一种人只有回忆。"），谈谈自己的心得体会。

关于守护，即使它，只是一颗葡萄

2019级 朱嘉豪

我，是一个恋旧且惜物的人。一直以来，吃饭时，唯一的鸡腿要最后吃；从家里带来的饮料，最好喝的要留到最后喝；下载了一堆新游戏，最吸引自己的要放到最后玩。除此之外，购买好看的明信片不用、拿到的崭新硬币不花这样的事情则更常见。很明显，拥有是一种快乐，占有欲是需要被满足的。

生活很现实

生活很现实，很多东西，我们是留不住的。吃葡萄，无论吃好的还是不好的，葡萄最终是逃不了被吃掉的。饭、饮料、好玩的游戏亦如此，因为好吃就不吃，因为好玩就不玩——这是不符合常理的。相反，明信片和硬币则因为其保质期相对较长的特点，可以被取巧地留下来，而我们则冠之以"收藏"的名号。如果从这个角度来审视吃葡萄这件事，结论似乎很令人伤心。它在强迫我们做选择，而且每吃一颗葡萄都是一次选择；吃好的还是不好的葡萄，每一次选择都不可兼得。钱锺书说，好的葡萄是希望，恰恰说明吃葡萄这件事情是一种希望的消减，是一种快乐的流逝。而吃葡萄先吃不好的，是因为我们总想让自己因为拥有那颗好吃的葡萄而获得的喜悦感，延续得久一点，再久一点。

葡萄好吃，可一旦我们的注意力集中在那最好吃的葡萄时，吃葡萄便不再是一项单纯的进食活动。剩下的葡萄就像一根进度条，它将以最后一颗葡萄的生命为终点。

会去保留最好吃的葡萄的人，是心思细腻、善于观察的。我们之所以会选择留下那颗最好的葡萄，是因为我们看得见那颗葡萄的好。我们在心中用了很短的时间，却做了一个很重要的价值判断。我们经过慎重的考虑，决定将它定为这一袋葡萄中最好吃的葡萄，将其视作值得我们珍视的物品。它被"赦免"了，且由我们来保留它、欣赏它。

小时候，经常听到，"不就是朵花吗，大不了我给你摘一把来"，"不就是本书吗，大不了我再给你买一本"。然而，每个人珍视的事物是不一样的，就算是一样，珍视的态度与程度也是不一样的。我们不敢保证，我们下一次还能遇到那样好看的花、那样干净的书，像那颗葡萄一样好吃的葡萄。因此我们珍惜它，并且我们希望可以留住它。从某种意义上来说，这种"留下最好的"的人，是幸运的，因为他们生命中会涌现出许多好的、有意义的、值得他们去守护的东西，即使它，只是一颗葡萄。

希望是责任

钱先生说，第二种人会拥有希望，而希望是什么？我认为这里的希望其实是一种责任，是我"为了它，去行动"的决心。也许你最后一下拿起那颗葡萄时，发现底下有个虫洞，会让你失望。但在漫漫长路中享受那段满怀希望的旅程，享受那些为了最后一颗葡萄，满嘴酸涩的艰辛与快乐，享受无时无刻幻想着自己吃下最后一颗葡萄的满足感，这又何尝不是一种回忆与体验呢？

先吃好葡萄，纵然享受，但越吃越会不想吃，尤其是，我们会与自己的过去对比，且结果往往令人失望。当什么时候你觉得，噢，好像生活中也没什么值得我去为之努力的了，我们便会放下手中的那颗酸涩的葡萄，将整个装葡萄的袋子，连同我们的人生以及曾经的快乐，一同丢进垃圾桶里。相比之下，另外一种先抑后扬的体验，恰恰满足了人类不断在做的"比较"活动。我们每次吃的虽然都是剩下的葡萄里最差的，但绝对是我们吃过的葡萄里最好的。快乐与享受，在这种方式里，不断递增。

欣赏是能力

但这种享受，无疑是有门槛的——欣赏，是一种能力。我们接受的教育告诉我们要取长补短，要懂得发现别人的闪光点。但随着年龄的增长，我们渐渐变得麻木，我们不再像小时候一样对所有的事物保持着近乎疯狂的热情与好奇。在时间的疯狂压缩下，我们觉得吃个葡萄，也就是一项令人愉悦的进食活动，仅此而已。大多数人，都慢慢在生活中，遗失了第二种人的吃法。

可惜吗？不一定。因为人的成长，不是以丢失童年的印记和习惯为标尺，而是能力的进阶与观念的成熟。小时候，我们的观念停留在一袋葡萄，我该怎样吃才能让我获得最大的快乐；而成年人思考的，是这袋葡萄，可以带给我多少快乐。我们大可以吃掉我们认为好吃的葡萄，剩下的留在那里不吃。纵然浪费食物不好，但我不仅节省了时间，收获的还全是快乐，何乐而不为呢？

结语

钱先生在描述两种人对于自己的选择的态度时，用了"应该"二字。恰是因为这两种人并不会拥有"应该"属于自己的那种情绪。第一种人，早已被生活磨平了棱角，卑微地在袋子里寻找看似好吃的葡萄，然后对剩下的葡萄们说一句对不起。不去体验，不去尝试，不去突破，一生便已过去。而第二种人，怀着对生活的热爱与感恩，带着来之不易的希望与追求，在这个世界里飘荡、沉浮，纵使满口酸涩、困难重重，他总会坚持下去，只为吃下最后一颗葡萄时的那种满足感。他们的人生，完整且富有意义。

到了终点，自会有一颗美味的葡萄，作为奖励。

我再也买不到六岁的糖了

2020 级　贾唯

当我毕业了再躺在学校的操场上看云；当我十六岁了再拿起六岁时渴望的芭比；当我彻底成为俗人时再翻开李长吉；当我不想吃葡萄时才吃到曾经最好的葡萄。我知道，来不及了。

所以，现在的我想吃葡萄，就要吃最甜的，或许下一刻我不想吃了，或许下一刻它就坏了。

葡萄是我很爱吃的水果，我就是那个挑最好的先吃的人，或者说我不会去挑，因为坏的我会扔掉，酸的我根本不会买。显然，一串葡萄根本不能说明问题，生活更不会像葡萄那样简单，我觉得生活更像一颗种子——不到那一刻，你永远不会知道它开什么样的花、结什么样的果，你甚至不知道它会不会开花，又会不会结。也许此刻的繁花腻叶会结出酸涩的苦果，也许彼时的硕果累累正源自此时的如米苔花。你或许想问，那我给它浇水，给它施肥，行吗？我觉得是可以的，如是往复，终有一日会收获硕果。所以《易经》才说："天行健，君子以自强不息。"

所以，朋友，我觉着我们都该学会苦中作乐，当生活给你苦果时，不能只记着给它浇水施肥，还要记得在吃果子时蘸点糖，或者干脆把它泡在蜜里——等你想清楚了愿意变甜了我再吃你。还得清楚：我给你浇水施肥是为了吃甜果子，却不是在求你，小心哪天我等不了了就把你给砍了当柴烧。总之我们是平等的，我愿意给你浇水施肥是因为我还爱着你——或者还有人爱着我，我不会跪在地上哀求祈祷，也希望你小心一点。

当然，我觉得我们还是要浇水施肥的，毕竟刚才的都是气话——我至今还没有找到一把可以砍掉它的斧头，也确实想尝一尝那甜果。更重要的是，我还爱它——生活偶尔也擅长制造惊喜，有时还挺可爱的。

但是，我觉得，蘸糖比浇水更重要——一味地寄希望于远方的甜果只会忘记甜的滋味，这样，甜果便会永远地属于远方。初中时，有老师说现在吃苦是为以后做准备，现在苦一点、累一点没关系，我不明白——以后是没有尽头的，我如果放弃当下，一直做准备，究竟在准备什么呢？我不明白。远方固然重要，可当下的快乐也同样可贵，毕竟，我这辈子都将活在当下。

　　小时候，幼儿园要捐款，妈妈让我把猪罐子里的硬币都捐了，我不愿意，最后，我把一张爸爸妈妈给的红色的纸放进了募捐箱，我到现在都挺后悔的。我不停地攒那银色的圆圆的东西却不知道要拿它做什么，甚至不舍得买个棒棒糖，还总想着长大要一次把所有口味的棒棒糖都买下来。

　　现在买到的糖是现在的，就像风儿没有故乡，我再也买不到六岁的糖了。

经典选读：

钱锺书《窗》

　　又是春天，窗子可以常开了。春天从窗外进来，人在屋子里坐不住，就从门里出去。不过屋子外的春天太贱了！到处是阳光，不像射破屋里阴深的那样明亮；到处是给太阳晒的懒洋洋的风，不像搅动屋里沉闷的那样有生气。就是鸟语，也似乎琐碎而单薄，需要屋里的寂静来做衬托。我们因此明白，春天是该镶嵌在窗子里看的，好比画配了框子。

　　同时，我们悟到，门和窗有不同的意义。当然，门是造了让人出进的。但是，窗子有时也可作为进出口用，譬如小偷或小说里私约的情人就喜欢爬窗子。所以窗子和门的根本分别，决不仅是有没有人进来出去。若据赏春一事来看，我们不妨这样说：有了门，我们可以出去；有了窗，我们可以不必出去。窗子打通了大自然和人的隔膜，把风和太阳逗引进来，使屋子里也关着一部分春天，让我们安坐了享受，无需再到外面去找。古代诗人像陶渊明对于窗子的这种精神，颇有会心。《归去来辞》有两句道："倚南窗以寄傲，审容膝之易安。"不等于说，只要有窗可以凭眺，就是小屋子也住得么？他又说："夏月虚闲，高卧北窗之下，清风飒至，自谓羲皇上人。"意思是只要窗子透风，小屋子可成极乐世界；他虽然是柴桑人，就近有庐山，也用不着上去避暑。所以，门许我们追求，表示欲望，窗子许我们占领，表示享受。这个分别，不但是住在屋里的人的看法，有时也适用于屋外的来人。一个外来者，打门请进，有所要求，有所询问，他至多是个客人，一切要等主人来决定。反过来说，一个钻窗子进来的人，不管是偷东西还是偷情，早已决心来替你做个暂时的主人，顾不到你的欢迎和拒绝了。缪塞（Musset）在《少女做的是什么梦》那首诗剧里，有句妙语，略谓父亲开了门，请进了物质上的丈夫（matériel époux），但是理想的爱人（idéal），总是从窗子出进的。换句话说，从前门进来的，只是形式上的女婿，虽然经丈人看中，还待博取小姐自己的欢心；要是从后窗进来的，才是女郎们把灵魂肉体完全交托的真正情人。你进前门，先要经门房通知，再要等主人出现，还得寒暄几句，方能说明来意，既费心思，又费时间，那像从后窗进来的直捷痛快？好像学问的捷径，在乎书背后的引得，若从前面正文看起，反见得迂远了。这当然只是在社会常态下的分别，到了战争等变态时期，屋子本身就保不住，还讲什么门和窗！

世界上的屋子全有门，而不开窗的屋子我们还看得到。这指示出窗比门代表更高的人类进化阶段。门是住屋子者的需要，窗多少是一种奢侈，屋子的本意，只像鸟窠兽窟，准备人回来过夜的，把门关上，算是保护。但是墙上开了窗子，收入光明和空气，使我们白天不必到户外去，关了门也可生活。屋子在人生里因此增添了意义，不只是避风雨、过夜的地方，并且有了陈设，挂着书画，是我们从早到晚思想、工作、娱乐、演出人生悲喜剧的场子。门是人的进出口，窗可以说是天的进出口。屋子本是人造了为躲避自然的胁害，而向四垛墙、一个屋顶里，窗引诱了一角天进来，驯服了它，给人利用，好比我们笼络野马，变为家畜一样。从此我们在屋子里就能和自然接触，不必去找光明，换空气，光明和空气会来找到我们。所以，人对于自然的胜利，窗也是一个。不过，这种胜利，有如女人对于男子的胜利，表面上看来好像是让步——人开了窗让风和日光进来占领，谁知道来占领这个地方的就给这个地方占领去了！我们刚说门是需要，需要是不由人做得主的。譬如饿了就要吃，渴了就得喝。所以，有人敲门，你总得去开，也许是易卜生所说比你下一代的青年想冲进来，也许像德昆西论谋杀后闻打门声所说，光天化日的世界想攻进黑暗罪恶的世界，也许是浪子回家，也许是有人借债（更许是讨债），你愈不知道，怕去开，你愈想知道究竟，愈要去开。甚至每天邮差打门的声音，也使你起了带疑惧的希冀，因为你不知道而又愿知道他带来的是什么消息。门的开关是由不得你的。但是窗，你清早起来，只要把窗幕拉过一边，你就知道窗外有什么东西在招呼着你，是雪，是雾，是雨，还是好太阳，决定要不要开窗子。上面说过窗子算得奢侈品，奢侈品原是在人看情形斟酌增减的。

我常想，窗可以算房屋的眼睛。刘熙译名说："窗，聪也；于内窥外，为聪明也。"正跟凯罗（Gottfried Keller）《晚歌》（Abendlied）起句所谓："双瞳如小窗（Fensterlein），佳景收历历。"同样地只说着一半。眼睛是灵魂的窗户，我们看见外界，同时也让人看到了我们的内心；眼睛往往跟着心在转，所以孟子认为相人莫良于眸子，梅特林克戏剧里的情人接吻时不闭眼，可以看见对方有多少吻要从心里上升到嘴边。我们跟戴黑眼镜的人谈话，总觉得捉摸不住他的用意，仿佛他以假面具相对，就是为此。据爱戈门（Eckermann）记一八三〇年四月五日歌德的谈话，歌德恨一切戴眼镜的人，说他们看得清楚他脸上的皱纹，但是他给他们的玻璃片耀得眼花缭乱，看不出他们的心境。窗子许里面人看出去，同时也许外面人看进来，所以在热闹地方住的人要用窗帘子，替他们私生活做个保障。晚上访人，只要看窗里有无灯光，就约略可以猜到主人在不在家，不必打开了门再问，好比不等人开口，从眼睛里看出他的心思。关窗的作用等于闭眼。天地间有许多景象是要闭了眼才看得见的，譬如梦。假使窗外的人声物态太嘈杂了，关了窗好让灵魂自由地去探胜，安静地默想。有时，关窗和闭眼也有连带关系，你觉得窗外的世界不过尔尔，并不能给与你什么满足，你想回到故乡，你要看见跟你分离的亲友，你只有睡觉，闭了眼向梦里寻去，于是你起来先关了窗。因为只是春天，还留着残冷，窗子也不能整天整夜不关的。

（选自钱锺书著《写在人生边上》）

扫码收听音频

朗读者：2021 级　黄馨语

经典选读：

杨绛《读书苦乐》

　　读书钻研学问，当然得下苦功夫。为应考试、为写论文、为求学位，大概都得苦读。陶渊明好读书。如果他生于当今之世，要去考大学，或考研究院，或考什么"托福"，难免会有些困难吧？我只愁他政治经济学不能及格呢，这还不是因为他"不求甚解"。

　　我曾挨过几下"棍子"，说我读书"追求精神享受"。我当时只好低头认罪。我也承认自己确实不是苦读。不过，"乐在其中"并不等于追求享受。这话可为知者言，不足为外人道也。

　　我觉得读书好比串门儿——"隐身"的串门儿。要参见钦佩的老师或拜谒有名的学者，不必事前打招呼求见，也不怕搅扰主人。翻开书面就闯进大门，翻过几页就升堂入室；而且可以经常去，时刻去，如果不得要领，还可以不辞而别，或者另找高明，和他对质。不问我们要拜见的主人住在国内国外，不问他属于现代古代，不问他什么专业，不问他讲正经大道理或聊天说笑，都可以挨近前去听个足够。我们可以恭恭敬敬旁听孔门弟子追述夫子遗言，也不妨淘气地笑问"言必称'亦曰仁义而已矣'的孟夫子"，他如果生在我们同一个时代，会不会是一位马列主义老先生呀？我们可以在苏格拉底临刑前守在他身边，听他和一伙朋友谈话；也可以对斯多葛派伊匹克悌忒斯（Epictetus）的《金玉良言》思考怀疑。我们可以倾听前朝列代的遗闻逸事，也可以领教当代最奥妙的创新理论或有意惊人的故作高论。反正话不投机或言不入耳，不妨抽身退场，甚至砰一下推上大门——就是说，啪地合上书面——谁也不会嗔怪。这是书以外的世界里难得的自由！

　　壶公悬挂的一把壶里，别有天地日月。每一本书——不论小说、戏剧、传记、游记、日记，以至散文诗词，都别有天地，别有日月星辰，而且还有生存其间的人物。我们很不必巴巴地赶赴某地，花钱买门票去看些仿造的赝品或"栩栩如生"的替身，只要翻开一页书，走入真境，遇见真人，就可以亲亲切切地观赏一番。

　　说什么"欲穷千里目，更上一层楼"！我们连脚底下地球的那一面都看得见，而且顷刻可到。尽管古人把书说成"浩如烟海"，书的世界却真正的"天涯若比邻"，这话绝不是唯心的比拟。世界再大也没有阻隔。佛说"三千大千世界"，可算大极了。书的境地呢，"现在界"还加上"过去界"，也带上"未来界"，实在是包罗万象，贯通三界。而我们却可以足不出户，在这里随意阅历，随时拜师求教。谁说读书人目光短浅，不通人情，不关心世事呢！这里可得到丰富的经历，可认识各时各地、多种多样的人。经常在书里"串门儿"，至少也可以脱去几分愚昧，多长几个心眼儿吧？我们看到道貌岸然、满口豪言壮语的大人先生，不必气馁胆怯，因为他们本人家里尽管没开放门户，没让人闯入，他们的亲友家我们总到过，自会认识他们虚架子后面的真嘴脸。一次我乘汽车驰过巴黎塞纳河上宏伟的大桥，我看到了栖息在大桥底下那群捡垃圾为生、盖报纸取暖的穷苦人。不是我眼睛能拐弯儿，只因为我曾到那个地带去串过门儿啊。

　　可惜我们"串门儿"时"隐"而犹存的"身"，毕竟只是凡胎俗骨。我们没有如来佛的慧眼，把人世间几千年积累的智慧一览无余，只好时刻记住庄子"生也有涯而知也无涯"的名言。我们只是朝生暮死的虫豸（还不是孙大圣毫毛变成的虫儿），钻入书中世界，这边爬爬，那边停停，有时遇到心仪的人，听到惬意的话，或者对心上悬挂的问题偶有所得，就好比开了心窍，乐以忘言。这个"乐"和"追求享受"该不是一回事吧？

一九八九年

（选自杨绛著《杂忆与杂写：1933—1991》）

扫码收听音频
朗读者：2021 级 赖信伊

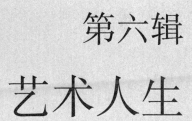

第六辑
艺术人生

人可生如蚁而美如神。

——顾城

　　"人可生如蚁而美如神"是诗人顾城的一幅书法，是他于1993年送给法国翻译家、汉学家，他的法语翻译尚德兰（Chantal Chen-Andro）女士两幅字中的一幅，另一幅是："鱼在盘子里想家"。这两句话书写的不仅是人们在理想与现实间的挣扎，更是希冀通过自己的修行获得解脱，正如唐代李翱问道诗中的那一句："云在青天水在瓶"。

　　"艺术人生"这个主题选的两位人物是李叔同和徐悲鸿，一位半生喧哗、半路出家，一位江南贫侠、悲悯豁达，他们秉持着对艺术的坚守，用一生的时间寻找着内心与外界的平衡，寻找着灵魂解脱的出路。两篇讲稿均出自"清流讲坛"，两位学生用自己的阐释和解读带来了两段不一样的艺术人生。

李叔同

晚风拂柳笛声残

> 长亭外，古道边，芳草碧连天。晚风拂柳笛声残，夕阳山外山。
>
> 天之涯，地之角，知交半零落。一瓢浊酒尽余欢，今宵别梦寒。
>
> 长亭外，古道边，芳草碧连天。问君此去几时来，来时莫徘徊。
>
> ——李叔同《送别》

解读：

　　这首《送别》是李叔同在1914年创作，曲调取自约翰·P.奥德威作曲的美国歌曲《梦见家和母亲》，这首歌在美国南北战争期间广为流传，日本歌词作家犬童球溪采用其旋律填写了一首名为《旅愁》的歌词。李叔同以其旋律填词了中国版本的《送别》——在中国几乎无人不知、无人不晓。很多人可能并不知道弘一法师，但是《送别》这首歌却大都听过、唱过。

　　《送别》的歌词清新淡雅、情真意挚、凄美柔婉，其中连绵出现的意象更是将人瞬时带入离别的现场和愁绪之中，满是画意与诗情：长亭、古道、芳草、晚风、柳、笛声、夕阳、浊酒……《送别》虽不是诗词，但是很容易让人联想到元代诗人马致远的一首小令《天净沙·秋思》："枯藤老树昏鸦，小桥流水人家，古道西风瘦马。夕阳西下，断肠人在天涯。"这首小令只有五句二十八个字，用了一连串恰当的意象：枯藤、老树、昏鸦、小桥、流水、人家、古道、西风、瘦马、夕阳、天涯，描绘出一幅凄凉动人的秋郊夕照图，并且准确地传达出旅人凄苦的心境。

如今的时代交通便捷、信息发达，虽然我们很难再体会到"十里长亭望眼欲穿，百相思，千系念"的那种万般无奈和心灵牵盼，但是历经百年时光，李叔同的这首歌依然是送别作品中的经典，唱出了无数人的别离愁绪。

课堂实录：

悲欣交集——彻底坦荡的李叔同

2019 级 袁箐霖

> **按**：集聪慧与谦逊于一身的箐霖让我非常惊喜，课前与她交流的备课心得与修改建议，她都对之进行了很好的吸收和转化。课上的箐霖从容优雅、娓娓道来，为同学们带来了一场非常精彩又收获满满的人物主题分享。
>
> 她说，受父母影响，她很喜欢中国近现代人物，尤其对李叔同情有独钟。那么，现在就让我们跟随她的讲述，走进李叔同的人生，体味这半生繁华、半生空门的灿烂与幽寂。

何谓"悲欣交集"？

这是弘一法师——也就是出家后的李叔同在圆寂时写下的四个字，其字面意思为"此刻离开现世，心中既感到悲哀，又觉得愉悦"。通过本次的"清流讲坛"，你或许会对这四个字有自己的感悟。

李叔同是中国近现代著名音乐家、美术教育家、书法家、戏剧活动家，中国话剧的开拓者之一，中国油画、广告画的先驱之一，新文化运动和中日文化交流的先驱，将西方乐理传入中国的第一人。他从日本留学归国后，担任过教师、编辑之职，后剃度为僧，被人尊称为弘一法师。

按说，文人相轻是常态。一个艺术家，这派人说好，那一派就不以为然。但李叔同不同，中国现当代的文艺名家，提到他时，几乎个个顶礼膜拜。对他的艺术造诣，美学家朱光潜、书画家启功、作家叶圣陶，都佩服得不得了；张爱玲够骄傲了吧？她也说"至少在弘一法师的寺院围墙外面，我是如此谦卑"。

李叔同和弘一，代表两种割裂的、剧烈转折的身份，又有一种连贯的精神内在。简单地说，就是认真做事。

他做世俗之人时，是旧上海的"第一等翩翩公子"、全情投入的艺术家；出家以后，就是最全心投入的僧人。我们对他的人生，尤其是他最终走入的境界，没法完全了解。但我们看到了：现实之中，真的有人清晰地走通了这条路。我想，世人对他的赞叹，正是来源于此。

这两个截然不同的身份的背后，是一种始终如一的精神。在备课的时候，最打动我的，也是我最想和大家分享的，正如标题所说，是他作为李叔同抑或是弘一法师所具有的彻底坦荡的认真，这也正是他身上具有的独特品质。

放浪形骸，笔墨丹青——全情投入的艺术家

李叔同从小便接受良好的教育，曾在 15 岁就写出了"人生犹似西江月，富贵终如草上霜"这样悲凉、出世的诗句。

他在 19 岁那年携母亲和妻子从天津迁往上海，在当时上海的文化艺术圈里大出风头。他的诗赋被传抄一时，号称"二十文章惊海内"。和他唱和应答的，都是有名的文人贵公子。他和其中的四位结拜为"天涯五友"。那首被几代人传唱的"长亭外，古道边，芳草碧连天"，是他写给"五友"里的许幻园的。许幻园是上海新文学的领袖之一，后来受李叔同影响，也皈依了佛教，他留下的遗言是："儿子长大后学习艺术，要像李叔同一样认真。"

李叔同在书法、美术、戏剧、音乐上，都有天才和成就。他既能粉墨登台唱京戏，也能演话剧。在他留下的照片里，我们能看到他反串《茶花女》的照片，据考证，这是中国人第一次演话剧。而且，李叔同还不只是艺术先锋，他是公认的五四新文化运动开山人物之一，是中国现代艺术的奠基人之一，中国最早的话剧团体"春柳社"是由他发起的。

他还引入了西方音乐，创办了中国第一份音乐杂志。后面我还要说到，他也是近代史上重要的艺术教育家。总而言之，这时的李叔同，像文艺复兴里的人物，生活在艺术和美之间，繁花着锦，绚烂至极。

他的生命转折出现在 1905 年，也就是 26 岁这年。他的母亲在上海病逝。李叔同在葬礼上弹奏钢琴，为母亲演唱自己写的挽歌。他还把自己的名字改成李哀，哀思的哀。他日后出家，和其母亲去世有很大的关系。

葬礼过后，李叔同执意去日本留学，把妻儿留在了天津。他在 1905 年留学，有一重历史意味。这一年，清政府废除了科举，就在两三年前，李叔同还考过举人，恐怕那也是中国历史上的最后一次科考了。我倒不是说李叔同出国前还想着当官，而是说：废科举这件事，标志着当时的中国被一系列的政治军事惨败彻底打垮了，人们对传统旧制丧失了信心，社会文化进入了巨大的真空。

在李叔同前后东渡日本的留学生，包括鲁迅，大多肩负着一种既惶惑又沉重的民族责任感。李叔同选的是学艺术，他先考取了东京上野美术学院，学油画、水彩，课余又在音乐学院学钢琴、学西洋戏剧。他不是因为家里有钱而"玩艺术"，他在文章里严肃地写道：音乐可以"陶冶性情，感精神之粹美"；绘画能够养成"健全之判断，高尚之审美心"。艺术是他的天才所在，也是他塑造民族精神的理想。真正认真的人，一定都有为什么要认真的道理。

1911 年，李叔同学成回国，在天津的几所高校教绘画，他不是一个人回国的，还带回来了一位日本妻子。

由于经济动荡，这时候的天津"桐达李家"濒临破产。很快，李叔同去南方任教，在浙江省立第一师范学校教音乐、绘画，同事里有他的好友、文学家夏丏尊，教出来的学生包括中国现代漫画事业的先驱丰子恺和音乐家刘质平等。

李叔同虽然教艺术，但国文比国文老师还好，历史比历史老师还好，英文比英文老师还好。他"律己很严，责备人也很严"，开学前就已经记住了每个学生的名字，会在第一节课上公布整个学期的教学计划。他讲课时全力以赴，虽然满面慈祥，但同学们都是既怕他，又崇拜他。

李叔同也是最早在国内开展西洋音乐教育的，平常谁都没听过他练琴，但无论问多难的曲子，他都示范得非常准确。林语堂说："李叔同是我们这个时代里最有才华的几个天才之一，也是最奇特的一个人，最遗世独立的一个人。"

那些年里，李叔同先娶的妻子俞氏和后来的日本夫人之间矛盾激烈，搞得他焦头烂额，调停不过来。而他后人的回忆是：俞氏夫人一直在天津，没到李叔同和日本夫人所在的南方去。

我为什么要把青年李叔同的多情和他对母亲的深情讲得这么细致呢？我这么理解：李叔同的多情不是滥情，它的意义在于敏感。那么，李叔同这样一个既敏感又应有尽有的人，心里烦恼的是什么呢？比起我们来，这样的人能更清楚地看到：温柔富贵乡背后，仍旧潜藏着虚无，仍旧有解决不了的生死困惑。远到出家前的佛陀，近到贾宝玉，都是如此。再加上李叔同是极为痴情、认真的人，他一旦下了决断，就会沿着那条精神的窄路一直走下去，直到觉悟。

晨钟暮鼓，半生清修——皈依佛门的弘一法师

李叔同出家的决断，是在 1918 年，39 岁那年做出的。我下面这部分内容就来为你说说，这前后的过程以及他出家之后的修行。

我前面说了：他在外人看来风流倜傥，内心却是忧郁的、烦乱的，母亲去世后的哀伤，一直没有得到排解。一开始，他利用假期到杭州的虎跑寺暂住，在那里练字。同

时，为了治疗神经衰弱，他开始尝试一种日本的断食法：在三周里，从只吃粥和梅子干，到完全绝食几天，之后再逐渐恢复到正常。

他感到断食和静坐冥想，非但没让他气力衰竭，反而变得神清气爽。在那些日子里，他对僧人的清幽生活很是羡慕。于是，此后就越来越勤，逐渐开始穿起出家人的衣服，打算住满一年后正式剃度。

李叔同说，是好友夏丏尊激励他的决心，是因为夏丏尊对他说："既然你住在庙里面，又穿着和尚衣裳，何不就此出家？"而夏丏尊在其回忆文章里却说：他哪里是那个意思？他是为李叔同的家庭和艺术而惋惜，说的是气话。这也是人情里的有趣之处。而丰子恺后来跟随李叔同皈依佛教，则认为老师的这个选择并不可惜，而是值得庆贺。

总之，李叔同提前结束了这一年的课程和考试，在虎跑寺出了家，又在灵隐寺受了比丘戒，成为正式僧人。他把平生积蓄的艺术品、收藏和财物，全部分给了亲友和学生；把自己的金石篆刻，埋在了西湖边上的西泠印社里；把自己的油画，赠送给北京美术专科学校。这在当时是一件轰动性的社会新闻，坊间传说：李叔同在寺里闭关修行时，两位夫人到门前来跪地痛哭，求他回心转意，里面却一天一夜寂静无声。他的心意已决，从此，世上没有了李叔同，只有弘一和尚了。

该怎么评价这件事，一直众说纷纭：敬佩他意志坚定的人很多；惋惜他的艺术事业的也有不少。比较深入的分析者，认为这个事件代表中国近代文化的悲剧性，认为他是因为感到艺术不能打破时代坚冰，才选择退居佛门的。我在比较之下，觉得从内心体验来看，还是丰子恺最了解他。

丰子恺说，人的生活，可以分作三层：一是物质生活，二是精神生活，三是灵魂生活。弘一法师是一层一层走上去的。他的"人生欲"非常之强。他的做人，一定要做得彻底。他早年对母尽孝，对妻子尽爱，安住在第一层楼中。中年专心研究艺术，发挥多方面天才，便是迁居在二层楼了。强大的"人生欲"不能使他满足这一层，于是爬上三楼去，做和尚、修净土、研戒律。

在弘一看来，什么是佛法？

他说，佛法不等于厌世。佛法的主旨，是洞察宇宙人生的本来面目，让人追求真实、追求智慧，切断生命里的愚昧和烦恼。佛法也不是迷信，很多寺庙里，确实混进来了神鬼的世俗仪式。但佛法的本来面目是庄严整齐的，没有那些迷信内容。佛教徒应该以所有人的苦乐为自己的苦乐，抱热心救世的宏大愿望去修行。

弘一说佛法，不大讲艰涩的佛理。他说，佛教的基本原则，就是要相信善恶因果报应，相信佛和菩萨的灵感。什么是因果？因好比种子，种在田中；果是从种子里发芽，渐渐成熟的。这虽然简单，可是真能彻底去信的人不多。一个人能坚定地去信仰，品行和道德才能逐渐高尚起来。

文学家木心在一篇散文里写过：弘一法师的一位故交对他讲，他曾在弘一圆寂前，和他一起登山。在山顶，他发现弘一眼神里起了变化，就问："似有所思？"弘一回答"有思。""何所思？""人间事，家中事。"木心感叹说：如果弘一回答"无所思"，那就太可怕了，因为那是虚伪。他有如此高超的修行，才会坦率地说出自己仍然对世间怀有未能割舍的深情。

最后，到底什么是"悲欣交集"呢？有很多种解释。比如有位法师说："大师所谓的悲，是悲众生沉溺生死；所谓的欣，是欣得往生极乐。"这是出家人的话。

我刚才讲了艺术通才、痴心多情的李叔同，他也是中国现代艺术的奠基人、严肃认真的教育家。讲了他如何与佛法结缘，作出决断的经过。从他的痴情、深情说到了他的慈悲。那么，对于什么是悲欣交集，我相信你一定有了自己的体悟。

在我看来，弘一所达到的悲欣交集境界对自己有很大的启发。我无法达到弘一法师将众生的悲欣都囊括于自己的胸襟之内的境界，然而我在慢慢学着用一种彻底、坦然的方式去接纳生活中的快乐与悲伤。可能悲欣交集、苦乐参半就是生活的常态吧。我也想像李叔同或是弘一法师一样用彻底、坦荡的认真去感知悲欣，全情投入我所爱的世界。

然而，弘一法师的境界已经超出了自我。那么，他临终所感到的悲欣，也许不再是自己的情绪，而是在世界上游荡的所有悲欣。

主题作业：

李叔同的人生选择引发哪些思考？

寻找灵魂自由的最后出路

2019级　朱嘉豪

在课上听了箐霖同学的分享，首先是被她的表达能力所震撼，然后就是被她的精彩选题深深吸引。对于我这个从未了解过李叔同的人来说，箐霖同学的介绍可谓是既清晰又充实。听着她的介绍，我突然想到了前两天看到的《北京晚报》发布的一则新闻《台湾72岁漫画家蔡志忠落发少林寺，法名释延一》。

两人同是艺术大师，最终都皈依佛门，这似乎不是一个巧合。

丰子恺用了三层境界来概括李叔同的一生：一是物质生活；二是精神生活；三是灵

魂生活。物质生活就是衣食，精神生活就是文学艺术，灵魂生活就是宗教。

我不是很能赞同这样的说法，我更希望将李叔同当一个普通人看，并且从原生家庭的角度来看他的一生。

李叔同的童年概括起来有两点：家境殷实；但因是庶出，地位不高。这样矛盾的童年，造就了一个非凡的人生。李叔同早年丧父，与母亲相依为命，这导致他在童年中十分缺爱，这赋予了李叔同敏感、自卑却极其认真、执着的性格，以及对爱的极度渴望。这虽说是性格特点，但也大多由原生家庭培养而成。它不能被称为是一种病，但附带上父亲的早逝、家庭地位不高、同杨翠喜的一段失败恋情和参加的维新运动的失败，确实成为困扰李叔同一辈子的难题。

青年时期的李叔同除了对母亲的爱与孝顺，也经常以风流多情的形象为人熟知。对此，我有两种推测：以爱情来填补对爱的渴望；或是希望通过沉醉风流、纸醉金迷来麻痹自己，忘却对爱的渴求。毕竟家境殷实的他并不需要担心钱的事情，如何让自己摆脱原生家庭带给自己的痛苦成了第一要务。

在这之后，李叔同 25 岁的时候，选择了将妻子和两个孩子留在国内，去日本深造，走上了艺术道路。一方面是因为家境富足，有能力去出国学习艺术；另一方面是因为青年时期就有的孤独感，加上母亲离世的悲伤。他试图去丰富自己的精神世界，试图换一个环境，只因他将其视作一种对自我的慰藉与治愈。作为艺术家的他，留下了许多传世佳作。如果细细品味，真正出名的都是些悲凉的、伤感的诗句：

"哀游子怅怅而自怜兮，吊形影悲，唯长夜漫漫而独寐兮，时恍惚以魂驰。""堤边柳到秋天，叶乱飘，叶落尽，只剩得细枝条，想当日绿荫荫，春光好，今日里冷清清，秋色老，风凄凄，雨凄凄，君不见眼前景已全非，一思量，一回首，不胜悲。""天之涯，海之角，知交半零落"……

作为一个才子，很多人无法理解为什么他在接近中年时，突然看破红尘，剃度出家，全然不顾妻子的阻拦。在我看来，似乎是希望通过新的一条路去减轻自己的痛苦。这些年来，执着的态度帮助他走上了人生巅峰，却也不断地在折磨他的内心。即使艺术成就越来越高，心中仍然是一团乱麻，艺术已经不足以安放他的心灵。因此，他选择了最难修的南山律宗，希望能够通过这种方式破除自己心中的执念。但是，直到已经成为知名的弘一法师，他还是会因为听见《地藏经》就潸然泪下，还是会心中有所思，思人间事、家中事。

回到他的人生选择，我觉得他出家的原因，只是无处可逃。他曾用尽办法去填补年少时内心的空虚与爱的匮乏，然而无论是"放浪形骸"还是艺术修养，这些能够丰富现实生活甚至是精神生活的东西，都难以解决他心中那份执念和痛苦。而出家，恰是他寻找灵魂自由的最后一条出路。

对比来看，蔡志忠与李叔同有着类似的童年经历，也都是艺术大师，最终都选择了出家。反观我们的生活，父母会经常说，我们当年过着穷日子，回到家就得干活，哪像你们现在那么幸福。现在好了，你们生活变得越来越好，毛病也越来越多。一天到晚不知道在想什么，还动不动崩溃、抑郁，没事多洗洗碗，都是闲的！

其实，说得很对。人在不需要担心生存问题时，便会去思考感情与精神。这似乎很符合人们对于新一代年轻人的偏见，但却没人去深挖背后的规律。之所以人会"闲出病来"，其实是因为物质上富足后，才会对精神富足有所追求。而追求不得法，则会致郁，变得孤独。

随着人类生活质量的不断提升，人生的起点也与以前不同。而我们终究无法改变一个事实——我们无法选择童年，只能被迫接受。有人将婴儿比作一张白纸，从来到世上就要好好培养，这样才能成才。可很少有人去关注如何让孩子拥有一个美好的童年，甚至是拥有一个健康的童年。阿德勒说："幸运的人用童年治愈一生，不幸的人用一生治愈童年。"但实际上更多人属于后者。我们总是抱怨我们的童年、原生家庭、父母，甚至是小时候的某件事，但这也只能是徒增烦恼，毕竟我们无法改变这一切。

这真的很痛苦！很令人惋惜！它就像在小组活动时随机分配队友，你不仅对其他人一无所知，你甚至还没有权利当组长！

但是，我们真的束手无策了吗？李叔同的一生给了我们极佳的参考答案。事实上，他面临的痛苦远比我们这些天天抱怨生活的人大。然而他选择的是去学习，去丰富自己的阅历。虽然这些并没能解决他的问题，但是这些知识与能力确实为他提供了一个情绪发泄的通道，也丰富了他的灵魂。这是我们可以做到的，选择自己喜欢的方向，努力学习，提升自己的实力。

当然，我相信在这其中，李叔同的阅历还让他拥有了更多看待童年经历的视角，学会了人生道路的选择。在我看来，成长，是需要试错、需要时间的。还记得六年级时，我对我妈说："其实我有很多情绪和想法没跟你说，你也不一定能理解这些事。"作为最了解我的人，她很不能接受。但当我的年龄增长、经历的事情变多之后，才会发现，家庭是人生的始发站，但也仅仅就是始发站。就算是车轮少了一个，你也可以在后面的车站装上。而人生的路不同，这往往是决定一生的。但我们可以试图回答的问题是：我们如何面对每一个道闸，是按计划还是随自己心意？我们如何承担后果？

李叔同的一生不算坎坷，但是心路历程足以让我们深思。25岁抛妻弃子去日本留学和39岁突然出家可能是他人生中的两大重要转折点。不少人从他的性格特点出发，说其实他就是会做出这两个意料之外的选择。但在我看来，第一次他这么做，是一种冲动。面对情感上稚嫩的自己失去了唯一精神支柱的事实，"逃"成为唯一的选择。而后一次选择，绝对是深思熟虑的。出家，其实还是一种"逃"的方式，但是这相比以前的方式绝对是有进步的。曾经的他，仍然对世俗的方式抱有期待，仍然希望去填补自己童年的漏洞。而这时，他可以决绝地说："我不干了！"

其实，类似这样原生家庭带来的问题真的无法解决吗？好像也不是。随着近现代心理学的发展，已经有比较多样的情绪疗法去治疗这种问题，至少可以保证我们不会被这种情绪影响到生活。然而，我们面对的问题可能不是疗法的欠缺，而是我们对于这种心理障碍的认知。

长久以来，人们对于心理疾病的了解少之又少。我们的物质生活确实在越变越好，但其实当代年轻人的心理状态和认知水准还跟不上自己忙碌又充满焦虑的生活。在李叔同生活的年代里，他是幸运的——生活富足，但他又是不幸的——没有渠道解决自己的情绪问题。甚至可以说，他是被自己内心的纠结逼到出家的。

从李叔同到蔡志忠，时代变了可问题没变，科技与治疗办法变了，可观念却没变。对于我们，真正去关注自己的情绪问题并积极解决，也许是我们能从他们的经历里学到的宝贵经验。

李叔同是那个时代的悲剧，而我们的未来，会重演吗？

经典选读：

丰子恺《我与弘一法师》

弘一法师是我学艺术的教师，又是我信宗教的导师。我的一生，受法师影响很大。厦门是法师近年经行之地，据我到此三天内所见，厦门人士受法师的影响也很大，故我与厦门人士不啻都是同窗弟兄。今天佛学会要我演讲，我惭愧修养浅薄，不能讲弘法利生的大义，只能把我从弘一法师学习艺术、宗教时的旧事，向诸位同窗弟兄谈谈，还请赐我指教。

我十七岁入杭州浙江第一师范，廿岁毕业以后没有升学。我受中等学校以上学校教育，只此五年。这五年间，弘一法师，那时称为李叔同先生，便是我的图画、音乐教师。图画、音乐两科，在现在的学校里是不很看重的，但是奇怪得很，在当时我们的那间浙江第一师范里，看得比英、国、算还重。我们有两个图画专用的教室，许多石膏模型，两架钢琴，五十几架风琴。我们每天要花一小时去练习图画，花一小时以上去练习弹琴。大家认为当然，恬不为怪，这是什么缘故呢？因为李先生的人格和学问，统制了我们的感情，折服了我们的心。他从来不骂人，从来不责备人，态度谦恭，同出家后完全一样，然而个个学生真心的怕他，真心的学习他，真心的崇拜他。我便是其中之一人。因为就人格讲，他的当教师不为名利，为当教师而当教师，用全副精力去当教师。就学问讲，他博学多能，其国文比国文先生更高，其英文比英文先生更高，其历史比历史先生更高，其常识比博物先生更富，又是书法金石的专家，中国话剧的鼻祖。他不是只能教图画、音乐，他是拿许多别的学问为背景而教他的图画、音乐。夏丏尊先生曾经说，"李先生的教师，是有后光的。"像佛菩萨那样有后光，怎不教人崇拜呢？而我的崇拜他，更甚于他人。大约是我的气质与李先生有一点相似，凡他所欢喜的，我都欢喜。我在师范学校，一二年级都考第一名；三年级以后忽然降到第二十名，因为我旷废了许多师范生的功课，而专心于李先生所喜的文学艺术，一直到毕业。毕业后我无力升大学，借了些钱到日本去游玩，没有进学校，看了许多画展，听了许多音乐会，买了许多文艺书，一年后回国，一方面当教师，一方面埋头自习，一直自习到现在，对李先生的艺术还是迷恋不舍。李先生早已由艺术而升华到宗教而成正果，而我还彷徨在艺术宗教的十字街头，自己想想，真是一个不肖的学生。

他怎么由艺术升华到宗教呢？当时人都诧异，以为李先生受了什么刺激，忽然"遁入空门"了。我却能理解他的心，我认为他的出家是当然的。我以为人的生活，可以分作三层：一是物质生活，二是精神生活，三是灵魂生活。物质生活就是衣食。精神生活就是学术文艺。灵魂生活就是宗教。"人生"就是这样的一个三层楼。懒得（或无力）走楼梯的，就住在第一层，即把物质生活弄得很好，锦衣玉食，尊荣富贵，孝子慈孙，这样就满足了。这也是一种人生观。抱这样的人生观的人，在世间占大多数。其次，高兴（或有力）走楼梯的，就爬上二层楼去玩玩，或者久居在里头。这就是专心学术文艺的人。他们把全力贡献于学问的研究，把全心寄托于文艺的创作和欣赏。这样的人，在世间也很多，即所谓"知识分子"，"学者"，"艺术家"。还有一种人，"人生欲"很强，脚力很大，对二层楼还不满足，就再走楼梯，爬上三层楼去。这就是宗教徒了。他们做人很认真，满足了"物质欲"还不够，满足了"精神欲"还不够，必须探求人生的究竟。他们以为财产子孙都是身外之物，学术文艺都是暂时的美景，连自己的身体都是虚幻的存在。他们不肯做本能的奴隶，必须追究灵魂的来源，宇宙的根本，这才能满足他们的"人生欲"。这就是宗教徒。世间就不过这三种人。我虽用三层楼为比喻，但并非必须从第一层到第二层，然后得到第三层。有很多人，从第一层直上第三层，并不需要在第二层勾留。还有许多人连第一层也不住，一口气跑上三层楼。不过我们的弘一法师，是一层一层的走上去的。弘一法师的"人生欲"非常之强！他的做人，一定要做得彻底。他早年对母尽孝，对妻子尽爱，安住在第一层楼中。中年专心研究艺术，发挥多方面的天才，便是迁居在二层楼了。强大的"人生欲"不能使他满足于二层楼，于是爬上三层楼去，做和尚，修净土，研戒律，这是当然的事，毫不足怪的。做人好比喝酒：酒量小的，喝一杯花雕酒已经醉了；酒量大的，喝花雕嫌淡，必须喝高粱酒才能过瘾。文艺好比是花雕，宗教好比是高粱。弘一法师酒量很大，喝花雕不能过瘾，必须喝高粱。我酒量很小，只能喝花雕，难得喝一口高粱而已。但喝花雕的人，颇能理解喝高粱者的心。故我对于弘一法师的由艺术升华到宗教，一向认为当然，毫不足怪的。

艺术的最高点与宗教相接近。二层楼的扶梯的最后顶点就是三层楼，所以弘一法师由艺术升华到宗教，是必然的事。弘一法师在闽中，留下不少的墨宝。这些墨宝，在内容上是宗教的，在形式上是艺术的——书法。闽中人士久受弘一法师的熏陶，大都富有宗教信仰及艺术修养。我这初次入闽的人，看见这情形，非常歆羡，十分钦佩！

前天参拜南普陀寺，承广洽法师的指示，瞻观弘一法师的故居及其手种杨柳，又看到他所创办的佛教养正院。广义法师要我为养正院书联，我就集唐人诗句："须知诸相皆非相，能使无情尽有情"，写了一副。这对联挂在弘一法师所创办的佛教养正院里，我觉得很适当。因为上联说佛经，下联说艺术，很可表明弘一法师由艺术升华到宗教的意义。艺术家看见花笑，听见鸟语，举杯邀明月，开门迎白云，能把自然当作人看，能化无情为有情，这便是"物我一体"的境界。更进一步，便是"万法从心"、"诸相非相"的佛教真谛了。故艺术的最高点与宗教相通。最高的艺术家有言："无声之诗无一字，无形之画无一笔。"可知吟诗描画，平平仄仄，红红绿绿，原不过是雕虫小技，艺术的皮毛而已，艺术的精神，正是宗教的。古人云："文章一小技，于道未为尊。"又曰："太上立德，其次立言。"弘一法师教人，亦常引用儒家语："士先器识而后文艺。"所谓"文章"，"言"，"文艺"，便是艺术；所谓"道"，"德"，"器识"，正是宗教的修养。宗教与艺术的高下重轻，在此已经明示，三层楼当然在二层楼之上的。

我脚力小，不能追随弘一法师上三层楼，现在还停留在二层楼上，斤斤于一字一笔的小技，自己觉得很惭愧。但亦常常勉力爬上扶梯，向三层楼上望望。故我希望：学宗教的人，不须多花精神去学艺术的技巧，因为宗教已经包括艺术了。而学艺术的人，必须进而体会宗教的精神，其艺术方有进步。久驻闽中的高僧，我所知道的还有一位太虚法师。他是我的小同乡，从小出家的。他并没有弄艺术，是一口气跑上三层楼的。但他与弘一法师，同样地是旷世的高僧，同样地为世人所景仰。在人的修身上，器识重于一切。太虚法师与弘一法师，异途同归，各成正果。文艺小技的能不能，在大人格上是毫不足道的。我愿与闽中人士以二法师为模范而共同勉励。

——厦门佛学会讲稿，一九四八年十一月廿八日

（选自丰子恺著《缘缘堂随笔》）

扫码收听音频

朗读者：2019 级　朱嘉豪

徐悲鸿

道在日新，艺亦须日新

道在日新，艺亦须日新，新者生机也；不新则死。

——徐悲鸿

解读：

《礼记·大学》有言："苟日新，日日新，又日新。"徐悲鸿的艺术追寻之路也是不断突破自我的创新之路。

在 20 世纪上半叶中国艺术进入现代之时，作为中国艺术界举足轻重的人物，徐悲鸿为了扭转中国画抄袭、模仿、缺乏生活气息的萎靡颓风而大声疾呼，他学贯中西，将西方精湛的写实技巧融汇到中国绘画之中，为传统艺术的革新与发展开拓了新的广阔天地。

1916 年，徐悲鸿入上海震旦大学法文系半工半读，课余苦修素描。暑期应聘到明智大学作画，结识了著名学者康有为、王国维等人。次年 5 月，徐悲鸿拿到了明智大学的一笔稿费，赴日本学习美术，年底回国。这年 12 月，徐悲鸿北上，被北京大学聘为画法研究会导师，受新文化运动影响，接受民主与科学思想，成为新文化运动在美术方面的主要代表之一。当时他就明确提出，"古法之佳者守之，垂绝者继之，不佳者改之，未足者增之，西方画之可采入者融之"。

1927 年春归国后，徐悲鸿奋力投身美术创作和美术教育工作当中，受田汉之邀，出任上海南国艺术学院美术系主任，同时受聘为中央大学艺术系教授，在教学与创作中，提倡写实主义，抨击形式主义。1929 年 9 月，由蔡元培推荐，受聘担任北京大学艺术学院院长，提倡中国画的革新，反对保守主义，曾亲自拜访并聘请画家齐白石出任该院教授。1930 年完成油画《田横五百士》，次年完成中国画《九方皋》，1933 年完成油画《傒我后》，开中国历史画一代新风。由于他在绘画理论和实践上的卓越成就以及他在美术教育方面所做的巨大贡献，他被国际评论誉为"中国近代绘画之父"。

课堂实录：

神州少年，江南贫侠

2019 级　吴明辉

> **按：**课上 30 分钟讲述的背后，明辉经历了查阅资料、搜集画作、选题更迭、主题变换、反复磨课的艰辛历程，但每次从他认真的神情和语言中，我读到了他发自内心的热爱和向往。因为热爱，他也享受着这个美好的过程。他的这股韧劲，就是对所讲"侠气"最好的诠释。
>
> 近现代画作中，齐白石的虾和徐悲鸿的马，常被人称道，那么徐悲鸿的"侠"又有哪些魅力呢？我们跟随吴明辉同学一起看一看。

"人不可有傲气，但不可无傲骨。"

这位画家的座右铭到处都透露出一种仿佛高人一等的"自大"。我当时就想，区区画匠，从哪里来的如此自信，再加上画在我心中有种高尚的地位，我便直接给他贴上了"纨绔子弟""自大公子"之类的标签。直到我逐渐深入了解他之后，我的想法被完全推翻。

那么，今天我要和大家介绍的人物就是徐寿康，如今人们常称其后改的名字——徐悲鸿。我们今天不会突出讲他在美术上的造诣，因为在对徐悲鸿进行了深入研究后，我对他满身的侠气充满好奇。

什么是"侠"呢？一生随心，苦乐不改，是为侠也。《史记》有言："其言必信，其行必果，己诺必诚。不爱其躯，赴士之厄困矜其能，羞伐其德。"是为侠也。

侠有对抗不公的勇气，但同时，由于这种对抗，侠会把自己的出路堵得越来越小。侠，一个人，一个夹。不愿意夹着尾巴做人，要在夹缝中求生存。我认为，这就是侠。

正如《无问西东》中吴岭澜、沈光耀之辈，他们不放弃对生命的思索、对自己的真实，这种人我方敬重其为侠者。现在让我带领大家来看看那个时代卓越的侠者——徐悲鸿。

幼童时徐悲鸿

故事还要从 1895 年那个多事之秋讲起，欧洲列强压境、国力疲惫、内忧外患，清政府处于风雨飘摇之中。这么一个小孩，成长在这个动乱的时日。江苏宜兴县，河水潺潺，隐隐之间常伴随着对战争恐惧的婴儿哭啼和小孩叫喊。身为长子的徐寿康眼中透露出一抹忧愁，但年少无知的他倒也不是怕什么别的，也就是怕赶不上庙会罢了。

年幼时的他特别喜欢看庙会，在那个娱乐资源匮乏的年代，又有谁不爱看庙会呢？每每遇到节日时，他总会挤在人群里，或者趴在树干上，为戏中的好人遇难而悸动，为坏人的得势而感到愤怒，徐寿康极易和场景产生联觉，生出自己的情绪。

我想，他善良的气质也许从这里养成。徐寿康的侠气，最开始便是随着这些戏而诞生出雏形。假如说社戏中人物的爱憎分明潜移默化地影响了徐悲鸿的性格养成，让他心中产生了一种随性洒脱的侠气的话，少年家境的贫苦就是侠气的催化剂。

他常常把小伙伴叫到一起，上山砍些竹子，练习武术，用颜料涂在脸上，搭个小舞台，拿着竹子砍来砍去。但有一次他没有注意到父亲徐达章已经出现在门口，徐寿康那时正在演习：身上披着红色的围巾，脸上涂抹得五彩缤纷，高举自己的竹剑，冲着他父亲就是一顿大喊："恶贼住手！江南贫侠来也！"他的话还未说完，便看见了站在门口怒气冲冲的父亲。

据他自己所说，过了半炷香的时间后，刚才还极为生气的父亲却连一句责备的话也未说，只是沉重地叹息了一声，指着那些被孩子们用来化妆的颜料说："我们是穷苦人家，买这些颜料，不容易啊！"

徐寿康自此再也没演过戏，他认识到了人间的疾苦离自己不远，他感受到了父亲的痛苦，那种复杂的情感在徐寿康胸中荡漾着。这时的徐寿康还不知道何为侠者，只是觉得，侠就该像戏剧中的一般，穿得五彩缤纷的，走路耀武扬威的，谁见了都怕似的。

但是，这是侠吗？这分明就是土匪，这只是侠的表象。人如若没有经历过苦难，是不知如何方为宝贵的。侠气的雏形可以诞生在很多人的心里，但并没有很多人可以抚养自己的侠义之气长大。比如遇上世事的艰难，你是否有勇气去打破？比如遇上世事的不公，你是否保持自己的本心？这些苦痛都是侠心的养分，挺过去，你的心日益强大。挺不过去，你便给世俗拿了一分，就和生长素一般，能帮助你生长，也可以抑制你的生长。被苦痛打败了，倒也不是说输了什么，只是最后落得一个被世人的意识强加在身上去生活的下场，你还是你么？

少年时徐悲鸿

刚满十三岁，徐寿康便和父亲流落他乡，开始了卖画的生活。1908 年，国内战乱不断，百姓饱受饥寒。有一次父子二人在太湖沿湖岸听一位同样流落他乡的父女弹唱琴曲，曲子结束后，他却无钱可以施舍，仿佛正如《琵琶行》所述一般，同是天涯沦落人，相逢何必曾相识。他们还碰到过在战乱城中的孤妇抱着婴儿，看着自己的家被仇家放火，却无力阻挡。

每每看到这种惨淡，徐寿康的心总在颤抖。但至少徐寿康还有他的父亲在一旁，与他相伴。徐达章此时虽已极度贫困，但还是会从自己微薄的收入之中拿出钱财来救济穷人，这种微薄的钱财对于他们而言可不是一笔小钱。

父亲对人民的同情和对国家苦难的伤悲，内化成了徐悲鸿心中那抹对善和正义的渴望，侠气开始在他心中堆砌。他开始明白了侠客的真正意义，不是耀武扬威，而是"事聊拂衣去，深藏功与名"的济世之情。没错，就如电影《无问西东》所讲："这个世界缺的不是完美的人，而是从心底给出的真心、正义、无畏与同情。"父亲用自己的言行感染了徐悲鸿，让他更加坚定了自己的信念。他也意识到，成为强大的人，如此才可保护那些无力自保的人。

长期的流浪生涯让父亲染上了重病，当徐寿康搀扶着全身水肿的父亲走进家门之时，门堂上蒙上的一抹悲意。

那年，徐寿康年仅17岁，便独自挑起了全家的生活重担。徐达章托人说了一门亲——邻家的一个女孩，家境清寒。老人以为自己也是贫苦人家，算得上"门当户对"，但是对于有着自己独特人生见解的徐寿康来说，又怎会只把自己局限于这个小小乡镇。

他有着自己的理想，却又不想让父亲难过，于是只好离家出走，但不久被抓了回来，被迫完成这桩亲事。为了反抗父亲，徐寿康一怒之下把自己名字改了，改作悲鸿——鸿，泛指能飞的大鸟；合在一起即指，徐徐升起的一只看尽世间悲痛的大鸟。

成年时徐悲鸿

1912年，徐悲鸿来到上海学画，此时他正好18岁。他本来想在上海图画美术院学习，但是这里异常简陋的校舍，以及基本属于自习状态的教学，又怎么可能是个学习之所？为了在上海谋取生活，他不得不在上海四处卖画，过着潦倒的生活。在街头巷尾，徐悲鸿迷迷糊糊地度过了两年。

1914年，当徐悲鸿20岁的时候，他在家躺了两年多的父亲去世了，他急急忙忙从上海赶回。为了埋葬父亲，已经身无分文的徐悲鸿甚至不得不向他人告贷。当人们将黄土推向墓穴淹没了他父亲时，他被无尽的孤独淹没了，漫无边际的悲痛侵袭了他。

他心中也燃烧起了强烈的想要终结自己的欲望，但又想起父亲曾经对他说过："一个人到了山穷水尽的地步而能够自拔，才不算懦弱。"在没有完成他的信念的时候，他又怎么能够让自己如此渺小地死去，他一定要实现自己的人生价值，反抗这个荒诞的世界。

这一日，浑身伤痕的饥饿的猛虎方才逃出自己心里的牢笼，和父亲又爱又恨的复杂世俗牢笼。他再无依靠了，他望着漫漫前路，眼眸中只剩下愤怒的火焰和坚持不懈的信念。

20 年春秋，今日，悲鸿去也。

从此便独自闯荡天涯。

徐悲鸿后来的画中，到处都可以体现出侠的气质，尤其是徐悲鸿的马。他画笔下的马一般都是不带缰绳的，恣意不羁，奔腾洒脱，"一洗凡古万马空"。

"斯须九重真龙出，一洗万古凡马空"出自唐代诗人杜甫的《丹青引赠曹将军霸》，意思是：片刻间九天龙马就在绢上显现，一下比得万代凡马皆成了平庸。

但是，有一幅画是特殊的，也唯有这一幅画——《九方皋》，画中黑缎似的骏马心甘情愿被红缰所制。对此，徐悲鸿解释说："马也如人，愿为知己者所用，不愿为昏庸者所制。"

《九方皋》这幅画的背景为：世人都知有伯乐，却不知还有九方皋这位相马能手，画面中的九方皋就具有不卑不亢的傲骨气节。在讥讽当权者不识人才的同时，徐悲鸿本人曾鄙夷地指着九方皋身后的小丑说：这个人其实不懂马的好坏，却摆出那种架势，着实可笑——足见先生身上所散发出来的浩然正气。

最后，送给大家一句话："侠之小者，锄强扶弱；侠之大者，为国为民。"愿大家都可以找到自己心中的侠气。

推荐欣赏：

徐悲鸿的代表作品

《九方皋》极其生动地塑造了一位朴实、智慧的劳动者——九方皋的形象。此画取材于《列子》所载的九方皋相马的故事：秦穆公欲求良马，相马名手伯乐推荐了九方皋。三个月后，九方皋回来说求得了一匹骏马，是黄色的母马，带回的却是黑色的公马。秦穆公大为不满，对伯乐说，九方皋连马的毛色、性别都不能分辨，怎能识出马的优劣？伯乐却不以为然，他说九方皋观察马是"得其精而忘其粗，在其内而忘其外，见其所见，不见其不所见"。牵来一看，果然是天下唯一的好马。

徐悲鸿创作此画作，也是有感于自己的身世遭遇。在第七稿《九方皋》上，徐悲鸿作如是题款："辛未初冬第七次写此，并纪念廉南湖先生，感喟无极。悲鸿时授徒中央大学，居丹凤街。"廉南湖先生是徐悲鸿人生中的一位"贵人"，正如他在自传中说："因写仓颉识姬觉弥，识康南海。南海甚为器重，许为天才。时又识廉南湖，极为契合。遂知名于沪"。

《九方皋》

创作时间：1931 年　收藏地：徐悲鸿纪念馆

　　1938 年的新年，中国的抗战形势愈加紧张。1 月上旬，时任中央大学艺术系主任的徐悲鸿与挚友吴蕴瑞流寓重庆，谈论国难民情之时，徐悲鸿情有所触，怨愤难忍，奋笔挥毫，顷刻便画就了一幅寄寓着无限深意的激情之作：《负伤之狮》，并在画的右上角写上题识，以记述这幅作品诞生的不寻常经历——"国难孔亟，时与麟若先生同客重庆，相顾不怿，写此聊抒忧怀"。

《负伤之狮》

创作时间：1938 年　收藏地：徐悲鸿纪念馆

　　这是一幅现实主义和浪漫主义结合的杰作。彼时中国被称作东方的"睡狮"，被日本帝国主义侵占了东北大部分国土，"睡狮"已成了负伤雄狮。这头双目怒视的负伤雄狮在不堪回首的神情中，准备战斗、拼搏，蕴藏着坚强与力量。后来徐悲鸿将作品留赠给了吴蕴瑞。

　　1941年，抗日战争正处于敌我力量相持阶段，日军想在发动太平洋战争之前彻底打败中国，使国民党政府俯首称臣，故而他们倾尽全力屡次发动长沙会战，企图打通重庆。二次会战中国一度失利，长沙为日寇所占。正在马来西亚槟榔屿举办艺展募捐的徐悲鸿听闻国难当头，心急如焚，他连夜画出《奔马图》以抒发自己的忧思之情。《奔马图》画幅右侧有题跋："辛巳八月十日，第二次长沙会战，忧心如焚，或者仍有前次之结果之，企予望之，悲鸿时客槟城"。

　　在此幅画中，徐悲鸿运用饱酣奔放的墨色勾勒马头、颈、胸、腿等大转折部位，并以干笔扫出鬃尾，使浓淡干湿的变化浑然天成。马腿的直线细劲有力，犹如钢刀，力透纸背，而腹部、臀部及鬃尾的弧线很有弹性，富于动感。整体上看，画面前大后小，透视感较强，前伸的双腿和马头有很强的冲击力，似乎要冲破画面。

《奔马图》

创作时间：1941 年　收藏地：徐悲鸿纪念馆

经典选读：

徐悲鸿《艺术漫谈》

中国画之妙处，有如水之就下，自成文章，奔流穿涧，旋转萦回。或一泻百尺如飞瀑，或涓涓滴滴若吐珠。要以引用自然，随势顺逆为其极则，以自然入乎规矩者也。

西洋画如打台球，三球相距或远或近，顺者易合，逆者每违。而必深解其理，迫之相撞，旁敲侧击，缓急疾徐，率直迂回，求其必中。其奇妙时，神出鬼没，变化无穷，而值合乎数理。此以规矩入乎自然者也。

顺势以成至美，乃中国之写意画。设境求其实现，乃油绘之能事。

为学如植果树。野桃荫一亩，果实累累，枝叶繁茂，但以未经接枝，终无嘉果。其产嘉果之树，不必藉有伟巨之本干也。

劳之反面为逸。闲暇云者，固无所事事，逸则有事如无其事也。故形容词之逸气、逸笔、逸才，乃言其从容解决困难也。

文明之极，必入细密。细密乃感觉之及乎精微处，不可幸致。抑文明果不臻细密，直可谓之不文明。而其弊也，失之琐屑。溺惑微末，忽略远大。如善饮茶者之辨水味，爱书法者之审拓本，往往置茶之好恶与书之良否于不顾。

有友人工书而宝一旧拓王居士砖塔铭。夫砖塔铭书之纤弱，友人自书且远过之。徒因旧拓，偶一展玩，详辨其锋擦起落，若有无穷之趣。善辨味者又尝一果羹，自抒异向，对于笋蕈之鲜漠然不顾，以人人知之也。故知细密者乃起于观察精微者骄傲心理，往往不惜抹杀有目共睹、人同此心之至美，以为平常，视若不屑，此矫情之极也。

夫白、甫之后乃有李贺，可云贺之诗遂高出李杜乎？驯至治书者忘却右军，为思想者，不解经典，久之衣先其御寒之功，目反无司明之用。夫趣良不宜恶陋，但舍本逐末至此，则古人玩物丧志之戒为不虚矣，是细之过也。

椎鲁不文究害乎雅，信也。故好纯色、纯味、纯形者，号为思想简单。但千章百彩俱带灰色，必有损乎明。众香杂味若尽椒盐，究有何味？六合石子固无纯方纯圆者，但其碗确，毫无常形，拾者亦必不取也。中国蠢人欲效欧人之善用灰色也，将一切绸缎绫罗尽染灰色，同样深浅，置于一处。于是，灰紫、灰绿、灰黄、灰青，恶劣盈前，不堪入目。其可厌处，较之苏北人绿裤红带，尤为过之。

何者？因人之肉色无纯色，往往服用纯然红绿，尚得调和。今之为细密者，以一律之灰装成一人，苟其人既非颜如握丹，或美同冠玉，必装成不可向迩之十足灰气，无可疑也。纯色、纯形（方圆）、纯味所失，仅有时粗鄙已，但真趣洋溢。其不通者，遂以无色、无形、无味易之，诚哉其半解也，其陋抑尤过于粗鄙也。

人之思想日密，所撷日繁，领域扩大，和谐易为。往往昔之无用者，今能得其无上之用。决无昔日有用之物，今反无用也（除非八股及小足）。故灰色与椒盐，昔人不取而已。何至遂舍弃纯色、纯味、纯形？科学家固有以毙一虱立大功者，独未尝言为稼穑者之无裨于世也。

是故最通人之理解往往不可取，因其人多"守深人无浅语"之训，指点入骨，用之不全者，有害无益。吾友张大千爱梅瞿山之画，不惜以千金致之。梅画清丽淡逸，大千又嗜痂有癖，固无可置议，其实大千自画已远过之。法倍难尔先生标举十八世纪美术皆厚人之所薄，而自矜骄傲，其流毒于他人，不遑计也。虽然，卓绝之人固能利用一切毒物，了无障碍。顾世间此类卓绝之人皆自探险巇之径，自寻烦恼苦毒，甘之不悔，无所用其指示也。其为芸芸民众谋利益于善恶美丑之途，当示以区别矣。不佞之愚，固未尝甘自居于蒙昧也。

（选自徐悲鸿著《审美是一生的修行》）

扫码收听音频
朗读者：2021级　姚默璘

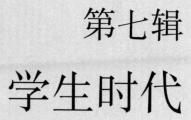

第七辑
学生时代

愿你在被打击时，记起你的珍贵，抵抗恶意；愿你在迷茫时，坚信你的珍贵，爱你所爱，行你所行，听从你心，无问西东。

——《无问西东》

2006年，年逾古稀的何兆武先生出版了《上学记》，它叙述的不只是何先生学生时期的陈年往事，更蕴含着一位饱经沧桑的老人对整个20世纪历史的反思，在读书界引起轰动。书中有这样一段话："回想这一生最美好的时光，还是联大七年。我想，幸福的条件有两个：一个是你必须觉得个人前途是光明的，美好的；另一个是整个社会的前景也必须是一天比一天更加美好。这两个条件在我上学的时候恰好同时都有。"

学生时代有很多困惑，其中最具代表性的也许是：我究竟是什么样的人？我要成为什么样的人？我要如何做才能成为更优秀的自己？相信西南联大学生的经历和选择，会给我们带来很多生涯启示。

西南联大

刚毅坚卓

刚毅坚卓。

——西南联大校训

万里长征，辞却了，五朝宫阙。暂驻足，衡山湘水，又成离别。绝徼移栽桢干质，九州遍洒黎元血。尽笳吹，弦诵在山城，情弥切。

千秋耻，终当雪，中兴业，须人杰。便一成三户，壮怀难折。多难殷忧新国运，动心忍性希前哲。待驱除仇寇，复神京，还燕碣。

——西南联大校歌歌词《满江红》

解读：

1937 年 11 月 1 日，由国立北京大学、国立清华大学、私立南开大学组建成立的国立长沙临时大学在长沙开学。由于长沙连遭日机轰炸，长沙临时大学于次年分三路西迁昆明。1938 年 4 月，改称国立西南联合大学。

"斯是陋室，惟吾德馨。"精神的力量，不可估量。在抗战烽火的残垣断壁中，熠熠生辉的是联大精神——它不仅支撑着联大师生勇毅前行，而且为后世积蓄了深沉持久的文化力量。

为了鼓励师生精神，坚持文化抗战的决心，表达中华民族不屈的意志，西南联大成立了专门委员会，向全体联大师生征集警言、歌词，制定新的校训、校歌。从众多来稿中，专门委员会经过反复筛选和讨论，最后以"刚毅坚卓"四字作为联大校训，选定《满江红》作为校歌。1967 年 3 月 1 日，台湾新竹版《清华校友通讯》第 19 期刊登了《国立西南联合大学进行曲》，篇首署名："罗庸作校歌词，冯友兰作引及勉词、凯歌词，张清常作曲并指挥"。其中勉词就是冯友兰所拟校歌歌词：

> 西山苍苍，滇水茫茫，这已不是渤海太行，这已不是衡岳潇湘。同学们，莫忘记失掉的家乡，莫辜负伟大的时代，莫耽误宝贵的辰光。赶紧学习，赶紧准备，抗战、建国，都要我们担当！同学们，要利用宝贵的时光，要创造伟大的时代，要恢复失掉的家乡。

《国立西南联合大学进行曲》是一首 20 世纪中国大学校歌的绝唱，它凝聚了中国文人学者、莘莘学子在民族危难时刻最悲壮的呼喊，浓缩了联大师生在国家危难之际所具有的高尚情感和坚强意志，激励着中华儿女共赴国难，奋发自强。

2001 年 1 月 11 日，《光明日报》刊载了杨振宁的《中兴业，需人杰》一文，这是杨振宁 2000 年 10 月在台湾《中国时报》董事长余纪忠夫妇捐款给南京大学、东南大学成立华英基金会宴会上的演讲，其中专门提到了西南联大的校歌：

> 校歌是一首词，词牌是"满江红"。冯先生显然觉得宋朝的南渡和当时的西迁有相似的地方，所以不但用了岳飞的"满江红"词牌，还做了许多对比。
>
> 校歌第一阕开头几句是："万里长征，辞却了，五朝宫阙。暂驻足，衡山湘水，又成离别。"我于一九三八年秋考入西南联大，今天还记得当时唱此校歌时悲愤而又坚决的心情。
>
> 岳飞的《满江红》的第二阕开头四句是："靖康耻，犹未雪；臣子恨，何时灭。"冯先生把它改为："千秋耻，终当雪；中兴业，需人杰。"
>
> 幸而言中，联大前后培养了三千多个学生，为中国建设、中国学术与世界学术都做出了巨大的贡献。
>
> 五十多年以后，中华民族的地位有了巨变。今天如果再讨论此四句，似应改为："千秋耻，既已雪；中兴业，需人杰。"
>
> 从"终当雪"到"既已雪"，这是多么痛苦、多么困难的经历；这是二十世纪几代中国人的浴火重生的血泪史。
>
> 今天，展望二十一世纪，"既已雪"得之不易，"需人杰"的要求比"终当雪"时还要孔急。这也恐怕正是余纪忠先生和夫人所以捐巨资给东南大学和南京大学的初衷吧！

2002 年，西南联大成立 65 周年，杨振宁再一次题词："千秋耻，终已雪；中兴业，需人杰"。联大校歌对联大师生影响之深，可见一斑，而这一句"中兴业，需人杰"对于当下的我们，也极具深远影响和启示意义。

课堂实录：

无问西东

西南联大是中国高等教育史上的一个传奇，从 1937 年 8 月中华民国教育部决定国立长沙临时大学组建开始，到 1946 年 7 月 31 日国立西南联合大学停止办学，前后共存在了仅 8 年零 11 个月。虽时局艰辛，西南联大却"以其兼容并包之精神，转移社会一时之风气，内树学术自由之规模，外来民主堡垒之称号"，在不满 9 年的时间里，培养出了一大批世界一流的人才，创造了中国乃至世界高等教育史上的奇迹，为中国和世界的发展进步做出了杰出贡献。

忠于内心

2018 年上映的电影《无问西东》，有一个片段再现了西南联大的这段珍贵岁月，其中有一个角色令我印象最为深刻，那就是出身名门但毫无纨绔之气、忠心报国且内心坚定的沈光耀。当对日作战的空军来选拔士兵的时候，沈光耀报了名并且表现优异。母亲以为沈光耀参军是想追求功名利禄，特地从家里赶到西南联大简陋的男生宿舍中找到他，涕泪俱下："我怕，你还没想好怎么过这一生，你的命就没了啊！"沈光耀感到对母亲深深的内疚，他没有解释，没有说明自己内心单纯的报国之志已然十分坚定，而是暂时答应放弃参军。而后一次日军的空袭，把西南联大本来简陋的茅草房几乎炸成一片废墟。看到亲爱的同胞在鲜血中挣扎，沈光耀内心深处真实的声音又一次被唤起，让他无法回避。在忠孝不能两全的艰难选择下，沈光耀做出了忠于自己内心的决定。

与沈光耀的内心抉择相似，时间退回到 1923 年，在电影中吴岭澜的年代，整个社会的大环境是重理轻文，这就让如吴岭澜这样的擅长文科的学生，陷入了无尽的迷茫和百般的纠结，他不知道该听从自己的内心，还是该顺应社会的潮流。直到泰戈尔访问清华园，当他在演讲中念出"你会从朦胧中惊醒，走出房门，迎接命运的安排"这段话时，吴岭澜终于释怀，顺应了自己的天赋和兴趣所向，选己所爱，无问西东。

失去光环

我在课堂上播放了电影中讲述吴岭澜经历的这个片段，引起了学生们的强烈共鸣。

这里的共鸣不是来自吴岭澜坚定所爱的抉择，而是因他在以优异成绩考入清华后却在某个学科被同学大幅度赶超。

究其原因，大家或多或少，从角色的经历中看到了自己的影子——

1923 年的清华，深冬，在看似寻常的学校张榜日，吴岭澜和他的朋友拿着刚买的热乎乎的烤红薯，满心期待地挤到看榜人群的第一排。

吴岭澜的英语成绩是"超 E"，而物理是"不列"。

往日香甜的烤红薯这会儿也冷得让人没了胃口。

其实，吴岭澜并非不优秀，只是有着"逆潮流"的个人优势。

负责张榜的老爷爷并没有意识到这一点，只是敏锐地觉察到了看榜同学低落的情绪——而这一定也是他职业生涯中见过很多次的场面，他说："别往心里去，考到这里的以前都是第一名，这次没考好啊，下次再努力呗。"

"考到这里的以前都是第一名"这是深中人的真实写照；"这次没考好"是每个人在高中三年都会遇上的事情。这让我想到靳万莹老师写过的那篇《给光环之外的人》，问了学生之后，几乎没有一个人认为自己是"光环之内"的人，但大部分都非常笃定地认为自己"曾经是"。

何为光环

那么，"光环之内"的人究竟在哪里呢？"光环"究竟是什么呢？这便有了我与学生在课上的讨论——

成功不是单选，
优秀没有模板。
"明月装饰了你的窗子，
你装饰了别人的梦。"
（卞之琳《断章》）

优秀是默默努力的坚持，
成功是静待花开的过程。
"我不去想，是否能够成功，
既然选择了远方，便只顾风雨兼程。"
（汪国真《热爱生命》）

你若愿盛开，

清风自会来。

"无论人生上到哪一层台阶，

阶下有人在仰望你，阶上亦有人在俯视你。

你抬头自卑，低头自得，

唯有平视，才能看见真正的自己。"

（杨绛《走到人生边上》）

坚定内心、无问西东

"光环"究竟是什么？为什么别人头顶的"光环"总是更耀眼？

满地都是六便士，但我抬起头，也将看到自己的光环。

最终，吴岭澜在坚定追寻自己的"光环"后，也就释然了，正如他的老师和他的一段对白：

"你求学的目的是什么啊？"

"我只知道，不管我将来做什么，在这个年纪，读书、学习都是对的，我何用管我学什么，每天把自己交给书本，就有种踏实。"

"但是，你还忽略了一件事——真实。人把自己置身于忙碌之中，有一种麻木的踏实。但丧失了真实，你的青春，也不过只有这些日子。"

"什么是真实？"

"你看到什么，听到什么，做什么，和谁在一起，有一种从心灵深处满溢出来的不懊悔、也不羞耻的平和与喜悦。"

什么是"平和与喜悦"？

人一生总会面临无数大大小小的选择，我们的每次选择决定了我们终将成为什么样的人。"平和与喜悦"，就是不急不躁，看山中清风徐来，观海上波澜不惊，听从自己内心，追寻自己所爱，坚定自己所选，跨越山海，静待花开。

对于西南联大，同样如此。抗日战争中，于颠沛流离中弦歌不辍的，不仅是西南联大，但若论最为不朽的传奇，一定要数西南联大。而最让人动容的情节之一，就是由师生组成的湘黔滇旅行团虽艰险颠簸地跨越数千里，但依然对远方目标的坚定不移，这正是坚定内心、无问西东的力量。

主题作业：

光环内外，景象如何？

> **活动说明**
>
> 传统意义上，光环与成功、荣耀、胜利等词汇息息相关，在高中阶段，很多学生更是把光环与学业成绩挂钩。学业成绩好，在光环之内闪闪发光；学业成绩不尽如人意，在光环之外黯然失色。
>
> 那么，你是否有主动思考过，光环究竟是什么？自己身上的光环有哪些？如何追寻自己的光环？以"光环内外"为主题，结合自身经历和心灵体验作文。

我为自己打造了一个光环，又亲手摔碎了它

2020 级　王师予

我和周围的，一起生活在大地上
但我比他们都强壮，不是吗
尽管能在这里健步如飞
我早就听腻了赞许的话
我得向上爬，向上爬
不然如何凸显我的强大

滴下了汗水
不流下眼泪
我举步维艰
向着完美之巅
当我爬到半山腰
停下脚步，看看前路
山峰依旧那么高
山势欲颓，我心愈退

我蜷着膝盖哭了
在完美的山脚下

一个声音说
看看你走过的路吧
看看你的周围
已没有人在努力地爬

这样就够了，我抽着鼻涕回答
心中刻下了这句话
可以舒服的姿势待着了
或坐下，或躺下
现在的我
哪怕往下滚一点也不怕

撷一缕自下而上羡慕的目光
扯一丝自上而下倾泻的表扬
似乎没什么可做的第一名
不知不觉中为自己编织起了桂冠
细心且投入
孜孜而不倦
终于完成的那天
它绽出那样的光芒
我捧起一掌金光，对自己说
这是属于我的光环
光环加身，多么动人
我当即动身，为了照耀众人
不用向着那座山顶，曾经的目的地
我步履轻盈，和平如常
被我超过的每一个人
看过来的眼神都艳羡不已
前进的方向，相比此时的徜徉
几乎可以忽略不计

只是，不用再朝山顶走的话
那就是向山下

赛过所有人，也赛不过它
只有时间是不知疲倦的旅者
跑在最前面的我也被它裹挟着
半推半就地走入了另一道门

这是一个光环内的世界
五颜六色的光芒永不停歇
在各自的星系里，原是太阳的那个人
汇集于此，也成了点点繁星
天上最明亮的星星，只有一颗
地上最耀眼的人儿，也只有一个
在这片光的海洋里
我的光环，和别的什么，一起黯淡了

不等别人动手
也无须什么意外
我摔碎了自己的光环
尽管曾亲手打造它
半晌，我轻轻地拾起一片
忽而，又重重地摔在脚下

在光环外的世界里，是光环内的我
在光环内的世界里，是光环外的人

失去光环的我
一同失去了很多
失去了无所不能的自信
和无处不在的赞美
失去了无孔不入的拥趸
和无微不至的坚持

也失去了套住脖颈的枷锁

和管住手脚的镣铐

也失去了不知地厚的自满

和不知天高的骄傲

我哀，而不伤

我悔，却不恨

告别光环给予的

迎回光环夺去的

我在光环内外

找回自己

愿长夜漫漫，周身有光

2019 级　朱嘉豪

光环内外，人无完人。

我们知道不应该执着于虚荣，不该为暂时的失败或不尽如人意而过度悲伤，但"知道"和"做到"之间往往存在巨大的鸿沟……

课堂上提到了许多大师，或为中华复兴奔走各地，或著书立说教化民众，或潜心研究造福大众，是我们的榜样，更是时代之楷模。

回头看看自己，十七八岁的年纪，连作为一个学生最基础的完成作业、认真学习都难以做到，还一天天地做白日梦，幻想未来的美好生活。真是令人失望，令人懊悔，令人惋惜。

与此同时，这个时代似乎在不断地向我们重申它的慷慨，我们拥有丰富的机会与优秀的平台，我们拥有自由与和平，我们似乎可以选择自己的人生。然而，就好像图片仅供参考一样，我们的人生中会出现一个又一个"优秀范例"，自己的日子却好像还是那么普通与平常。

面对着膨胀的欲望与有限的能力，我们一边感叹日月如梭，一边沉溺于享乐与安稳消磨人生。我们努力了吗？好像也不是没有，但好像也确实够不上。

当代的年轻人，似乎确实没有旧时那么自信。我们听过许多那些数学不好却因文史科目过于优秀而被高校录取的名字，也听过很多潜心专长终成大家的名字。感觉在那时候，有不会的东西，是很正常的。但到了今天，同伴间的微小差距，则会带来海量的同伴压力。似乎我们也没有足够的精力与智识来改变这一切，反正竞争、压力、焦虑早已成为时代巨著中密密麻麻的感叹号。

光环外，是四面楚歌，风声鹤唳。

在当今应试教育的体制下，我们都希望能够在这场号称最公平的竞争中取胜，成为光环中的一员。遗憾的是，光环里能够容纳的终是那一小部分人。得之我幸，失之我命。似乎大多数人都有着如此广阔的胸襟，却做着最狭隘的事情。没人能永远身处在光环里，但，梦想总归是要有的。

在光环外的大多数人看来，"成功者"对他们的光环似乎是云淡风轻。"衣食足，方知荣辱；荣辱足，方存忠恕。"所谓"优雅的追逐"，其实是另一种"不在乎"。身处光环之中，有些人抓住机会，追求心之所向；有些人则沉溺其中，逐渐堕落。遗憾的是，很多人其实并不知道自己已身处光环之中，他们看到的，是另一个更小的光环，他们想到那里去。

所以，身处光环里的人，是很难理解光环外的世界的，除非自己不再身处其中。几乎所有人，就在这时代的风雨中，向着那可怜的峰顶攀登。直到，高处不胜寒。

光环内，是害怕跌出光环的恐惧与对光环中心的痴迷。

我像许多人一样，有着许多兴趣爱好。我可能并没有在这些方面做到多么出色，但也有自己的进步与收获。这些，在我看来算是光环内的东西，至少在"周围人"这个小圈子里，这还是很受认可的。基于此，我非常乐意将自己评断为一个"在一些光环里的人"。

曾经的我不这样想，作为一个学生，家长口中"好好学习的学生形象"在我们的心中打下了深深的烙印。面临社团活动与学习压力间的抉择时，我也曾深陷泥潭。希望越大，失望就越大。我自以为在学习上投入了不少的精力，便开始恐惧踟蹰与失望。我面临着什么？我该怎么做出我的选择？我该如何说服我自己？

人，除了知道做什么，怎么做，其实是非常渴望得到一个"为什么"的说法的。面对生命中时隐时现、各式各样的光环，我们似乎也不是无目的地去追求。若生命的意义真就在于不断地进行各项挑战，不断地完成各项任务，那人生也未免太过无聊。

因此，人各有志，想法不同，选择不同，方才成就多样人生。

光环，重要吗？好像能满足虚荣心。好像能实现个人价值。好像能丰富人生。你呢？你希望身处哪些光环内？你是否为你的选择感到遗憾？你是否珍惜身上已有的光环？

愿长夜漫漫，周身有光。

光环之下

2019 级　严羿

　　刚开始看到这个题目时，我最初的构想是写名人在光环下隐去的种种辛酸与付出，或是写名人摘下光环在生活中最真实的模样，但是在想了很久后，我还是决定写这样一位人物，她是名人却又不算名人，她一辈子甚至在逝去后的很多年里，都活在别人的光环之下，在很多人甚至她自己看来，她是那个他的"附属品"。她就是鲁迅的原配妻子朱安。

　　1878 年，绍兴城一户姓朱的商人家，一个女孩呱呱落地，取名为"安"。她如旧社会的许多女子一样，从小便被教育成一位契合传统要求的典型女子，脾气和顺，会做家务，不识字，小脚。在她四五岁时，她被带进一个小房间，褪了鞋袜，被自己的母亲和两个女用人按住，然后她的脚趾被按着向脚底屈折，被特制的长棉布条一层一层包裹了起来，她的脚跟被拼命往前拉，硬生生被折成了"三寸金莲"的雏形后，再被包裹起来。她痛苦地尖叫哭泣，可得到的并不是来自母亲的安慰，而是训诲："所有好人家的女孩都得缠足"。这的的确确是所谓的"事实"，但小朱安的人生，也的确从这一刻开始被束缚了起来，密不透风。

　　1899 年，她在家中长辈的安排下，与一位从未见过的男子订婚，那便是鲁迅。随着结婚的日子一天天接近，鲁迅却拿到了赴日留学的奖学金，欣然赴日留学。留学期间，他提出一项要求：让朱安放脚，进学堂读书。思想迂腐的朱家被吓了一跳，并未照做。鲁迅虽未退婚，却也迟迟不肯完婚，直到 1906 年被母亲生病的消息骗回老家与朱安成婚。但在完婚的第二天，鲁迅独自睡进书房，随后便出走去了日本。

　　朱安虽成了婚，命运与周家连在了一起，但她名义上的丈夫却似乎与她无关，仅仅维持着表面的夫妻关系，在绍兴照顾着婆婆，孤寂地度过了 13 个年头。她是"鲁迅母亲的太太，不是鲁迅的太太。她只是一件礼物，没有爱情，仅有义务"。

　　朱安的一生，温顺善良，却又悲惨。她过着穷苦的生活，照顾了婆婆一辈子，无依无靠，没有子女。她把许广平看作姐妹，把许广平与鲁迅的孩子视若己出。丈夫的葬礼她不能去，因为很多人认定，先生只有许广平一位伴侣。死后想要与先生合葬的愿望不能被成全。她孤独了一辈子，死后也只有她一人孤独地葬入地底。

　　这便是朱安，一位活在鲁迅光环之下的女子。鲁迅待她不算好，也不坏，不休了她也只是因为怕她被那时的社会用异样的眼光看待，也有按时寄赡养费。但她的一生，是悲惨的。她的悲伤，并不是由个人造成的，而是那个时代对女性的苛刻导致的。她是无数个被封建社会迫害的女性的缩影。她的一生，如她那双"三寸金莲"般，从一开始，便被束缚住了。

被消解的光环

2021级　潘美谕

最早看到"光环"这个词，是来自靳老师的公众号推文，写给高考后的学子。而我在深中度过了一年多的光景后，"光环内外"也成了自己的切肤之"痛"。不夸张地说，来到深中的同学都在过去的学习历程中站在光环内，我也一样——优异的成绩、老师的欣赏，曾经占据了我的整个求学生涯，"优越感"曾是驱动我学习的主要动力。但是，来到深中后，光环内没有我，我在所有人视线看不到的地方。那是一段很煎熬的日子，整日惶惶，试图重新找到一个支点，通过外界的认可获得行动的意义。

曾经，我所有有关"光环内外"的自我重构都建立在一个前提下，即光环内是"好"，光环外是"不好"，要接受自己的"不好"。我曾花了很长时间适应这些新的感受，用深夜的泪水，用无数次自我的劝说。我逐渐接受自己不会永远是耀眼的存在，接受自己的力不能及，我努力地适应了光环之外的生活。

实际上，光环内或外，只是两种不同的境遇，我们既要欣赏光环内的荣耀，更要认可光环外的价值。事实证明，外界的注视少了，我反而更加安定、从容，学会向自己的内心探求行动的目的，按着自己的意愿而不是外界的期待去生活。现在想来，我特别感谢当时的挣扎与自我的破解。重新找到自我的定位和目标，并默默为之努力，我的生活竟再次向"光环内"靠近，只不过，这一次它已不再是我生活的重心。

由自己的经历我联想到，在生活中，我们往往忽视了那些在光环之外，在关注焦点之外的人和事。例如，西南联大在世界上颇负盛名，仅仅八年多的时间培养出许多杰出的人才，光环加身。但同时，也有很多联大学子拥有的是平凡甚至坎坷的一生。他们有的经受两岸分隔之苦、战火纷飞之险，有的晚年生活艰辛，有的被裹挟在时代的洪流中，半生功名被毁于一旦……我们也可以多听听他们的声音，听听他们对那个时代的追忆。在高考竞争愈发激烈的今天，接收了更多数考生的二本院校却远离人们的视野。它们中有的被困于经费不足、师资力量薄弱等现实压力中，甚至无法为自己发声。这实在引人深思：在社会快速发展的今天，是不是还有很多本应值得关注的人和事，却正在被他人的耀眼光环所掩盖？

如果是在传统价值体系的评判下，"光环内"，或者是金字塔顶端，注定是许多人奋斗一生都难以企及的地方，而"光环外"隐藏着许多人扛起生活重压，在没有选择余地里籍籍无名的一生。其实，每个人都一定可以在自己的尺度上，成为最好的自己。

我一直觉得自己是很幸运的，对"光环内外"的思考一直提醒我两件事。其一，学会寻找内心的自洽。其二，告诫自己要看到更多人，那些被焦点掩盖了的人，寻找一条让更多人受益，更具有普世价值的道路。

我始终期待着一个光环被消解的社会，它代表着每一个人的发展，代表着成功标准的多元化，代表着解放自我、解放他人。

经典选读：

陈平原《"光荣"不仅属于西南联大》

抗日战争中，于颠簸流离中弦歌不辍的，不仅是西南联大。可后人谈论"大学精神"，或者抗战中的学术文化建设，都会以西南联大为例证。作为史家，我承认此例证很有说服力；但同时我更想强调，还有很多同样可歌可泣的"大学故事"。战火纷飞中，中国大学顽强地生存、抗争、发展，其中蕴涵着某种让后人肃然起敬的精神。

纪念抗战胜利六十周年，《南方日报》刊文为中山大学"抱屈"："前后7年，颠沛流离，几度迁徙，三易校址。先迁云南，复迁粤北，三迁粤东仁化、连县。抗战八年，不少中国人记住了西南联大，殊不知在广东的国立中山大学，师生们在国难面前也经历着民族个人的深重磨难，在流离中坚持学术理想，在动荡里坚持抗日救亡，在历史上留下一所名校沉重而充满精神的一笔。"是的，"在流离中坚持学术理想，在动荡里坚持抗日救亡"的，不仅仅是中山大学，也不仅仅是西南联大。我要追问的是：为何联大的故事广为传播，且更深入人心，乃至成了"中国大学"理所当然的"代表"。

北大、清华、南开三校合一，学术实力超强，这当然是最为重要的原因。可除此之外，还牵涉一些别的问题，比如"故事"的传播与更生。就以"湘黔滇旅行团"为例，校歌里提到的"万里长征"，由北京、天津而暂住长沙，这一段不稀奇；第二年转赴蒙自、昆明，三路人马中，湘黔滇旅行团独领风骚。约三百名师生组成的旅行团，3500里长途跋涉，历时68天的"小长征"，无论当时还是日后，都一再被提及，且作为联大精神的象征。

正如胡适在纪念联大九周年集会上说的："这段光荣的历史，不但联大值得纪念，在世界教育史上也值得纪念。"可其他大学也有类似的举措，为何长期湮没无闻？1938年7月，同济大学第四次内迁到广西贺县八步镇："这次迁校，从赣州到桂林一段，大多数同学组织了赴桂步行队，每队十一二人，坚持每天走五六十里路，充分体现了同济大学同学吃苦耐劳、共度时艰的奋斗精神。到桂林后，沿漓江乘木船经阳朔至平乐，转程至八步，前后花了两个月的时间。"1938年9月，浙江大学从江西泰和转往广西宜山，"学生方面，为锻炼体质，沿途采访，另有步行团之组织，计分两队，共有陶光业……等二十人。以九月十九日出发，校长当赠以地图表格等件，以示鼓励"。这次"经行千里，费时四十余日"。1939年初，中山大学辗转撤往云南澂江，据说有几百学生，"分别结队从连江西行，长途跋涉，徒步赴滇，历经粤、湘、桂、黔、滇5省，最后赶到澂江复课"。1939年5月，河南大学师生员工"在王广庆校长的率领下，徒步北越伏牛山，经方城、叶县、宝丰、临汝、伊阳、伊川，行程六百余里，终于抵达嵩县县城"。为何其他大学的"步行队"声名远不及湘黔滇旅行团？作为"事件"，中大校史的说法相当含糊，同济则是半个世纪后的个人追忆，浙大有二十人名单，属于记录在案，可也就是这么两句话，哪比得上西南联大校友的连篇累牍、声情并茂？

湘黔滇旅行团指定了丁则良等三人为日记参谋，全面记录旅行团活动，写成了约二十万字的日记，寄到香港交商务印书馆刊行，只是因太平洋战争爆发而不幸失落。即便如此，也有诸多书写刊行，如外文系三年级学生林振述（林蒲）的《湘黔滇三千里徒步旅行日记》（1938年春发表于《大公报》副刊《小公园》）、中文系二年级学生向长清的《横过湘黔滇的旅行》（1938年10月发表于巴金主编的《烽火》）、政治系二年级学生钱能欣的《西南三千五百里》（商务印书馆，1939年版），以及生物系助教吴征镒的《长征日记——由长沙到昆明》（《联大八年》，1946年版）。上世纪80年代以后，有心人士积极整理资料，征集照片，引导校友追忆往事，加上中外学者的介入，湘黔滇旅行团的故事因而相当完整。读张寄谦编《中国教育史上的一次创举——西南联合大学湘黔滇旅行团记实》，你很容易明白，为什么同济大学的"赴桂步行队"等会失落在历史深处。

同样是长途跋涉，湘黔滇旅行团之所以格外引人注目，除了旅程长，还因为旅行团中有教授闻一多、李继桐、曾昭抡、袁复礼等。张寄谦在《中国教育史上的一次创举——西南联合大学湘黔滇旅行团记实》的序言中，除概述湘黔滇旅行团的组织及行程，还提及此旅行团如何"出人才"——截至此书刊行的1999年，旅行团成员中日后当选中国科学院院士的有屠守锷、唐敖庆等十一人，当选中国工程院院士的有陈力为等三人；至于著名人文学者，除了序言列举的任继愈、马学良、王玉哲、刘兆吉、唐云寿等，作为后学，我还可以举出查良铮（穆旦）、季镇淮、何善周、丁则良、孙昌熙等。这也是此旅行团格外吸引人的地方——如此藏龙卧虎，确实了不起。

此次"小长征"，影响了这三百旅行团成员，也影响了这所大学的性格。确实如美国学者易社强所说，经由一遍遍的言说与书写，"长征的现实夹杂着神话和传奇的色彩"。"这次长征是一次艰苦卓绝的跋涉之旅，此后是八年患难，它成为中国知识分子群体才能的象征；因此，也成为中国高等教育和文化持续不辍的象征。"

一个事件或人物，能否被后人追怀不已，除了自身的历史价值，还与有无动人的细节相关。中央大学濒临长江，内迁重庆最为顺畅，也最为便捷，本没什么好说的。可校长罗家伦很会讲故事，抓住一个细节，让你永志不忘。1937年10月底，中央大学大部已搬迁，罗家伦到南京三牌楼农学院实习农场和职工道别。校长走后，农场职工认为畜牧场的这些美国牛、荷兰牛、澳洲牛、英国猪、美国鹅、北京鸭等都是饲养多年的良种家畜，决定把这些家畜家禽搬迁到大后方去，于是推举王酉亭为负责人，经过千辛万苦，历时一年，于1938年11月中旬到达重庆。罗家伦1941年"于重庆警报声中"撰写《炸弹下长大的中央大学》，称："我于一天傍晚的时候，由校进城，在路上遇见牠们到了，仿佛如乱后骨肉重逢一样，真是有悲喜交集的情绪。"这故事实在太动人了，以至于日后讲述抗战中的大学内迁，很难遗漏中央大学。

联大师生的湘黔滇旅行团，也是因为有大量的细节，才显得如此丰满，且神采奕奕。旅行团从一开始就注意搜集资料，专人记录日记，沿途采风问俗，顺便做社会调查及文化考察，甚至还留下了《西南三千五百里》(钱能欣)、《西南采风录》(刘兆吉编)这样的作品。此外，像抄录玉屏县县长刘开彝具名的布告，沿途拍摄各种照片，以及围绕闻一多教授的一系列故事，所有这些，都是湘黔滇旅行团之所以不朽的重要原因。

（节选自陈平原著《抗战烽火中的中国大学》）

扫码收听音频
朗读者：2018级　潘健恒

你有没有过这样的一场奔赴？为了一种热爱，一种信仰、一种感情……你义无反顾，翻越山海，兴尽方休。正如诗人刘年所写："虽千里，虽大风。虽深雪，故人，亦不得不来。"

在选科时，抑或是在人生其他的抉择时刻，你是否有这样的一场奔赴？

两封信：

一场奔赴

电影《无问西东》有一句经典台词："他们的爱与风华，只问自由，只问盛放，只问深情，只问初心，只问勇敢，无问西东。"

"只问初心，无问西东"——这句话让我想起了曾收到的一封信，一封关于选科疑惑的信。清晰记得，那是个周末的早晨，手机一震动，打开一看，是贾唯同学发来的一封关于选科的长信。反复看了几遍，我心里久久不能平静，给她回了一封信，征得同意后，放在这里。我想，也许还会帮到遇到类似难题的同学，这也达到了最初定下"西南联大"主题以获得"生涯启示"的目的。

来 信

最近在纠结选科的事情，与其说是纠结，倒不如说是少了个理由。其实结果我都是知道的，我只是需要一个理由，说服我爸妈，也说服我。至少要让我看起来是理性的，是经过深思熟虑的，是"精致利己"的。

妈妈说:"你学再多,你总是要回归现实的。"我说:"我知道。"我知道,所以我还在犹豫。我的理性告诉我,这不是文科生的时代;我的理性告诉我,你该选理,或干脆选文后去学法;我的理性告诉我,你想走的路,是惨淡的。可我不愿,那过于套路的平庸的优秀。

我做不到,我不想辜负那个在我初一时就萌发的念头。它们陪我走了那么久,我不想辜负它们。我总是喜欢站在书房,望着书柜里的书,沉默地看着它们沉默。我总是会感到空前的骄傲、满足、幸福,而后是偌大的悲哀。每到这时,我总是会哭,不是无声地流泪,而是大哭一场,像一个找不到母亲的孩子。

可是现在,我犹豫了。我感到深深的难过,为我的犹豫,为这个时代,为它们。命运早早地让我找到心中所爱又早早地让我明白,它们不适合这个时代,我似乎看见它在戏谑地笑。这让我直到现在都不知道,命运究竟是善意还是恶意,总之,我全盘接受。无论如何,我还是该感谢它们,给予我此生挚爱,至少我的追求、热爱和梦想不是时代所定义的。命运给我点亮了一束光,即便随即我发现,这像颗突然造访的陨石,像是灭顶之灾的样子。

其实,我不得不承认,我是个懦夫。我做不到坚守本心追寻所爱,我做不到始终不渝九死不悔。我愚蠢、脆弱、自私,所以我只能犹豫、迷茫、踌躇,我只能不停地纠结,反复地追问,像那秋水中的河伯,到最后也只能问一句"吾辞受趣舍,吾终奈何?"

吾终奈何。

第一次读《秋水》,便觉得自己像极了河伯。

是,我是个懦夫,一个犹豫的懦夫,可我也是个固执的懦夫。我就想看看,我选的这条路,我爱的这条路,能差到什么地步。我就想试试,我到底需要为此付出多大的代价。我知道,我总觉得,我还有理性的,我正理性地看着疯狂的自己——这或许才是我痛苦的来源。

我希望能有一场大火,让我将自己救赎。

祝我好运。

贾唯
2020 年 12 月 6 日

回　信

意外,也不意外,十五年后,曾经我经历的故事还在上演,也许每年都在重演,未来也会重复。所以,这不是你所处当下时代的问题,而是工业革命以来惯有的观念。

曾经,一位班主任把她看重的一名学生叫到办公室,语重心长地、现身说法地告诉她，选理科，改掉你的选择。

你比当时的我优秀，你有很强的独立思考能力和批判性思维，你在全力思考，努力权衡，"理性地看着疯狂的自己"不是懦夫，而是十足的勇士；但同时此时的你也更痛苦，因为从字里行间我读到了你内心的纠结、矛盾和无助。这是对未来的无力感，但为未来踌躇犹豫，试着选择自己的路，又何尝不是一种幸福。

所以，你很优秀，且是幸福的。

我们都深知，这是一次很重要的选择，因此回答你的来信，我反复斟酌着每一个字眼，甚至是标点，害怕词不达意，担心忧上添愁。曾经眼前有两条路，我没有走另一条，所以我不能不负责任地帮你畅想，我只能告诉你，我的（仅限于我）这条路的风景。我高考依然选择了文科专业，现在依然追求并执着于我的热爱，曾经的被改志愿似乎对我的人生没有丝毫影响，但我又何尝没在无数个夜里陷入无尽的假设：如果当初选择文科，我会不会有不一样的处境？也许更差也许更好，谁又能知道？但我的切身经历是：理科的学习虽然不是我炽烈的热爱，但它锻炼了我的周密思考和逻辑推理能力，同时它没有丝毫阻碍我所热爱。也许是确有所获，也许是自我安慰，我不知道。如果你问我当下的感受：遗憾会有，但不后悔，因为我接受，这就是人生。

而你，是不是会觉得，未来还有很多可能性，但当下似乎要在万种可能性中进行二选一。我的感性告诉我：随你所爱吧，既然选择了远方便只顾风雨兼程，把自己的长板做长，才能摆脱"过于套路的平庸的优秀"。我的理性告诉我：远方的路你真的想好了吗？这条路会是你想象的那样吗？或者，会不会因为自己的选择错失另外一片广阔的天地？你能考进深中已经证明了你智力水平和学习能力的优秀，所以在一定程度上说，你不用担心自己在另外一个领域难以出类拔萃。

也许，这又是一次不甚重要的选择，因为人生有太多未知数，有太多不确定性和转折，你也不知道哪一次是关键路口。不论你的选择如何，你的未来还是有万种可能性。林徽因和梁思成一同去美国留学，二人计划同选林徽因最热爱的建筑学，梁思成因为林徽因的建议爱上了建筑学，并成为中国建筑学里程碑式人物。建筑系当时不收女生，林徽因没有气馁，她选择了转专业并旁听丈夫的课。虽然造化弄人，但没有影响林徽因终而成为建筑学家，而且不拘泥于建筑学家，还成了诗人。这样的例子还有很多很多，我不想说太多，因为担心误导你，因为每一个个体的经历都是无数偶然因素叠加的必然结果，所以没有参考性，没有复制性，但又似乎总能给我们一些启示。

你说，你只是需要一个理由说服你爸妈，也说服你；你还说，你时常怀疑自己能不能坚持。其实，你可能需要的只是一个不坚持的理由，因为你虽然不甘心，但又深知一意孤行，得不到支持的路一定难走，也许苦涩。

你说，你希望能有一场大火，让你将自己救赎。我说，经受了这场大火的洗礼，你会变得更加成熟。鲁迅在《〈三闲集〉序言》中提到过"火的洗礼"——"一月二十八日之夜，上海打起仗来了，越打越凶，终于使我们只好单身出走，书报留在火线下，一任它烧得精光，我也可以靠这'火的洗礼'之灵，洗掉了'不满于现状'的'杂感家'这一个恶谥。殊不料三月底重回旧寓，书报却丝毫也没有损，于是就东翻西觅，开手编辑起来了，好像大病新愈的人，偏比平时更要照照自己的瘦削的脸，摩摩枯皱的皮肤似的。"这"劫后重生"之感也许你今后也会体会到吧。

最后，我想说，分岔路口前的剧情永远是，也只能是：选择一条路，然后畅想 the road not taken。但你始终记得，你的热爱始终在你心里，谁也拿不去，夺不走。

还是那句话，无论你当下的选择如何，你的未来还是有万种可能性，而且你所热爱终会指引你到达你想要的远方。

刘晓慧

2020 年 12 月 6 日

一篇作文：

语文如水

关于文理科的争论，有这样一个高考模拟作文题目（见下），围绕此题目，我写了一篇文章，作为以上两封信的补充。

阅读下面的材料，根据要求写作。（60 分）

评改试卷时，常常会听到任教数理化等科目的老师向语文老师抱怨："学生连题目都读不懂！审题不会'咬文嚼字'怎么会做题？"

钟南山院士近日与大家分享学习体会："学好语文最关键，学好语文才能对事情进行分析，进行综合和总结。"

最近，由武汉发布的 32 张抗疫感恩海报获得了无数点赞。"下个烟花三月，一同登楼望春风""八闽来助，江城有福"……32 处美景，配上 32 句各具特色的美言，让人觉得美好又充满希望。

外交部发言人耿爽回应美方诋毁中方的抗疫努力："行有不得，反求诸己。"此话为孟子所言，意为做事不成功，就要从自身找原因。大批网友纷纷赞其"驳得好"的同时也感慨："不学一点国学知识，中国话你都听不懂！"

学生小陈经常在班上宣扬语文学习无用论，作为小陈的同学，读了上述材料，你对语文学习有何感想？请你写一篇驳论文来反驳小陈。

要求：结合材料，自选角度，确定立意，自拟标题；切合身份，贴合情境；符合文体特征；不要套作，不得抄袭；不得泄露个人信息；不少于800字。

语文如水

自第一次鸦片战争及工业革命以来，小陈的"语文学习无用论"就不绝于耳、追随者众。

邓小平说，"科学技术是第一生产力"，这是现实，谁都不会反驳。因此，相较于支撑科技发展的数学、物理等基础学科，文史哲是否就相形见绌，显得没那么有用，甚至不值一提或者可以忽略不计呢？

另外，讨论哪个学科是否无用或者有用的背景，是以个人为本位还是社会为本位呢？是文化的软实力更难积淀和输出，还是军事科技更难发展和突破呢？

这些都是值得思考的问题。

回到作文本身，如果按照"结合材料"的要求来写这篇考场作文，可能小陈的"语文学习无用论"将变得无可辩驳。

材料里提到了四个场景，我们一一来看。

场景一：评改试卷时，常常会听到任教数理化等科目的老师向语文老师抱怨："学生连题目都读不懂！审题不会'咬文嚼字'怎么会做题？"

其实，除去阅读障碍，数理化老师所抱怨的学生题目读不懂，未必是真的读不懂，大概率是过于自信能读懂而不认真所致。

场景二：钟南山院士近日与大家分享学习体会："学好语文最关键，学好语文才能对事情进行分析，进行综合和总结。"

若论培养"对事情进行分析，进行综合和总结"等逻辑思维能力，是否数理化等学科也当仁不让，甚至更胜一筹呢？

场景三和场景四可以放一起说。

场景三：最近，由武汉发布的32张抗疫感恩海报获得了无数点赞。"下个烟花三月，一同登楼望春风""八闽来助，江城有福"……32处美景，配上32句各具特色的美言，让人觉得美好又充满希望。

场景四：外交部发言人耿爽回应美方诋毁中方的抗疫努力："行有不得，反求诸己。"此话为孟子所言，意为做事不成功，就要从自身找原因。大批网友纷纷赞其"驳得好"的同时也感慨："不学一点国学知识，中国话你都听不懂！"

且不论在互联网时代能瞬间检索所有国学知识的含义和出处，如果只是为数十处场景配上各具特色的"美言"就凸显了语文学习的重要性，是否太妄自菲薄了呢？

根据布鲁姆对教育目标的分类，认知领域的目标可以分为六个阶段：知道（场景一）、领会（场景四）、应用（场景三）、分析（场景二）、综合（场景二）和评价（场景二）。依此理论，以上四个场景的教育目标均不出此类。

但是，语文学习绝不局限于此。

根据克拉斯沃尔1964年提出的理论，情感领域教学目标依次分为5个层次：接受、反应、形成价值观念、组织价值观念系统和价值体系个性化。

我想，这最高的层次，才是语文学习更内在的追求。

语文如水。

老子说："上善若水。水善利万物而不争，处众人之所恶，故几于道。"

鸦片战争以后，中国的各个阶层都在探寻一条可行的救国之路。

首先登场的是器物革命，但是甲午海战一败涂地；

次而登场的是制度革命，但是戊戌变法百日即夭；

继之登场的是文学革命，鲁迅一声呐喊划破暗夜，石破天惊。

我们被坚船利炮打开了国门，但是在"口诛笔伐"中自我革命，艰难前行，找到出路。

青年毛泽东在湖南第一师范学校读书时，大声诵读着梁启超"少年强则国强，少年独立则国独立，少年自由则国自由，少年进步则国进步，少年胜于欧洲则国胜于欧洲，少年雄于地球则国雄于地球"，这样的精神觉醒，正是看似无用的"文以化人"在起着强有力的作用。

老子说："天下莫柔弱于水，而攻坚强者莫之能胜，以其无以易之也。弱之胜强，柔之胜刚，天下莫不知，莫能行。"

德国诗人海涅说："不要轻视观念的影响力，教授在沉静的研究中所培育出来的哲学概念可能摧毁一个文明。"

无论是在西方或是在中国，科学的突变或革命都以深刻的哲学人文思想为背景。文艺复兴时期的科学家理文并重，他们也将科学应用到绘画和音乐上去。从笛卡尔、伽利略到牛顿、莱布尼兹，这些科学家们在研究科学时，都讲究哲学思想，通过这种思想来探索大自然的基本原理。

文化软实力的竞争并不是比军事科技等代表的"硬实力"要弱，而是因其无法即时兑现而常常让人忽视。

再者，没有硝烟的战争，是更可怕的；潜移默化的毒害是慢性毒药，发现时即可能已蔓延全身、无法挽救。一直以来，香港及新疆屡屡遭遇西方外来势力的干预抹黑，甚至将触手伸到了教材当中，企图从教育层面来影响下一代，从而达到其不可告人的险恶目的。

语文如水，"水能载舟，亦能覆舟"。

以上，均以社会本位为背景，那么真正应该关注的是谁呢？是组成社会的每一个鲜活的个人。

数学是宇宙语言，而语文让你成为你。

数学是世界通用的，而一国之文化、之底蕴是你走向世界前，作为一国、一民族之个体所赖以生存和生长的根和本。

易卜生说："你最大的责任就是把你这块材料铸成器。"

"成器"，没有贬义，你总要在社会立足，因为社会不是乌托邦，这是你之所愿和社会所求最好的连接点。

如果基于（科技）落后就要挨打的教训，让每个人都去走同一条路，这是不现实的，也是不科学的。

退一步讲，即便你学了所谓社会需要的，而你所不擅长的，结果肯定是没有学好，又何谈对社会有用呢？

毕竟，并不是人人都是钱伟长。

也许，有用、无用本就是伪命题，加德纳多元智能理论告诉我们，每个我都是不一样的烟火。

所以，放下对有用、无用的执念，去发现自己的闪光点。

如果幸运的你已经发现，保护好它的光芒。

记得不忘初心，不随波逐流。

你要相信，你所热爱终会指引你到达你想要的远方。

你若盛开，清风自来。

各美其美，世界大同。

经典选读：

汪曾祺《七载云烟》

天地一瞬

我在云南住过七年，一九三九～一九四六年。准确地说，只能说在昆明住了七年。昆明以外，最远只到过呈贡，还有滇池边一片沙滩极美、柳树浓密的叫做斗南村的地方，连富民都没有去过。后期在黄土坡、白马庙各住过年把二年，这只能算是郊区。到过金殿、黑龙潭、大观楼，都只是去游逛，当日来回。我们经常活动的地方是市内。市内又以正义路及其旁出的几条横街为主。正义路北起华山南路，南至金马碧鸡牌坊，当时是昆明的贯通南北的干线，又是市中心所在。我们到南屏大戏院去看电影，——演的都是美国片子。更多的时间是无目的地闲走，闲看。

我们去逛书店。当时书店都是开架售书，可以自己抽出书来看。有的穷大学生会靠在柜台一边，看一本书，一看两三个小时。

逛裱画店。昆明几乎家家都有钱南园的写得四方四正的颜字对联。还有一个吴忠荩老先生写的极其流利但用笔扁如竹篾的行书四扇屏。慰情聊胜无，看看也是享受。

武成路后街有两家做锡箔的作坊。我每次经过，都要停下来看做锡箔的师傅在一个木墩上垫了很厚的粗草纸，草纸间衬了锡片，用一柄很大的木槌，使劲夯砸那一垛草纸。师傅浑身是汗，于是锡箔就槌成了。没有人愿意陪我欣赏这种槌锡箔艺术，他们都以为："这有什么看头！"

逛茶叶店。茶叶店有什么逛头？有！华山西路有一家茶叶店，一壁挂了一副嵌在镜框里的米南宫体的小对联，字写得好，联语尤好：

> 静对古碑临黑女
> 闲吟绝句比红儿

我觉得这对得很巧，但至今不知道这是谁的句子。尤其使我不明白的，是这家茶叶店为什么要挂这样一副对子？

我们每天经过，随时往来的地方，还是大西门一带。大西门里的文林街，大西门外的凤翥街、龙翔街。"凤翥"、"龙翔"，不知道是哪位擅于辞藻的文人起下的富丽堂皇的街名，其实这只是两条丁字形的小小的横竖街。街虽小，人却多，气味浓稠。这是来往滇西的马锅夫卸货、装货、喝酒、吃饭、抽鸦片、睡女人的地方。我们在街上很难"深入"这种生活的里层，只能切切实实地体会到：这是生活！我们在街上闲看。看卖木柴的，卖木炭的，卖粗瓷碗、卖砂锅的，并且常常为一点细节感动不已。

但是我生活得最久，接受影响最深，使我成为这样一个人，这样一个作家，——不是另一种作家的地方，是西南联大，新校舍。

骑了毛驴考大学

万里长征，

辞却了五朝宫阙。

暂驻足，

衡山湘水，

又成离别，

绝徼移栽桢干质，

九州遍洒黎元血。

尽笳吹弦诵在山城，

情弥切……

——西南联大校歌

日寇侵华，平津沦陷，北大、清华、南开被迫南迁，组成一个大学，在长沙暂住，名为"临时大学"。后迁云南，改名"国立西南联合大学"，简称"西南联大"。这是一座战时的，临时性的大学，但却是一个产生天才，影响深远，可以彪炳于世界大学之林，与牛津、剑桥、哈佛、耶鲁平列而无愧色的，窳陋而辉煌的，奇迹一样的，"空前绝后"的大学。喔，我的母校，我的西南联大！

像蜜蜂寻找蜜源一样飞向昆明的大学生，大概有几条路径。

一条是陆路。三校部分同学组成"西南旅行团"，由北平出发，走向大西南。一路夜宿晓行，埋锅造饭，过的完全是军旅生活。他们的"着装"是短衣，打绑腿，布条编的草鞋，背负薄薄的一卷行李，行李卷上横置一把红油纸伞，有点像后来的大串联的红卫兵。除了摆渡过河外，全是徒步。自北平至昆明，全程三千五百里，算得是一个壮举。旅行团有部分教授参加，闻一多先生就是其中之一。闻先生一路画了不少铅笔速写。其时闻先生已经把胡子留起来了，——闻先生曾发愿：抗战不胜，誓不剃须！

另一路是海程。由天津或上海搭乘怡和或太古轮船，经香港，到越南海防，然后坐滇越铁路火车，由老街入境，至昆明。

有意思的是，轮船上开饭，除了白米饭之外，还有一箩高粱米饭。这是给东北学生预备的。吃高粱米饭，就咸鱼、小虾，可以使"我的家在东北松花江上"的流亡学生得到一点安慰，这种举措很有人情味。

我们在上海就听到滇越路有瘴气，易得恶性疟疾，沿路的水不能喝，于是带了好多瓶矿泉水。当时的矿泉水是从法国进口的，很贵。

没有想到恶性疟疾照顾上了我！到了昆明，就发了病，高烧超过四十度，进了医院，医生就给我打了强心针（我还跟护士开玩笑，问"要不要写遗书"）。用的药是606，我赶快声明：我没有生梅毒！

出了院，晕晕惚惚地参加了全国统一招生考试。上帝保佑，竟以第一志愿被录取，我当时真是像做梦一样。

当时到昆明来考大学的，取道各有不同。

有一位历史系学生姓刘的同学是自己挑了一担行李，从家乡河南一步一步走来的。这人的样子完全是一个农民，说话乡音极重，而且四年不改。

有一位姓应的物理系的同学，是在西康买了一头毛驴，一路骑到昆明来的。此人精瘦，外号"黑鬼"，宁波人。

这样一些莘莘的学子，不远千里，从四面八方奔到昆明来，考入西南联大，他们来干什么，寻找什么？

大部分同学是来寻找真理，寻找智慧的。

也有些没有明确目的，糊里糊涂的。我在报考申请书上填了西南联大，只是听说这三座大学，尤其是北大的学风是很自由的，学生上课、考试，都很随便，可以吊儿郎当。我就是冲着吊儿郎当来的。

我寻找什么？

寻找潇洒。

斯是陋室

西南联大的校舍很分散，很多处是借用昆明原有的房屋，学校、祠堂。自建的，集中，成片的校舍叫"新校舍"。

新校舍大门南向，进了大门是一条南北大路。这条路是土路，下雨天滑不留足，摔倒的人很多。这条土路把新校舍划分成东西两区。

西边是学生宿舍。土墙，草顶。土墙上开了几个方洞，方洞上竖了几根不去皮的树棍，便是窗户。挨着土墙排了一列双人木床，一边十张，一间宿舍可住四十人，桌椅是没有的。两个装肥皂的大箱摞起来。既是书桌，也是衣柜。昆明不知道哪里来的那么多肥皂箱，很便宜，男生女生多数都有这样一笔"财产"。有的同学在同一宿舍中一住四年不挪窝，也有占了一个床位却不来住的。有的不是这个大学的，却住在这里。有一位，姓曹，是同济大学的，学的是机械工程，可是他从来不到同济大学去上课，却从早到晚趴在木箱上写小说。有些同学成天在一起，乐数晨夕，堪称知己。也有老死不相往来，几乎等于不认识的。我和那位姓刘的历史系同学就是这样，我们俩同睡一张木床，他住上铺，我住下铺，却很少见面。他是个很守规矩，很用功的人，每天按时作息。我是个夜猫子，每天在系图书馆看一夜书，即天亮才回宿舍。等我回屋就寝时，他已经在校园树下苦读英文了。大路的东侧，是大图书馆。这是新校舍唯一的一座瓦顶的建筑。每天一早，就有人等在门外"抢图书馆"，——抢位置，抢指定参考书。大图书馆藏书不少，但指定参考书总是不够用的。

每月月初要在这里开一次"国民精神总动员月会"，简称"国民月会"。把图书馆大门关上，钉了两面交叉的党国旗，便是会场。所谓月会，就是由学校的负责人讲一通话。讲的次数最多的是梅贻琦，他当时是主持日常校务的校长（北大校长蒋梦麟、南开校长张伯苓）。梅先生相貌清癯，人很严肃，但讲话有时很幽默。有一个时期昆明闹霍乱，梅先生告诫学生不要在外面乱吃，说："有同学说'我在外面乱吃了好多次，也没有得一次霍乱'，同学们！这种事情是不能有第二次的。"

更东，是教室区。土墙，铁皮屋顶（涂了绿漆）。下起雨来，铁皮屋顶被雨点打得乒乒乓乓地响，让人想起王禹的《黄岗竹楼记》。

这些教室方向不同，大小不一，里面放了一些一边有一块平板，可以在上面记笔记的木椅，都是本色，不漆油漆。木椅的设计可能还是从美国传来的，我在爱荷华——耶鲁都看见过。这种椅子的好处是不固定，可以从这个教室到那个教室任意搬来搬去。吴宓（雨僧）先生讲《红楼梦》，一看下面有女生还站着，就放下手杖，到别的教室去搬椅子。于是一些男同学就也赶紧到别的教室去搬椅子。到宝姐姐、林妹妹都坐下了，吴先生才开始讲。

这样的陋室之中，却培养了很多优秀的人才。

联大五十周年校庆时，校友从各地纷纷返校。一位从国外赶回来的老同学（是个男生），进了大门就跪在地下放声大哭。

前几年我重回昆明，到新校舍旧址（现在是云南师范大学）看了看，全都变了样，什么都没有了，只有东北角还保存了一间铁皮屋顶的教室，也岌岌可危了。

不衫不履

联大师生服装各异，但似乎又有一种比较一致的风格。

女生的衣着是比较整洁的。有的有几件华贵的衣服，那是少数军阀商人的小姐。但是她们也只是参加 Party 时才穿，上课时不会穿得花里胡哨的。一般女生都是一身阴丹士林旗袍，上身套一件红的毛衣。低年级的女生爱穿"工裤"——劳动布的长裤，上面有两条很宽的带子，白色或浅花的衬衫。这大概本是北京的女中学生流行的服装，这种风气被贝满等校的女生带到昆明来了。

男同学原来有些西装革履，裤线笔直的，也有穿麂皮夹克的，后来就日渐少了，绝大多数是蓝布衫，长裤。几年下来，衣服破旧，就想各种办法"弥补"，如贴一张橡皮膏之类。有人裤子破了洞，不会补，也无针线，就找一根麻筋，把破洞结了一个疙瘩。这样的疙瘩名士不止一人。

教授的衣服也多残破了。闻一多先生有一个时期穿了一件一个亲戚送给他的灰色夹袍，式样早就过时，领子很高，袖子很窄。朱自清先生的大衣破得不能再穿，就买了一件云南赶马人穿的深蓝毡毡的一口钟（大概就是彝族察尔瓦）披在身上，远看有点像一个侠客。有一个女生从南院（女生宿舍）到新校舍去，天已经黑了，路上没有人，她听到后面有梯里突鲁的脚步声，以为是坏人追了上来，很紧张。回头一看，是化学教授曾昭抡。他穿了一双空前（露着脚趾）绝后（后跟烂了，提不起来，只能半趿着）鞋，因此发出此梯里突鲁的声音。

联大师生破衣烂衫，却每天孜孜不倦地做学问，真是穷且益坚，不坠青云之志，这种精神，人天可感。

当时"下海"的，也有。有的学生跑仰光、腊戌，趸卖"玻璃丝袜""旁氏口红"；有一个华侨同学在南屏街开了一家很大的咖啡馆，那是极少数。

采　薇

大学生大都爱吃，食欲很旺，有两个钱都吃掉了。

初到昆明，带来的盘缠尚未用尽，有些同学和家乡邮汇尚通，不时可以得到接济，一到星期天就出去到处吃馆子。汽锅鸡、过桥米线、新亚饭店的过油肘子、东月楼的锅贴乌鱼、映时春的油淋鸡、小西门马家牛肉馆的牛肉、厚德福的铁锅蛋、松鹤楼的腐乳肉、"三六九"（一家上海面馆）的大排骨面，全都吃了一个遍。

钱逐渐用完了，吃不了大馆子，就只能到米线店里吃米线、饵块。当时米线的浇头很多，有焖鸡（其实只是酱油煮的小方块瘦肉，不是鸡）、爨肉（即肉末，音"川"，云南人不知道为什么爱写这样一个笔画繁多的怪字）、鳝鱼、叶子（油炸肉皮煮软，有的地方叫"响皮"，有的地方叫"假鱼肚"）。米线上桌，都加很多辣椒，——"要解馋，辣加咸"。如果不吃辣，进门就得跟堂倌说："免红！"

　　到连吃米线、饵块的钱也没有的时候，便只有老老实实到新校舍吃大食堂的"伙食"。饭是"八宝饭"，通红的糙米，里面有砂子、木屑、老鼠屎。菜，偶尔有一碗回锅肉、炒猪血（云南谓之"旺子"），常备的菜是盐水煮芸豆，还有一种叫"魔芋豆腐"，为紫灰色的，烂糊糊的淡而无味的奇怪东西。有一位姓郑的同学告诫同学：饭后不可张嘴——恐怕飞出只鸟来！

　　一九四四年，我在黄土坡一个中学教了两个学期。这个中学是联大办的，没有固定经费，薪水很少，到后来连一点极少的薪水也发不出来，校长（也是同学）只能设法弄一点米来，让教员能吃上饭。菜，对不起，想不出办法。学校周围有很多野菜，我们就吃野菜。校工老鲁是我们的技术指导。老鲁是山东人，原是个老兵，照他说，可吃的野菜简直太多了，但我们吃得最多的是野苋菜（比园种的家苋菜味浓）、灰藋菜（"藋"字见于《庄子》，是个很古的字），还有一种样子像一根鸡毛掸子的扫帚苗。野菜吃得我们真有些面有菜色了。

　　有一个时期附近小山下柏树林里飞来很多硬壳昆虫，黑色，形状略似金龟子，老鲁说这叫豆壳虫，是可以吃的，好吃！他捉了一些，撕去硬翅，在锅里干爆了，撒了一点花椒盐，就起酒来。在他的示范下，我们也爆了一盘，闭着眼睛尝了尝，果然好吃。有点像盐爆虾，而且有一股柏树叶的清香，——这种昆虫只吃柏树叶，别的树叶不吃。于是我们有了就酒的酒菜和下饭的荤菜。这玩意多得很，一会儿的工夫就能捉一大瓶。

　　要写一写我在昆明吃过的东西，可以写一大本，撮其大要写了一首打油诗。怕读者看不明白，加了一些注解，诗曰：

　　　　　　重升肆里陶杯绿，饵块摊来炭火红。

　　　　　　正义路边养正气，小西门外试撩青。

　　　　　　人间至味干巴菌，世上馋人大学生。

　　　　　　尚有灰藋堪漫吃，更循柏叶捉昆虫。

注解：

　　重升肆里陶杯绿：昆明的白酒分市酒和升酒。市酒是普通白酒，升酒大概是用市酒再蒸一次，谓之"玫瑰重升"，似乎有点玫瑰香气。昆明酒店都是盛在绿陶的小碗里，一碗可盛二小两。

　　饵块摊来炭火红：饵块分两种，都是米面蒸熟了的。一种状如小枕头，可做

221

汤饵块、炒饵块。一种是椭圆的饼，犹如鞋底，在炭火上烤得发泡，一面用竹片涂了芝麻酱、花生酱、甜酱油、油辣子，对合而食之，谓之"烧饵块"。

正义路边养正气：汽锅鸡以正义路牌楼旁一家最好。这家无字号，只有一块匾，上书大字："培养正气"，昆明人想吃汽锅鸡，就说："我们今天去培养一下正气。"

小西门外试撩青：小西门马家牛肉极好。牛肉是蒸或煮熟的，不炒菜，分部位，如"冷片"、"汤片"……有的名称很奇怪。如"大筋"（牛鞭）、"领肝"（牛肚）。最特别的是"撩青"（牛舌，牛的舌头可不是撩青草的么？但非懂行人觉得这很费解）。"撩青"很好吃。

人间至味干巴菌：昆明菌子种类甚多，如"鸡㙡"，这是菌之王，但至今我还不知道为什么只在白蚁窝上长。"牛肝菌"，色如牛肝，生时熟后都像牛肝，有小毒，不可多吃，且须加大量的蒜，否则会昏倒。有个女同学吃多了牛肝菌，竟至休克。"青头菌"，菌盖青绿，菌丝白色，味较清雅。味道最为隽永深长，不可名状的是干巴菌。这东西中吃不中看，颜色紫赭，不成模样，简直像一堆牛屎，里面又夹杂了一些松毛、杂草。可是收拾干净了撕成蟹腿状的小片，加青辣椒同炒，一箸入口，酒兴顿涨，饭量猛开。这真是人间至味！

一束光阴付苦茶

昆明的大学生（男生）不坐茶馆的大概没有。不可一日无此君，有人一天不喝茶就难受。有人一天喝到晚，可称为"茶仙"。茶仙大抵有两派。一派是固定茶座。有一位姓陆的研究生，每天在一家茶馆里喝三遍茶，早，午，晚。他的牙刷、毛巾、洗脸盆就放这家茶馆里，一起来就上茶馆。另一派是流动茶客，有一姓朱的，也是研究生，他爱到处溜，腿累了就走进一家茶馆，坐下喝一气茶。全市的茶馆他都喝遍了。他不但熟悉每一家茶馆，并且知道附近哪是公共厕所，喝足了茶可以小便，不至被尿憋死。

关于喝茶，我写过一篇《泡茶馆》，已经发表过，写得相当详细，不再重复，有诗为证：

水厄囊空亦可赊，枯肠三碗嗑葵花。
昆明七载成何事？一束光阴付苦茶。

水流云在

云南人对联大学生很好，我们对云南、对昆明也很有感情。我们为云南做了一些什么事，留下一点什么？

有些联大师生为云南做了一些有益的实事，比如地质系师生完成了《云南矿产普查报告》，生物系师生写出了《中国植物志·云南卷》的长编初稿，其他还有多少科研成果，我不大知道，我不是搞科研的。

比较明显的、普遍的影响是在教育方面。联大学生在中学兼课的很多，连闻一多先生都在中学教过国文，这对昆明中学生学业成绩的提高，是有很大作用的。

更重要的是使昆明学生接受了民主思想，呼吸到独立思考、学术自由的空气，使他们为学为人都比较开放，比较新鲜活泼。这是精神方面的东西，是抽象的，是一种气质，一种格调，难于确指，但是这种影响确实存在。如云如水，水流云在。

一九九四年二月十五日

载一九九四年第四期《中国作家》

（选自汪曾祺著《人间草木》）

扫码收听音频

朗读者：2022 级　彭诗瑄

映鉴

第八辑

清流感悟

这世界本就没有任何一句话，可以让你醍醐灌顶。真正叫你醍醐灌顶的，只能是一段经历。而那句话，只是火药仓库内划燃的一根火柴。

——刘震云《一句顶一万句》

中国近现代人物给我们的感动和震撼，有时可能来自一件惊天动地、感人肺腑的事，有时只需一句或直抒胸臆、或曲尽其妙的话语，虽常常看似云淡风轻，但往往足以力透纸背，足以荡涤灵魂。似刘震云笔下的那根"火柴"，点燃整片夜空，光芒万丈、照亮人生。

在本书中，我尤为喜欢的一句话是"夜的静，却有夜的耳在听"，它出自林徽因的诗《山中一个夏夜》，这首诗其实有两个版本，而拥有这句的版本是我倍加珍爱的一版。在无数次消沉的低谷，我都能在这句话里，听到喧哗的静夜和汹涌的低吟，它告诉我，听从你心、心柔若水。

在淤泥深处拾起星星

推荐人：2018级 岑心怡

世界于你而言，无意义无目的，却又充满随心所欲的幻想，但又有谁知，也许就在这闷热令人疲倦的正午，那个陌生人，提着满篮奇妙的货物，路过你的门前，他响亮地叫卖着，你就会从朦胧中惊醒，走出房门，迎接命运的安排。

——泰戈尔

这是电影《无问西东》中出现的泰戈尔的一首诗《爱者之贻》。我喜欢这首诗中透露出的一种不急不躁的平静，面对突如其来的命运平和以对，就像是"世界上的一切偶遇，都是命中注定"。

正如西南联大教授们那种君子般的从容不迫，那是在硝烟四起、战火纷飞中还能够伸手扶一扶帽子的优雅，是在尖锐的空袭警报声中还能抽出空来去锅炉上煮一杯冰糖莲子的淡定。

中国近现代时期人才辈出，无数耀眼的思想在爆响声中碰撞，擦出明亮而苍白的火，像是电光火石间迸溅出的强韧有力的光。

我向往那时的英雄豪情，普通的、不普通的人，有时仅需一个契机便可以毫无顾忌地大步踏上另一条道路。那个时代赋予所有人意义与目标，所以才可以去随心所欲地幻想，肆无忌惮地妄想从未有人敢做的梦，然后用一腔奋勇，用一生去缔造一个奇迹。我羡慕那样的胆大妄为。

是战火成就豪杰。中国人总是在这样的环境下爆发出惊人的凝聚力。就凭着那一股子韧劲，硬是生生撑着如山的压力，踏着荆棘丛生，却是挺直了脊梁，只抬头望向太阳，哪管那脚下泥泞满地。永不湮灭的民族爱国精神暴涨成冲天的焰火，刹那间照亮中国社会整个昏暗的天空。那个时代，是在淤泥深处，拾起星星。

那些个先锋者便是那个提着满篮奇思妙想的货物的陌生人，在昏昏欲睡的午后随便叩开某一个人的房门，于是你就那么自然而然被那样的精神所吸引，像是遇到了酸的活泼金属，迅速地发生着奇妙的化学反应，你走出房门，义无反顾地追随，去延续前人的梦。是偶然也是必然。

奇迹——我觉得，这大概是最能代表那个时代的词。

观人就是观自己

推荐人：2018级 翁沛鑫

世态人情，比明月清风更饶有滋味；可作书读，可当戏看。

——杨绛

我喜欢读书，读书里人物的百变人格，读他们在时间的车轮里演绎出非凡故事；我喜欢看戏，看戏中角色的多舛命运，看他们在光阴的湍流中编织成绝妙剧情；我也喜欢观世态人情，观我们千变万化的个性，观我们千丝万缕的联系，观一切的一切，观个尽兴方止。不妨，驶离桃花源、跳出象牙塔、离开乌托邦，一起，去沾点人间烟火气息。

倘若把人的生命比作一趟列车，生命中遇到的每一个人都是列车上的乘客。有的人风尘仆仆地登上列车，又快步疾行地离开列车；有的人不紧不慢地登上列车，却尚未有离席的意愿；有的人心急火燎地向列车内张望，却尚未得以登上列车……没有关系，不必着急，只要来了这趟列车，就是这趟列车的贵客了。观看这些贵客，不论是匆匆一瞥还是久久凝视，都会有收获的。

照理来说，若是观到风和日丽的气象，就该请这位贵客入上座，品好茶，聊个日夜不分，来一场精神的盛宴，走一回思想的汇流才是；若是观到疾风骤雨的气象，就该自知这贵客实在招待不起，保持着基本的礼貌优雅，随时为他敞开离去的大门，时刻准备送客的仪式为好。

可是偏偏有些人，看上去春和景明、波澜不惊，实际上却是阴风怒号、浊浪排空；看上去淫雨霏霏、连月不开，实际上却是上下天光、一碧万顷。他们需要你在观人的时候保持着火眼金睛，清神爽气，透过现象看到本质，从蛛丝马迹中按图索骥，推断出他们的真实品性。

要是真的看走眼了怎么办？没有关系，不必着急，人生经历，好的坏的都是风景。好的风景自然人人都爱，而坏的风景毕竟也是人生的一门必修课，绝对是绕不过去的。误把败絮当金玉，下次去买柑橘时就知道要长点心，多掂量掂量了；误把骐骥当驽马，下次去相马时就不忘"路遥知马力"的警言，再三考虑了。在那些坏风景的不断打磨中，你的观人术一定会日臻完善、大有长进，直到最后百毒难侵、刀枪难入。

正所谓"林子大了，什么鸟都有"，随着你涉猎的范围逐步扩大，你观到的人必然会越来越繁多、越来越复杂。可又正所谓"丝瓜藤，肉豆须，分不清"，观到的人多了，好像他们总有着某些相似的地方，实在难以区分。其实这两条并不是矛盾的，人生的趣味就在这里。张飞关羽都是雄赳武夫，尚可被观出不同之处；廉颇蔺相如分明一武一文，却也有难以分辨的地方。

前面说了这么多有关观人的内容，可总有人纳闷，找到人生的趣味毕竟是精神层面的用处，观人究竟有什么物质层面的用处？其实这个问题倒也现实，毕竟我们不能要求所有人都拥有丰富的精神世界，物质世界的宽裕是大多数人目前觉得紧要的问题。

观人物质层面的用处倒也不少，譬如说，团队合作时能减少很多不必要的麻烦。观到一个人"交际花"的个性，那就安排此人负责联络；观到一个人细致的内心，那就安排此人负责做整理等工作。刘邦就是靠极强的观人术战胜了兵力远超自己的项羽，一个观人术高超的领袖，会让自己拥有的人才各尽所能。

再譬如说，在社会的洪流打拼时减少不必要的损失。观到一个人敦厚实诚、大方善良，那就把自己最无私的一面分享给他，甚至可以用生命来相守；观到一个人老奸巨猾、老谋深算，那就划清界限，不要轻易与他共事，更不要随便相信他的承诺。这样，想必能将自己保护得更好。

观人，其实也是在观自己。正如"走遍世界，也不过是为了找到一条走回内心的路"，等到千帆过尽，我们才会发现自己其实就是过去一系列经历对自己影响的叠加。陶渊明观到了官场贪官污吏沆瀣一气，也观到了自己向往山水田园的意志；李白观到了朝臣摧眉折腰迎合权贵，也观到了自己追求自由奔放的内心。在观人的过程中，我们塑造了我们的人格，成为一个更加完善的自己。

杨绛先生把世态人情当作书读、当作戏看，实在高明！不妨，沾点人间烟火气息，去观一观别人，同时也观一观自己吧！

明月清风，处处花开

推荐人：2018级 林子一

你若爱，生活哪里都可爱。

你若恨，生活哪里都可恨。

你若感恩，处处可感恩。

你若成长，事事可成长。

不是世界选择了你，

是你选择了这个世界。

——丰子恺

他们：明月清风

他们活在软红十丈的人间，在那青石板的尽头，在都市的摩登大厦里，在拥挤的弄堂，在没有星光照耀的红尘。他们没念过多好的书，没干过多大的事，没有多么惊人的成就。他们只是一群最普通的小市民，吃最普通的饭，行最普通的路，做最普通的事。

可却过着不普通的日子。

回乡的时候遇见一个洗衣妇，被母亲请来帮家里长辈打扫卫生，可她却小声地咕哝了一阵，半晌，介绍人郑重地宣布："她说她不扫地——因为她的兴趣只在洗衣服。"

哦！当时我恍然大悟，原来洗衣服这么家常细小的事，也可以是一个人正经认真的兴趣。

然后，我就想起从小到大，一遇到长辈就会被问到的问题：你的兴趣爱好是什么？（当然第一个问题是"你的梦想是什么"）孩子们都不假思索地回答"钢琴""跳舞""唱歌""足球""画画"，似乎这些词语本身带着多么熠熠生辉的光芒，让人在听到的一瞬便肃然起敬了。

诚然我也不能免俗，可现在想来颇觉可笑。最多算特长的东西罢了，能有几个人真正对其感兴趣的？让人可敬的程度完全比不上诸如"洗衣服"这样的兴趣。倒不是说"洗衣服"真的比唱歌跳舞高尚，只是这样踏实朴素的想法，让人咀嚼出许多生活的郑重与可爱，从而对这样活着的人生出发自内心的敬意。

心里有明月清风的人，眼中也自是处处鲜花盛开。

他：一蓑烟雨

看到这句话，很自然地，我想到了苏东坡，那个我最爱的古人。

我看见他从如烟的往事中向我款款走来，布衣青发、瘦骨如山；看见他在史官的笔搁盛不下的地方，潇洒快意、才气纵横。

他是那样的满腹才华，也是那样的多灾多难。

他的才名一路高涨，他的官职也一路被贬。从繁华的京城到偏安一隅的黄州密州，再到乌烟瘴气之地的惠州潭州，他被一贬再贬，直至贬无可贬，直至祖国的最南端，仍处于荒蛮的海南岛。

可他，一路悠然，一路凯歌，从苏家大郎，成为真真正正的东坡居士。

在杭州，他组织修建的苏堤到今天仍是西湖十景之首；在密州，他亲自走到百姓中抗洪抗蝗；在儋州，他开办私塾、教化百姓，使那未开蒙的地方走出了第一个进士。

我常想，到底是怎样的气度与胸怀，让苏轼成为后来的东坡。

一直没有想明白，直到我看到丰子恺先生的这段话。

他选择真诚地、无畏地爱他的人民，爱这个伤他至深的世界，因为在他的心里，自有一番乾坤。

所以最后，他爱着的人民和世界，终于深爱了他几千年，一代一代，代代传颂。

活着：溯水而上

"但这一切都不重要，重要的是那人结实而顶真的活了过来，在人世的霜寒和春风里。"

这段时间偏爱张晓风的散文。张很喜欢讲人世、讲生命、讲活着。可能她是个太过幸运幸福的女子，眼中的世界纵使曾有春寒料峭，但总归是明媚在仍算温暖的南风里的。

其实活着，没那么容易，却也没那么艰难。

她也给很多人写过传记，画家的、作家的、匠人的……他们都或多或少有自己的艰难困苦，有自己不为人知的、难以启齿的痛。

但他们仍旧活着呀。

生活大概是因为千般苦难，才有了万种可爱吧。

正所谓，真正的英雄主义是，看透了世界的黑暗依旧坚强乐观地活着。

所以，如果大雨倾城，那我便溯水而上。

这是我选择的英雄与世界。

我：赤子之心

"树在。山在。大地在。岁月在。我在。你还要怎样更好的世界？"

关于"我"，自古以来是个无解的哲学问题。我是谁？我在哪？我从哪里来？这实在是我目前无法参破的终极问题。

于是我选择一种"在"。

以自己人生主角的形式，出席在生命的大教室里，出席在国家的建设中，出席在无情流逝的岁月里。

也许百年后便一舸无迹，但我终究曾经"在"过。

在软红十丈的人间、在那青石板的尽头、在都市的摩登大厦里、在拥挤的弄堂、在有星光照耀的红尘，我曾鲜艳明媚地活着，曾踏遍万水千山，看尽世间风景，归来，仍葆有一颗赤子之心。

如此，足矣。

我的世界将大于整个世界

推荐人：2020级　贾唯

先生之著述，或有时而不章；先生之学说，或有时而可商；惟此独立之精神，自由之思想，历千万祀，与天壤而同久，共三光而永光。

——陈寅恪

这是一个信息爆炸的时代，科技给我们带来了太多的便利，"西出阳关无故人"的困境已然风中羽化成为传说，信息将地球缩小成弹丸之地，而我们面临的，却是史无前例的孤独无助。

我们和别人谈古论今、和别人游山玩水，网络在某种意义上更是缩短了我们与别人的距离，但是，在交往中，我们是否还能辨得清自我？每天，无数碎片化的信息奔涌而来，我们不停地接受、不断地消化，却很难辨别其真假，更难以探究发言者背后的目的。

孟子说："虽千万人，吾往矣。"那亿万人呢？当仿佛全世界都在你耳边对你呐喊：这是对的，那是错的。届时你是否还能够相信自己？我们的选择，我们的决定究竟是所谓"独立之精神，自由之思想"，还是一次一次又一次地选择盲从？

不知道大家有没有听过"信息茧房"这个概念，这是指人们的信息领域会习惯性地被自己的兴趣所引导，从而将自己的生活桎梏于像蚕茧一般的"茧房"中的现象。由于信息技术提供了更自我的思想空间和任何领域的巨量知识，一些人还可能进一步逃避社会中的种种矛盾，成为与世隔绝的孤立者。网络化虽带来更多资讯选择，看似更加自由，但在"个人本位"的理念下，蕴藏着的是对自由的潜在破坏。

长期生活在信息茧房之中，容易使人盲目自信、心胸狭隘，其思维方式必然会将自己的偏见认为是真理，从而拒斥其他合理性的观点侵入，特别当获得"同盟"的认同后演化为极端思想。

不被经验的藩篱所围，不被固有的经验所左右，在这个时代，何其重要，又何其困难？

　　我常常反思，或许，我病了，我终日蜷缩在碎片化的尘埃之中，不见天日，不见自我。所以，我希望我能够亲近自然，每天哪怕只有一点点的时间去仰望星空，黑暗中我们抬起头，星辰从远方赶来，赴一面之约。我始终觉得这种相遇是宇宙级别的浪漫。

　　我希望我能够保持好奇心，能够去研究探索自己的小爱好，正所谓千万丈的大厦总要有座基石，最初的爱好无可替代。

　　我希望我的选择能够不带任何功利性的目的，只是为了倾听心底的那个声音。我希望我能够活得快乐，热爱生活。

　　当上述得以实现，我坚信，我的世界将大于网络，甚至大于整个世界。届时，我才有可能真正成熟健朗，最后精神成人。

　　这是我对自己的忠告，也在此与各位共勉。

　　最后，想用陈寅恪先生在《王国维纪念碑碑文》所写的一段话来结束此文——"先生之著述，或有时而不彰。先生之学说，或有时而可商。惟此独立之精神，自由之思想，历千万祀，与天壤而同久，共三光而永光。"

星光不问赶路人，岁月不负有心人

推荐人：2021级　肖雅喆

夫唯不争，故天下莫能与之争。

——老子

在"'多维'蔡元培"这节课最后，老师向我们介绍了蔡先生早年入翰林，在不惑之年选择出国留学，为了心中对知识的热爱，如饥似渴地学习。他不为名利，不向外部求索，只为充实自己、提升自己，正如老子所说"夫唯不争，故天下莫能与之争"——这句话令我印象尤其深刻。

在我十来年的学习生涯中，我学习的动力似乎很少来源于自己，很少来自知识本身，更多的时候是来自外部的，其中大部分是与"争"脱不开联系的。

说近些，我争一时的成绩和排名，争一时的夸赞和吹捧；说远些，我想争得上好大学的机会，以便争得荣华富贵来满足我的贪婪和虚荣。因为想要的一切都是需要争抢的，所以格外关注外部环境，像饥饿的群狼盯着唯一的白兔，生怕一个不小心到嘴的食物就被其他竞争者夺走了。抱着这种心态，我关注的是分数比别人高多少或者低多少，而不是分数的意义本身。我关注别人学了多久、在学什么，便也慌忙跟着去学，却不在意我自身的效率和收获。

想争赢的同时，我也变得输不起了。因为一场即将到来的考试彻夜难眠，因为一次不理想的排名号啕大哭，因为压力太大而胃痉挛……我已经记不清我的身体或者心理有多少次因为考试和成绩而崩溃。

我曾无数次纠结，我已经如此"努力"成绩却依然不理想的原因。老子的这句话和蔡元培先生的经历，给了我一些启发。蔡元培先生改革北大取得的非凡成果，在学术上的卓越贡献，都不是他抱着"争"的心态去完成的。他在不惑之年依然出国留学，不在意外人的指摘，只是专注于自身的理想，并为之努力。取得成就是他的果，不是他的因。他从没有争的意思，却已经超过了无数人，更印证了那句"夫唯不争，天下莫能与之争"。而我，在学习时把太多精力放在了关注他人，留给自己消化吸收的部分还有多少呢？

"星光不问赶路人，岁月不负有心人。"我想，我虽不能很快达到这种境界，但至少也应该为之努力。

因为懂得，所以慈悲

推荐人：2018级 湛蓝

因为懂得，所以慈悲。

——张爱玲

何谓懂得？懂得，并不是简单的理解。有时你能理解一个人的所作所为，但并不能原谅他的所作所为。真正的懂得，不仅仅是看尽人间百态的懂得，而是全身心懂得，需要拥有非一般的同理心；是你好像成为对方，能感知他所感受到的一切，完全明白他的处境，明白他为什么要那样做，明白他的无奈、身不由己……甚至换作是你，你也会做相同的事。这样你才有可能原谅自己，进一步才能原谅他。

何为慈悲？慈悲不是怜悯。怜悯是你站在旁观者的角度看待，施舍的同情。而慈悲是将人从苦难中拯救出来。当你真正懂得了，才会上升到一个新的高度去看待它，愿意用自己的理解和包容去体谅他、与他共同面对痛苦，再一起努力摆脱痛苦——这是再真挚不过的爱情了。

把范围再扩大一些，把同理心的层次稍稍降低一些，到我们的日常生活中去。与人相处时，由于双方的性格和习惯差异，常常会发现矛盾的地方。如果一有矛盾就生气，伤害别人的同时也会让自己心情烦躁，长此以往人际关系也会变差。若以同理心看待，站在别人生活的角度去看这个行为，常常会发现我们不该批判，应以包容取而代之。如果真的有问题，也要心平气和地去交流。"己所不欲，勿施于人"，这也是同理心的道理。

希望在未来，我能更好地去体会，并拥有这股温柔强大的力量。

于千万人之中遇见对的人

推荐人：2018级　马若旖

于千万人之中，遇见你要遇见的人。于千万年之中，时间无涯的荒野里，没有早一步，也没有迟一步，刚巧赶上了，也只能轻轻地说一句：你也在这里吗？

——张爱玲

爱情是什么？我相信，很多人都答不上来。对于张爱玲来说，是于千万人中，遇见那个要遇见的人。正如在席慕蓉的诗里，讲述的爱情是在前世五百年回眸之后，才换来今生的擦肩而过。

张爱玲的一生注定是不平凡的，在上海出生的她，有着一位思想封建的父亲和一位思想开放的母亲。在这样的环境下，她逃出了令她失望的家庭，经过颠沛流离后，在上海文坛闯出了一条路。

1944年初春，张爱玲遇见了胡兰成，这个风流且久经情场的男人，迅速俘获了张爱玲的芳心。从未谈过恋爱的张爱玲，坠入了爱河。可是，胡兰成一次次的背叛和欺骗，让一段本甜蜜的婚姻在短短两年内就结束了。

后来，36岁的张爱玲，遇见了65岁的赖雅，那时她已经成长为一位成熟的女人。在与赖雅平平淡淡的生活中，张爱玲享受到了人生最美好的日子，尝到了长久爱情的滋味。也许她与赖雅的相遇，便是千万人中，遇到了要遇到的人，在对的地点，相爱。张爱玲在47岁的时候，失去了赖雅。在赖雅最后的时光中，是张爱玲的陪伴和照料，使他安心离去。自那以后，张爱玲又是独自一人了。

最后，张爱玲在美国的公寓孤独地离去。

张爱玲的一生，是传奇的，也是平淡的。她所经历的爱情，有曲折，有温暖。也正是如此，才成就了她。爱情是什么？谁也不知道。但是在张爱玲眼里，就是千万人中，遇见要遇见的那个人。

不完满才是人生

推荐人：2020 级　李飞扬

　　每个人都争取一个完满的人生。然而，自古及今，海内海外，一个百分之百完满的人生是没有的。所以我说，不完满才是人生。

——季羡林

　　其实每个人，都在争取一个完满的人生。然而，世界上没有绝对完满的东西。太阳一到中间，立刻就会偏西；月圆，立刻就会月亏。所以，有缺憾才是恒久，不完满才叫人生。其实，最好的境界就是花未开全，月未圆。给膨胀留一点升腾的余地，给单调留一点饱满的空间。接受，使我们成熟，使我们坚强，使我们的人生少了点彷徨，多了点力量。要相信，接受，是变好的开始。

　　人人都想要一个完满的人生。但是，不是人人都想要的就是正确的。既然我们无法避免一个不完满的人生，那就让我们开心地接受它，接受人生的不完满。我们不必去幻想每天的生活是多么的完满，也不必想象人生会是怎样的完满。正如一天肯定会有白天和黑夜，不可能只是阳光灿烂的白天，你会觉得只拥有白天的一天是完满的吗？一年定有四季，不可能都是万物复苏的春天，那么你会觉得没有其他季节的一年是完满的吗？

　　人生不过短短几十年，时光一去不复返，与其每天都活在虚无缥缈的完满中，倒不如从"完满"中逃脱出来，把握好每天每分每秒，珍惜我们这短短的人生。

　　我们的人生属于自己，但我们的一切不一定就都在掌握之中。我们的未来是未知的，但这未知的未来，就是另一种意义上的完满。因为我们无法获知，无法预料，但我们可以改变，所以命运反而掌握在我们自己的手中。

　　未来需要我们去创造。我们的不完满，在经过努力之后，都会成为心中的完满。到那时，我们就有资格去告诉别人，"不完满才是人生"。

苦茶加糖

推荐人：2020级　陈恩琪

苦茶加糖，其苦之量如故。

——鲁迅

善恶终有报，生命终归于残阳，一个人是否是他真实的模样，只有他自己知道。

时常会想，人的一生该用什么样的心态度过，是要去张望明天，还是应该铭记过往？若是大步向前，又该如何去走这条布满荆棘的泥泞道路？苦茶加了糖，生活添些甜，也许苦之量如故，却真真正正将这苦涩的日子过出了幸福。

也许很多人看到"苦茶加糖，其苦之量如故"这句话时，脑海中总会浮现出鲁迅先生犀利的眼神，本就带有批判性色彩的一句话，是从另一个角度思考的人生。"如何理解人生苦楚，如何走好人生长途？"这是鲁迅先生对于这句话的思考，他思考的是人生，而我，思考的是人。

不同的人所经历的人生不尽相同，也许是相同的路给不同的人走所带来的感受不同，我们不曾经历别人的人生，也便没有资格妄自揣测，我们无法成为故事里的人，也就无从知道他们是如何生活的。也许只是表面看起来的风光，也许只是他人刻意的修饰使其披上一层伪装，如生活一样，无论加了多少"糖"，人的本质没有变，他还是他，你还是你，我还是我，没有人可以随意改变你本来的模样，因为他们不曾经历你的伤，也就无法拥有你的疤。

我们相信一个人会在时间的历练下做出改变，在光阴的打磨下会有所长进，但也要承认人的本质很难改变。

苦茶如此，人亦如此。

在如今的信息时代，我们不应该只局限于通过网络上所给你的信息来认识一个人，那也许是真实的他，也许是伪装的他，因为我们无从得知，也就无法评价。常言道："知人不评人。"这是一种修养，也是对自己清楚的认知。他是不是真的他，也许只有他知道，正如甜味的茶是否是因为加了糖，只有本来的它知道。

守好自己的本分，拥有自己独立的思考，不以他人的见解为标准，不从别人嘴里认识一个人，基于此，苦茶原本的味道，也就没有那么重要了。

和谁争我都不屑

推荐人：2018级 唐乐恒

我和谁都不争，和谁争我都不屑。简朴的生活，高贵的灵魂是人生的至高境界。

——杨绛

杨绛这位老人给我的印象始终是淡泊从容的。我曾看过她一张正在写书法的照片，照片里满头银发的老人嘴角微扬，眉目舒展。在她身上，我似乎看不到时光刻下的沧桑，只有岁月描摹的无限静好。

杨绛的一生与她的这句名言极为契合，生在动荡年代，后又历经坎坷，女儿、丈夫都先她离世，即便是这样，她的骨子里依旧透露着从未被世事所打倒的气韵。

身处这个纷杂的社会里，我想很少人能够真正做到只追随自己的内心而活。在慢慢成长的过程中，我们都或多或少地懂得了这个世界残酷的生存之道。但是，我们如何真正为自己而活呢？这便是我最钦佩杨绛老先生的地方。她的不争与不屑并不是一种消极的处世态度，她的学识与经历让她有足够的底气说出这样一番话，她可以敞开心扉，做到自己想要的最好的自己。

在百花齐放的年代，涌现出许许多多文人学派，都在积极地宣扬着自己的文学思想，掀起一波又一波的思潮，杨绛的写作风格在这股潮流中便成了一股清流。

我期待着有一天，在应对各样繁杂的事情时，我也可以一直保持着一颗淡泊宁静的心，保持自己最初的纯真，追寻自己真正想要的生活。

主要参考文献

1. 蔡元培. 蔡元培自述 [M]. 北京：中华书局，2015.

2. 蔡元培. 中国人的修养 [M]. 上海：上海教育出版社，2018.

3. 李大钊. 李大钊文集 [M]. 北京：人民出版社，1999.

4. 李大钊. 青春 [M]. 北京：北京联合出版公司，2021.

5.《先生》编写组. 先生 [M]. 北京：中信出版社，2012.

6. 鲁迅. 鲁迅全集 [M]. 北京：人民文学出版社，2005.

7. 许寿裳. 鲁迅传 [M]. 北京：九州出版社，2017.

8. 林贤治. 人间鲁迅 [M]. 北京：人民文学出版社，2010.

9. 柏拉图. 理想国 [M]. 郭斌和，张竹明，译. 北京：商务印书馆，2020.

10. 唐小兵. 书架上的近代中国：一个人的阅读史 [M]. 北京：东方出版社，2020.

11. 周国平. 中国人缺少什么：西方哲学接受史上两个案例之研究 [M]. 上海：上海人民出版社，2018.

12. 王国维. 人间词话 [M]. 上海：上海古籍出版社，1998.

13. 叶嘉莹. 人间词话七讲 [M]. 北京：北京大学出版社，2014.

14. 苏缨. 人间词话精读 [M]. 长沙：湖南文艺出版社，2015.

15. 冯友兰. 三松堂自序 [M]. 北京：三联书店，2009.

16. 冯友兰. 中国哲学简史（英汉双语对照）[M]. 北京：外语教学与研究出版社，2015.

17. 杨立华. 西方哲学十五讲 [M]. 北京：北京大学出版社，2004.

18. 陈鼓应. 庄子今注今译 [M]. 北京：中华书局，2016.

19. 许鹿希. 邓稼先传 [M]. 北京：中国青年出版社，2015.

20. 田秉锷. 毛泽东诗词鉴赏 [M]. 上海：上海三联书店，2012.

21. 杨振宁. 曙光集 [M]. 北京：三联书店，2008.

22. 杨振宁. 晨曦集 [M]. 北京：商务印书馆，2018.

23. 张清平 . 林徽因传 [M]. 北京：中华书局，2016.

24. 梁思成 . 中国建筑艺术 [M]. 北京：北京出版社，2016.

25. 钱锺书 . 写在人生边上：人生边上的边上·石语 [M]. 北京：三联书店，2002.

26. 罗银胜 . 杨绛传 [M]. 北京：北京联合出版公司，2015.

27. 丰子恺 . 缘缘堂随笔 [M]. 北京：人民文学出版社，2020.

28. 徐悲鸿 . 审美是一生的修行 [M]. 沈阳：辽宁人民出版社，2020.

29. 岳南 . 南渡北归 [M]. 长沙：湖南文艺出版社，2015.

30. 陈平原 . 抗战烽火中的中国大学 [M]. 北京：北京大学出版社，2015.

后记

是他们，让我看到了教育的意义

> 以我之诗心，鉴照古人之诗心，又以你之诗心，鉴照我之诗心。三心映鉴，真情斯见，虽隔千秋，欣如晤面。
>
> ——周汝昌《千秋一寸心》

起笔这篇《后记》时，我长舒了一口气。这本书的成稿过程，是"以我心鉴照古人心"的邂逅历程。当这本书付印呈现在读者面前，就自然完成了这"三心映鉴"的使命。以古映今，以人鉴己，这便是本书名中的"映鉴"之意。

岁月不居，自2018年抱着对中国近现代史的满心好奇和对那个年代人物的满腔热情，我开设了"民国清流"这门校本选修课，至今已近四年。对我来说，开这门课是一个"撕裂"的成长过程。这几年来，我在当当、京东买了数十本书，在深圳图书馆、深中图书馆借了无数的纸质书，在微信读书、藏书馆、移动图书馆App上下载了无数电子书，在Coursera、中国大学MOOC（慕课）、哔哩哔哩上看了无数的慕课、纪录片以及相关专家的讲座和分享……无数个凌晨醒来，快速爬起，拿起手机，飞速记下一掠而过的一些灵感，生怕一不小心它就溜走；无数个夜晚，等孩子睡了，一遍遍给先生试讲，发现问题、修正问题、完善表述……而在经历了这些之后，我最大的感触竟是：自己好像越来越无知了。正如古希腊哲学家芝诺有一个著名比喻：人的知识好像一个圆圈，圆圈里面是已知的部分，圆圈外面就是无知的部分，你知道得越多，圆圈的周长就越长，接触无知的范围就越广，你就会发觉自己越无知。

法国诗人勒内·夏尔说："理解得越多就越痛苦，知道得越多就越撕裂。但是，它有着同痛苦相对称的清澈，与绝望相均衡的坚韧。"

四年来，即便是讲同一个人物，我都会反复修改、打磨、完善，争取呈现每一个"完美"的课堂。追求完美的过程是令人狂躁且撕裂的，庆幸的是，四年的清流课堂历程，除了撕裂，更重要的是，我和学生一起收获了成长。当看着我的已读书单一点点变长，见证着"民国清流"的课堂越来越好，我是满足的；当看着学生收获满满地离开教室，课程最后收到他们满心欢喜的反馈，我是幸福的。从本书中摘选的很多学生作品里，我们分明清晰地感受到，他们在不断地质疑、探索着答案，主动地思考、精进着思想。

法国哲学家帕斯卡尔在《思想录》中有这样一句话："思想形成人的伟大，人是一根能思想的芦苇。"它让我想起曾经有位学生告诉我："'民国清流'是一门洗涤心灵的课。"我想，他一定在课堂上经历了一场思想探秘之旅，这也是我一直以来的追寻。

最后，再次感谢朱华伟校长和娄俊颖副校长，没有他们一直以来的鼓励和指导，就没有今天的"民国清流"课，同时感谢他们耐心、精心地对本书提出的宝贵建议。感谢我的家人，没有他们一如既往的支持和肯定、无条件的包容和理解，就没有今天的书稿，每念及此，万分感恩。本书在成稿过程中难免出现一些讹误，朱嘉豪同学在高三寒假期间认真修改校对，纠正了许多错误，耗心耗力，贡献良多，在此向他表示真诚的谢意。

收笔的今晚，是壬寅年大年初一之夜，妈妈见我在伏案工作，柔声对我说："按照习俗，过年时不宜工作，宜放松。"我说："完成这本书稿，就是我内心最大的惬意。"话音未落，窗外连绵升起了绚丽的烟花，划破夜空，它一定是在与我一同庆祝。

刘晓慧

2022 年 2 月 1 日

附　记：

最近的一次触动发生在 2023 年 2 月 2 日，2022 届毕业生谭可欣在深中微信公众号的"深中学子"栏目发表了一篇文章，提到了清流课堂对她心灵成长的影响。感受着她深邃沉稳的思想和字里行间的温暖，感慨万千，因而写下了这篇《附记》。

在深中，有这样一群人，他们心思细腻、内心充盈，他们天生敏感——对春天的池水新碧，对夏日的别院深深，对秋天的霜叶满阶，对冬日的雪山风冽。他们常常追问生命的意义，他们关爱他人、关切社会、关心人类，是坚定的理想主义者。但总有一些时候，他们也会自卑、会犹豫，他们质疑：自己的坚持和热爱是否有所谓的"意义"和"道理"。就这样，我陪着他们一同来到清流课堂，试图安放柔软的内心、脆弱的理想，试图在光芒万丈的历史星河，找寻丝丝缕缕的、通往内心答案的线索。

存在先于本质。很多问题似乎没有道理，因为探索本身就是意义。

正如可欣在"深中学子"栏目中的文章里描述的那样："在晓慧老师'民国清流'

的课堂里，一群璀璨了时代乃至后代的大师莅临现场。我们认识到陈寅恪先生所谓'独立之精神，自由之思想'对于当代教育之重要性（同时也是我们在深中所切身体会的）；'钱学森之问'使我们在怀念人才辈出的时代时学会反思当下、厚积薄发；'清流讲坛'上同学娓娓道出弘一法师李叔同在《送别》背后'华枝春满，天心月圆'的一生，带我思考世俗规训与终极意义的关系……"

看似没有给出具体的答案，但我们却在领先贤风范和受精神熏染的广阔中，为自己的心灵觅得一方净土、一处港湾。在人类的文化中，语言和文学，包括戏剧影视艺术，都属于形而上的"道"，它不是一种可以让你们吃上好饭，过好日子，甚至有权有势的技术和手艺，而是"百姓日用而不知"的"道"，是指引你心灵超脱、归于自然的"道"。

静水流深，沧笙踏歌。在我的提问箱里有这样一个问题："清流学子对你来说是怎样的呢？"我说："他们在我心里，是最恬静的水，是最温热的光，他们有自己的热爱并专注前行，时时想起他们我都会嘴角上扬……"每一届的清流学子都会带给我很多感动，每每看到他们有所收获，都是我最幸福的时刻。每一次感受到他们对课堂的热爱和留恋，都会让我深受触动。每一次幸福的触动，都会让我更加坚定清流课堂本身的意义和价值。

最后，我想说的是：清流课堂，只是深中广袤人文课堂中最为平凡的一员。每一粒微尘都有自己的能量，需要一个空间释放自己的光芒。我很感恩，能在深中这个开放包容的平台，在这个最理想的理想国，与我的每一位学生相遇。

是他们，让我看到了教育的意义。

2023 年 2 月 10 日